비즈니스
인 차이나

II. 운영편

비즈니스
인 차이나

Business
in China

이경모 지음

이콘

1장_

위험관리

1 / 피습 그 후

직원 1: 그래서 검사 결과는 나왔나요?

직원 2: 많이 심각합니까?

오 차장 피습 소식을 들은 후 이틀이 흘렀다. 그러나 오늘도 여전히 공장 안이 어수선했다. 아침부터 근심 가득한 대화가 이어졌다. 웅성웅성하는 분위기에 긴장감마저 감돌았다. 심 대리는 사람들 틈을 비집고 들어갔다. 너무도 놀란 나머지 여러 가지 질문을 동시에 퍼부었다.

심 대리: 오 차장님 많이 다치셨대요? 어디서 발생한 거죠? 도대체 무슨 일로요?

직원 1: 아직은 모르겠어요. 바로 병원으로 이송했는데 결과는 기다려봐야 알 것 같아요.

심 대리: 아니 도대체 무슨 일로요? 단순 강도인가요? 아니면 무슨 원한을 살 일이라도…….

직원 1: 저도 모르겠어요. 당사자가 없으니 이야기를 들어보지 않는 한 무슨 일인지 알 길이 없네요.

심 대리에게 대답한 후 공장 직원은 이내 종종걸음으로 자리를 떴다. 월요일에 이미 상황은 발생하였고, 비상 연락망이 돌아가고 있었으나 호텔에 묵고 있던 일행들에게 일부러 소식을 전해주는 이는 없었다. 그나마 김 대리가 월요일 저녁 무렵에 이 박사에게 소식을 전하면서 팀원들도 상황을 알게 되었다. 심 대리는 오늘 생산현장을 둘러보고 교육차 공장을 방문했기에 현장직원들을 통해서 소식을 확인하고자 했지만 별 소득은 없었다.

심각한 표정의 심 대리에게 이 박사가 말을 건넸다.

이 박사: 아직 추측이기는 하지만 벌어질 일이 벌어진 것 같습니다.

심 대리와 제이, 로이는 깜짝 놀라 눈이 휘둥그레졌다.

'세상에, 벌어질 일이라니. 이런 일도 예견이라는 것이 있나?'

심 대리는 어안이 벙벙했다. 이 박사가 이윽고 무겁게 입을 뗐다.

이 박사: 만일 내 추측이 맞는다면, 회사에서는 이번 일을 계기로 위험관리(risk management)의 영역을 확장하여 회사 비즈니스의 위험관리뿐 아니라 임직원의 안전관리를 포함한 전방위 관리를 할 필요가 있겠어요. 특히 환경을 잘 모르는 해외사업장에서는 말이지요. 모든 나라에는 그 나라의 특색이 있습니다. 그것이 위험으로 작용할 때 우리는 이를 컨트리 리스크(country risk)라고 하지요.

심 대리: 박사님, 좀 더 자세히 설명해 주세요.

딥딥한 심 대리, 다급한 마음에 채촉했나.

이 박사: 오 차장이 관리 업무 외에 진단(internal audit) 업무를 맡

았던 것 같아요.

심 대리: 진단 업무라면 내부감사 업무를 말씀하시는 것인가요?

이 박사: 그렇지요.

심 대리: 그럼 내부 부정에 대해 적발했는데 그 사람이 앙심을 품고 범행을 저질렀다는 것인가요?

심 대리의 마음은 정말 다급했다.

이 박사: 내부감사는 부정 적발 업무만 있는 것이 아니라 말 그대로 진단 업무를 진행하기도 합니다. 즉 업무 프로세스에 대한 개선이 필요하다든가 현재 규정을 지키지 못하고 있는 것이 있다든가 할 때 그러한 사항을 발견하여 개선하는 업무인 것이지요.

심 대리: 박사님 말씀을 들으면 문제를 일으킨 것은 진단 업무가 맞는데 부정 적발 때문은 아니라고 말씀하시는 것처럼 들립니다만.

이 박사: 네. 물론 부정 적발과 관련되었을 가능성, 그러니까 부정 행위를 저지른 직원의 비행을 찾아냈는데 회사에 알려지는 것이 두려웠던 관계자들에게 당했을 가능성도 배제할 수는 없겠죠. 그러나 부정 적발은 직원에 대한 조사를 의미합니다. 따라서 특별히 투서가 들어오거나 중대한 문제가 발견되지 않는 한 직원에 대한 조사를 진행하지는 않습니다. 부정 적발은 굉장히 신중히 접근할 문제입니다. 따라서 그 외의 상황에서 먼저 가능성을 찾아보는 것이 맞을 것 같습니다. 오 차장이 신중하지 않은 사람도 아니고 부정 적발 업무를 이렇게 경솔히 처리했을 리가 없어요.

심 대리: 그렇다면 진단 때문에 빚어진 일이라는 것인데 업무 개선 때문에 원한을 산다는 것은 이해가 가지 않습니다.

이 박사: 업무 개선이라는 것은 여러 가지를 포함하고 있습니다. 최근에 스크랩 수거 업체를 수의계약이 아닌 경쟁을 통하여 선택하도록 바꾼 것으로 알고 있습니다. 조심스럽기는 합니다만 혹시 이 건이 관계가 된 것은 아닌가 하는 생각이 들어요.

심 대리: 스크랩이요?

이 박사: 네, 스크랩. 말 그대로 제품을 만들려면 원재료를 사용하게 되는데 그 원재료를 사용하고 남은 조각재료들이나 불량자재들을 스크랩이라고 하지요. 이런 것들은 회사 입장에서는 쓸모가 없으므로 싸게 외부업체에 넘겨서 처리하는 것이지요.

심 대리: 경쟁을 통해서 스크랩 수거 업체를 바꾼 것이 관계있다는 말씀이세요?

이 박사: 스크랩 처리는 담당하는 업체들이 오래되어서 그 업체로부터 매년 가격표만 받아 조정하곤 합니다. 지금 다 설명하기는 어렵지만 스크랩 수거 업체와는 여러 복잡한 일이 얽혀 있는 경우들이 있습니다. 그런데 오 차장이 제동을 건 것이 아닌가 싶어요.

심 대리: 제동이라뇨?

이 박사: 다른 협력업체와 마찬가지로 여러 회사가 제안서를 내고 경쟁입찰을 통해서 업체를 선정한 것 아닌가 싶습니다.

심 대리: 그게 왜 문제지요? 준법규정(compliance rule)에 따르면 어떠한 업무의 선정에 있어서든 공정성을 기하기 위하여 단독입찰은 안 되고 복수입찰을 하잖습니까. 업체를 바꾼다고 이러한 일이 일어나다니 좀 극단적인 것 같네요.

이 박사: 심 대리는 내 말을 귀 기울여 듣지 않은 것 같군요.

심 대리: 네?

심 대리는 순간 놀라서 말문이 막혔다.

'내가 도대체 무엇을 간과했다고 저렇게 말씀하시지?'

심 대리는 갑자기 얼굴이 화끈거리는 것을 느꼈다. 누구에게도 이런 이야기를 들은 적이 없던 터였다.

로이: 나쁜 소식을 들어서 다들 기분도 좋지 않고 경황이 없을 것 같아요. 잠시 휴식을 취하고 기분 전환한 뒤에 다시 이야기 나누면 어떨까요? 제가 커피 네 잔 준비해 오겠습니다.

눈치 빠른 로이가 가라앉은 분위기를 전환시키려는 듯 씩씩한 목소리로 이야기하고 자리를 떴다. 모두 머리를 식히려는 듯 이내 흩어졌다.

스크랩 2

심 대리는 복도 바닥에 앉아 벽에 기댄 채 멍한 표정을 짓고 있었다.

'이 박사님 말씀을 다 귀 기울여 들었는데 도대체 무엇을 제대로 안 들었다는 거야?'

나름대로 열심히 듣고 있었던 터라 심 대리는 억울한 마음마저 들었다.

'스크랩 수거 업체 하나 바꿨다고 습격을 당하다니 말이 되는 소리야?'

생각하면 할수록 짜증이 밀려왔다.

제이: 스크랩에 힌트가 있는 것 아닐까요?

제이가 옆에 와서 털썩 주저앉으며 말을 건넸다. 마치 심 대리의 속마음을 읽은 것처럼.

제이: 신 대리님께서 오 차장님과 잘 아시다 보니 너무 흥분하셔서 포인트를 놓치신 것이 아닌가 싶더라고요.

심 대리: 포인트? 스크랩에 힌트?

'로이야 눈치가 빠르지만 제이도 알아챈 것을 몰랐다면 분명 문제가 있다. 흥분을 가라앉히고 생각해야 한다.'

나지막한 목소리로 반복하는 심 대리의 '스크랩'이란 소리만 조용한 복도를 흘러다녔다.

때마침 로이가 커피를 들고 왔다. 심 대리는 로이가 가져다주는 커피의 향기를 맡으며 심호흡을 하고 마음을 진정시켰다. 커피를 한 모금 씹어 입안 가득히 향을 느끼다가 문득 깨달았다.

'스크랩…… 쓸모없는 것…… 그래서 싸게 넘기는 것.'

심 대리: 아! 내가 왜 그 생각을 못 했을까? 제이는 어떻게 바로 눈치를 챘지?

제이: 전 사실 이 박사님의 말씀을 정확하게 이해한 것은 아니고 이런 상황에 대해서 이전에 들은 바가 있어서 눈치챌 수 있었어요. 원래 기업에 취직해서 해외 주재원으로 나가는 것이 목표였는데 누가 해외에서 발생하는 불상사들을 조심해야 한다면서, 유사한 상황에서 총에 맞아 안전을 고려해 바로 귀임시킨 사례를 이야기해 주었어요.

심 대리: 그랬구나. 총을 맞는 상황까지 발생한다면 여간 심각한 것이 아닌걸? 그리고 마치 해외에서 종종 발생하는 불상사의 사례로 들려. 극히 이례적인 사건으로 생각했는데 말이야. 하여간 해외 주재원이 꿈이라는 친구는 처음 만나보는군. 무엇인가 재미있는 배경이 있을 것 같은데 나중에 시간 되면 그 이야기 좀 들어보자고.

제이: 뭐, 별 특별한 계기랄 것까지는 없습니다만 심 대리님하고

이야기를 나누는 것은 언제든 좋습니다.

심 대리: 응. 그만 들어가지.

이 박사: 자, 다들 머리 좀 식혔나요?

말은 모두를 지칭하면서도 이 박사의 눈은 심 대리를 향하고 있었다.

심 대리: 네, 제가 아까는 너무 흥분해서 말씀을 정확히 이해하지 못했어요. 하지만 박사님 말씀을 귀 기울여 듣지 않은 것은 아닙니다. 죄송합니다.

이 박사: 죄송은 무슨. 나 역시 오 차장이 다쳤다는 말을 듣고 흥분되어 있다 보니 심 대리에게 심하게 이야기했습니다. 내가 먼저 이야기해야 했는데. 나도 미안합니다.

이 박사도 심 대리에게 사과했다. 심 대리의 마음이 한결 가벼워졌다. 본인도 실수해서 미안하다고 바로 사과를 하니 이 박사가 그냥 윗사람이 아니고 동료 같아서 기분이 편해졌다.

이 박사: 자, 심 대리가 하는 말이 지금은 이해했다는 것으로 들리니 그럼 심 대리가 생각한 바를 설명해 주겠어요?

심 대리: 네.

심 대리는 이미 침착함을 찾은 목소리였다.

심 대리: 이유는 엄청난 경제적 이권이었습니다.

'엄청난'이라는 말에 로이와 제이가 숨죽이고 심 대리의 다음 말을 기다렸다.

심 대리: 처음에는 자투리라는 것이 객관적으로 봐도 값어치가 없으므로 싸게 넘긴다는 말로 이해했었는데 박사님 말씀을 다시 생각

해 보니, 싸게 넘긴다는 것이 절대 가격도 싸겠지만 상대적인 의미가 더 강하다는 것을 깨달았습니다. 회사 입장에서는 쓸모없는 것이므로 어찌 보면 쓰레기와 유사하다고 할 수 있는데 이를 다만 몇 푼이라도 받고 처리할 수 있다면 폐기해서 처리하는 것보다 낫다고 생각했던 것이죠. 회사의 본업이 스크랩 처리가 아니므로 적극적으로 알아보며 협상하지도 않을 것이고요.

로이: 그렇다고 그렇게 사람에게 해를 가하나요?

로이는 아무리 그래도 너무했다는 생각에 불평 섞인 말투로 투덜거렸다.

심 대리: 우리 북경 공장의 매출액을 생각해 봤습니다. 몇 년 전에 천억원을 갓 넘긴 것으로 알고 있었는데 전자제품의 판매가 늘면서 최근 몇 년간 매출액이 계속 두 자릿수 성장을 했어요. 확인해 보니 작년의 경우 벌써 삼천억원을 넘었더군요. 원재료가 차지하는 비중이 큰 만큼 스크랩 규모도 무시할 수가 없죠. 스크랩을 처리하는 회사 입장에서는 이윤이 많이 남는 사업일 것이고 특별히 다른 기술이 필요하지도 않은 만큼 스크랩 처리업체로 선정되느냐 마느냐가 관건일 것입니다. 그런데 갑자기 회사에서 업체를 바꾸니까 큰 이권을 빼앗긴 거죠. 손해가 막심하다고 생각했을 것이고요.

심 대리는 다시 말을 이었다.

심 대리: 그러니까 그 업체들이 스크랩을 수거해서 어떻게, 얼마의 이윤을 남기고 판매하는지는 정확히 모르겠지만 우리가 생각하는 것보다 훨씬 어마어마한 이권이 아니었을까 추측합니다. 그리고 저희에게 원재료를 공급하는 수많은 업체와 달리 스크랩을 처리하는

업체는 좀 더 거친 것 같고요.

이 박사: 심 대리가 설명을 잘해 주었습니다.

제이와 로이는 심 대리의 설명을 듣고 그 규모에 적잖이 놀란 것 같았다. 이 박사가 설명을 잘했다고 칭찬하니 이것도 적잖이 안심이 되었다.

이 박사: 그러나, 설명이 여기에서 멈추면 안 되겠죠?

심 대리: 네?

이 박사: 제조법인에서 스크랩이라는 것은 제품을 만드는 한 생길 수밖에 없는 것인데 그렇다면 이 문제를 도대체 어떻게 해결해야 하나요?

이 박사의 말에 순간 아무도 대답하지 못했다.

이 박사: 우리는 그것까지 생각해 봐야 하지 않을까요? 그럼 이걸 오늘의 숙제로 하고 예정된 생산현장 견학 및 교육 열심히 참여하세요. 이 문제는 내일 다시 이야기해 봅시다.

'그렇다. 이러한 문제점을 발견하고 해결방법을 파악하기 위해서 오지 않았던가. 투자 제한에 관해서 설명해 주실 때도 항상 예상 가능한 문제점 뒤에 해결책까지 제시하셨어. 설령 그것이 대안이 없다는 결론일지라도 말이지. 문제점 적출에서 끝난다면 아무것도 해결된 것이 아니야. 이에 대한 해결방안까지 고민해야 한다. 최선의 방안은 아닐지라도 말이지.'

심 대리는 이 박사가 본인의 임무를 정확히 알고 있다고 확신하게 됐다. 그리고 해외사업운영팀 긴 신장이 왜 이 박사를 깊이 동행하도록 했는지도 또한 이해할 수 있었다.

3 / 고민, 점심시간

연수 초기부터 이상한 기운에 휘말린 듯했다. 연수는 매일 일정대로 진행은 되었으나 오 차장 피습사건으로 어수선한 분위기여서 교육 내용이 제대로 전달되는 것 같지 않았다. 진행자나 참가자나 정신이 없다고 해야 할지 의욕이 없다고 해야 할지 하여간 다들 풀이 죽은 기색이 역력했다. 어쨌거나 시간은 빨리 갔다. 내용도 알차고 빡빡해서 통 안 지나갈 것 같은 오전 시간이 오늘은 금세 가버렸다.

'멍하니 있는다는 것이 이런 좋은 점도 있네.'

심 대리도 정신없이 흘려보낸 오전을 돌아보며 생각했다.

이 박사: 오늘은 샌드위치를 들고 밖에 앉아서 먹는 게 어때요?

오전 교육이 끝나고 나오는데 어디서인지 갑자기 한 손 가득 먹을 것을 들고 나타난 이 박사가 야외식사를 제안했다. 네 명은 샌드위치를 들고 공장 옆 작은 공원의 야외벤치에 둘러앉았다.

로이: 날씨는 좋네요.

로이의 말투가 어째 날씨가 좋은 것이 불만인 것처럼 들렸다.

이 박사: 다들 정신이 없어서 내가 낸 숙제는 아직 생각을 못 해 봤겠지?

이 박사가 선수를 쳤다. 이해한다는 배려의 의미인지 아니면 자극 하려는 것인지 분간이 가지 않았지만 굳이 알고 싶지도 않았다.

심 대리: 사실 스크랩이라는 것이 제품을 만드는 한 생길 수밖에 없다고 말씀하실 때는 거의 절망적이었어요. 피할 방법이 없다는 생 각밖에 들지 않았죠.

이 박사는 아무 말도 하지 않고 심 대리가 말하는 것에 맞추어 고 개를 끄덕일 뿐이다.

심 대리: 그런데 문득 '다른 회사들은 어떻게 하고 있지?'라는 생각 이 들었어요. 그리고 비단 이번 경우뿐만 아니라 다른 여러 가지 예 기치 못한 상황이 발생할 수도 있다는 데까지 생각이 미치니 과연 그러한 경우를 대비해서 어떤 준비를 하거나 어떻게 대처하고 있을 까 하는 궁금증도 생겼고요.

심 대리는 이야기를 하면서 본인의 생각이 정리되어 가고 있음을 느꼈다.

심 대리: 어제 박사님께서 비단 이번 경우뿐만 아니라 회사의 위험 관리 영역을 확장해야 한다고 말씀하신 것이 결국은 어떻게 준비를 하거나 혹은 대처를 해야 하는가에 대해 이야기해 주시려고 한 것이 아니었나 싶었어요.

제이와 로이는 심 대리가 정말 생각이 깊고 똑똑한 사람이라는 것을 심 대리의 차분한 설명을 들으면서 다시금 느낄 수 있었다.

심 대리: 문제는 모든 상황을 다 예측할 수도 없고 어떻게 준비해야 하는지인데.

이 박사: 심 대리, 생각이 너무 멀리 갔군요. 동일화할 수 없는 많은 경우를 일반화해서 답을 얻고자 한다면 쉽지 않습니다. 생각도 진도가 나가야 재미가 있는데 생각이 막혀 버리면 흥미를 잃으니 일단 하나하나 구체적인 사례를 고민하면서 영역을 넓혀 보면 어떨까요? 우리 오 차장 사례를 이야기하고 나서 범위를 좀 더 넓혀 보도록 하죠.

이 박사는 대화의 주제를 이 박사가 낸 숙제로 다시 되돌리고 있었다. 결론 없이 대화 주제를 확장하지 않겠다는 의지도 있지만 모두들 한 단계 한 단계 생각하도록 돕고 있다는 느낌도 가질 수 있었다. 비록 심 대리의 의견에 이의를 표하고 주제를 한정시켰으나 이 박사 또한 심 대리가 차분하고 총명한 친구라는 것을 느끼고 흡족한 웃음을 지었다.

이 박사: 오후에 얘기해 볼까 했는데 하루 더 연장해야겠네요. 우리 일단 이 이야기는 잠시 멈추고 편안하게 샌드위치나 즐기자고요.

'제길……'

로이가 말한 것처럼 날씨는 기분과 달리 더럽게 좋았다. 올려다보니 파란 하늘이 가슴으로 밀고 들어왔다. 북경에서 좀처럼 보기 드문 날씨가 하필 이런 날 찾아오다니……. 모두 깊은 심호흡으로 상쾌한 공기 속에 생각을 정리하면서 점심시간을 보냈다.

사고의 방법 4

 이 박사의 예측이 맞았다. 오 차장은 상태가 생각보다 심각해서 직접 이야기를 들어볼 수 없었지만 이번에 교체된 스크랩 업체에서 손을 쓴 것으로 보였다. 오 차장은 회복에 시간이 한참 걸릴 것 같아서 귀국해서 치료받는 것으로 결정되었다.

 설마설마했지만 정작 확인이 되고 나니 심 대리는 마음이 더욱 무거웠다. 중국 땅은 넓다. 범인이 사고를 일으키고 고향으로 도망가버리면 실질적으로 찾아낼 방도가 없다. 중국 공안이 지속적으로 협조해서 도와주리란 보장도 없고 도와준다고 하더라도 사실상 해당 지역을 벗어나면 어려운 것 아닌가? 설령 잡아서 엄벌에 처한다 하더라도 다친 사람이 아무런 문제 없이 회복되는 것도 아니고 다음에 동일한 일이 발생하지 않으리란 법도 없다.

 '피힐 수 없다면 어떻게 석늑석으로 방어하지'?'

 오후 일정을 마치고 방으로 돌아와서도 온통 이 생각이 머릿속을 채우고 있다. 저녁식사 후 이 박사의 숙제를 풀기 위해서 심 대리, 제이, 로이는 심 대리의 방에 모였으나 서로 아무 말 없이 시간이 흘렀다. 심 대리는 피곤한 듯 침대에 누워 있고 제이는 소파에 몸을 파묻은 채 꼼짝도 하지 않았다. 이 와중에 로이는 책상에 앉아서 또 무엇인가를 끄적이고 있었다.

제이: 또 무엇을 적고 있는 거야?

제이는 로이가 항상 메모장을 들고 적는 것이 신기했다.

로이: 응. 난 사실은 기억력이 별로 좋지 않아서 당장 적어 놓지 않으면 잘 까먹어.

로이가 수줍어하며 말했다.

제이: 에이, 겸손하기는. 사고력이 대단한 것 같은데.

제이는 로이가 괜히 너스레를 떤다고 생각했다.

로이: 아냐. 사실이야. 잘 까먹기 때문에 그래서 이렇게 적고, 적어 놓은 것들을 연결시키면서 생각의 고리를 만들려고 해. 체인연상법이라는 것을 쓰는 거지.

제이: 체인연상법?

제이는 로이에게 다가가서 써 놓은 것을 보았다. 전에는 로이가 혼자 중얼거리는 것을 듣거나 그냥 메모하는 모습을 보는 정도였지 이렇게 써 놓은 것을 본 것은 처음이었다.

제이: 이게 다 뭐야?

자세히 들여다 보니 모든 동그라미 안에는 여러 가지 단어가 쓰여 있었고 그 단어들을 둘러싼 동그라미들을 서로 직선으로 연결해 놓았다. 화학 분자구조식을 그려 놓은 것 같았다.

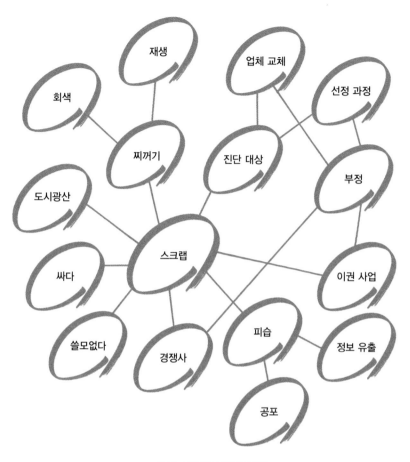

[그림 1] 로이의 체인연상법

로이는 창피한 듯이 그림을 덮었다.

로이: 뭘 그렇게 자세히 보고 그래.

제이: 이게 로이 사고력의 원천이야?

로이: 사고력은 무슨. 생각의 고리를 만들어서 연결하면 무엇인가 방법이 나오지 않을까 싶어서 적는 거야.

제이: 자세히 좀 이야기해 봐. 체인연상법이라고?

로이: 헤헤, 그건 내가 붙인 이름이야. 연결고리들이 하나의 체인 같잖아? 생각의 체인을 통한 연상의 방법이라는 의미로 체인연상법이라고 이름 붙였어. 혼자만 이렇게 적고 있으니 좀 그렇기도 하고 해서 남들 보기에도 무엇인가 의미 있는 것을 하는 것처럼 보이려고 이름을 붙였어. 그럴싸해 보이잖아.

제이: 어디서 많이 본 그림 같은데?

로이: 어. 난 전부터 습관적으로 이렇게 했었는데 요새 빅데이터라고 해서 추출하는 표에 유사하게 쓰고 있더라고.

제이: 아. 그래서 어디서 본 것 같았구나. 자세하게 설명을 좀 해 봐.

로이: 응. 사실 단순해. 설명이라고 할 것까지도 없어. 하나의 주제를 적고서 그와 관련되어 생각나는 것을 주위에 다 적어 보는 거야. 예를 들어 '스크랩'이라는 것을 가지고 내가 생각할 수 있는 것을 다 적어 보면 찌꺼기, 도시광산, 싸다, 진단 대상, 이권 사업, 피습 등이야. 그다음, 생각나서 적은 단어를 중심으로 다시 생각나는 것을 확장해 보는 것이지. '진단 대상'의 경우 업체 교체, 선정 과정 등이 생각났어. '이권 사업'의 경우 부정으로 생각이 확장되었고 '피습'의 경우 정보 유출로 확장이 된 것이야. 이렇게 적다 보면 몇 번 확장되어 적은 단어에서 아이디어를 얻는 경우가 많거든.

로이는 그림 그리기를 좋아하는데 그림의 주제와 그리는 사람의 의도를 어떻게 표현할지 아이디어를 낼 때 많이 사용했던 방법이었다. 은유적인 표현을 위하여 아이디어를 얻을 때 유용하게 썼기에 이미 습관이 들어서 로이는 어떤 생각을 하든 습관적으로 그림을 그리고 있었다.

제이: 전에 글씨를 계속 쓴 것도 다 이 체인연상법이었어?

로이: 아니, 그것은 단계부정법을 쓴 거야.

제이: 단계부정법?

로이는 갈수록 아리송한 말만 했다. 그러고 보니 그림의 옆 페이지에는 그림과 동일한 내용의 여러 줄의 메모가 있었다.

로이: 그것도 괜히 무엇인가 좀 있어 보이려고 내가 만든 말이니까 신경 쓰지 마. 가정이 있으면 가정의 하나하나를 반대로 바꿔서 부정해 보는 것이야. 만일 이번 단계에서 가정의 하나하나를 바꿔서 보아도 답이 없으면 그 전 단계로 거슬러 올라가는 거야. 마치 타임머신을 타고 시간을 거꾸로 올라가듯이 '만일 그 전 단계에 이런 일이나 결정이 없었더라면'이라는 생각으로 부정의 단계를 거슬러 올라가는 거지. 의외로 실마리들이 풀리는 경우가 많이 있어. 남들도 다 하는 생각이겠지만 나름의 의미를 부여하면 생각이 안 나더라도 지치거나 싫증 나지 않아. 그래서 좀 더 꾸준히 생각할 수 있는 동력을 주거든. 또 기왕에 적어 놓고 하나씩 체크해 가면서 생각을 하면 혹시 놓칠 수 있는 상황에 대한 경우의 수를 줄일 수 있어.

심 대리도 둘의 대화에 점점 관심을 기울이고 듣게 되었다. 로이가 특이한 것인지, 로이처럼 자기 생각을 정리하는 나름의 방법을 가지는 것이 정상인지 하는 혼란도 밀려왔다. 하지만 지치거나 싫증 내지 않고 계속 생각하게 하는 도구라는 점에서 신선했다. 생각도 진도가 나가야 재미있다며 주제를 넓히지 말고 구체적 사례를 통해

하나씩 문제 해결을 하라던 이 박사의 말이 떠올랐다.

로이: 사실 체인연상법은 주로 창의적인 작업을 할 때, 표현하고자 하는 주제를 상징할 수 있는 무엇인가를 찾을 때 아이디어를 얻으려고 많이 썼었어. 즉 미래의 방향이나 작업에 대한 생각을 할 때 많이 사용하는 편이야. 단계부정법은 상대방과 논쟁해야 할 때 상대방의 말에 대한 논리상 허점을 찾아내고 반박을 한다든가 할 때 주로 사용하지.

심대리: 호오, 이 두 가지 방법도 그 용도가 다르단 말이지?

마침내 심 대리도 솔깃하여 몸을 일으켜 로이에게 다가왔다.

제이: 그래서 뭐 힌트라도 찾은 것이 있어?

제이는 혹시나 하는 기대를 하며 물었다.

로이가 수첩의 그림 옆 칸에 적어 놓은 내용이 심 대리의 눈에 들어왔다.

- 오 차장은 관리 업무 외에 진단(internal audit) 업무를 맡았다.
- 최근에 스크랩 수거 업체를 경쟁 입찰을 통하여 바꾸었다.
- 그리고 오 차장이 업체를 바꾼 것을 부서의 다른 직원들도 알고 있다.
- 스크랩은 회사 입장에서는 쓸모가 없으므로 외부업체에 싸게 넘겨서 처리하게 했다.

'아! 이런 멍청이. 내가 왜 미처 그 생각을 하지 못했을까.'

로이가 적어 놓은 것을 지켜보던 심 대리가 갑자기 자기 머리를 주먹으로 쥐어박았다.

'하긴, 이 두 가지 일이 관련이 있을 것이라고 어떻게 생각을 했겠어.'

자책했다가 스스로를 위로했다가를 반복하면서 머릿속에 떠오르는 1년 전 사건을 다시 차분히 생각해 보았다. 한바탕 소동을 겪었던 터라 기억이 생생했다.

5 / 1년 전 사건

본부장: 도대체 이게 무슨 기사야?

화가 난 본부장은 성난 기색으로 씩씩거리며 팀원들을 다그쳤다.

본부장: JK그룹이 쓰레기를 수입한다니.

다들 놀라서 인터넷 기사를 같이 살펴보았다. 아니나 다를까 쓰지도 못하는 쓰레기들을 JK그룹이 중국에서 수입한다는 기사가 실려 있었다. 기사는 덤덤하게 쓰여 있었으나 그 밑에 달리는 댓글들은 온통 JK그룹을 비난하는 것이었다.

직원1: 우리가 중국에서 쓰레기를 수입하고 있다니 말도 안 됩니다.

다른 직원들도 흥분하여 소리쳤다.

직원2: 중국에서 수입하는 것이라고는 저희가 원자재를 중국 내 자회사로 보내서 가공해서 들여오는 완성품 말고는 없습니다. 아무래도 잘못된 정보를 듣고 기사를 쓴 것 같습니다.

직원1: 이런 어처구니없는 기사가 나가면 우리 그룹 신뢰도에 타격이 클 텐데 강력히 항의해야 한다고 생각합니다.

다들 격분해서 한마디씩 쏟아 냈다.

본부장: 잘 생각해 봐. 분명 무엇인가 수입된 것이 있으니까 이런 말이 나오겠지. 기자들이 얼마나 정확한데.

본부장은 신중했다. 기사를 비난하기보다는 기사의 신뢰성을 인정하는 바탕에서 기사가 나간 원인을 찾고 싶어 했다.

직원2: 제길. 일단 도대체 무엇이 수입되었는지를 알아야 할 것 아냐.

다들 수입품목을 점검하느라 사무실은 순간 아수라장이 되어 버렸다.

직원1: 도대체 뭘 수입한 것이 있어야 수입을 했다고 하지, 참 미치겠네.

다들 답답해 미치겠다고 중얼거리는 모습이 속 타는 심정을 그대로 보여 주고 있었다.

한참을 관련 서류와 기록, 중국과의 비즈니스 내역들을 살펴보고 타 부서에도 요청했으나 아무런 실마리도 찾을 수 없었다.

직원3: 아, 중요한 것은 아닌데 스크랩을 수입한 것이 있다는 말을 들었어요.

일동: 스크랩?

물류부서를 막 다녀온 막내 사원의 말에 다들 이구동성으로 외쳤다.

직원2: 스크랩이 도대체 뭐야?

직원3: 저희가 중국에 원재료를 공급해서 제품을 만든 후 쓰고 남은 원재료 자투리 같은 것들이에요.

직원1: 그걸 왜 수입하는데?

직원3: 자세한 이유는 물류 쪽에 물어봐야 할 것 같습니다.

확인해 보니 중요하지 않은 것이라, 관리부서에서도 막내 사원 혼자서 물류부서 요청에 따라 지원을 해 주고 있었다.

'그렇다고 해도 관리부서에서 담당자 말고는 아무도 모르다니. 본부장님 아시면 이것도 문제가 되겠군.'

이 와중에도 심 대리는 그런 걱정을 했다.

막내 사원이 물류 쪽에 부지런히 전화를 돌려 보더니 스크랩을 수입하여 한국 업자에게 팔아서 처리하도록 한다고 보고했다.

직원1: 그걸 꼭 한국에서 처리해야 하는가? 그냥 중국에서 처리하면 안 돼?

직원3: 중국에서도 처리할 수 있지만, 한국에서 좀 더 제값을 받을 수 있고 보안 문제도 있다고 합니다.

본부장: 좀 더 받는다고 얼마다 더 받을 수 있는데? 다시 실어 오는 운송비와 관리비까지 고려하면 그게 그거 아냐? 그리고 보안은 도대체 무슨 보안? 다 쓰고 남은 쪼가리들이 무슨 보안 이슈가 있어.

쓰레기를 수입한다는 기사는 이 스크랩을 지칭하는 것이 분명했다. 본부장은 기사도 기분 나빴지만 앞으로 아예 문젯거리를 만들지 않기 위해서 그 싹을 자르려는 의지가 분명했다.

본부장: 자꾸 귀찮게 말 나오지 않게 그냥 중국에서 처리하라고 해. 물류 쪽에도 이 상황 잘 설명하고. 관리 쪽도, 아까 물어봐도 한마디 없더니 도대체 관리팀은 뭐 하는 거야?

불똥은 물류부서에서 관리부서로 튀었다.

본부장: 참, 그리고 이 기사가 어떻게 해서 나오게 된 것인지 그것도 확인해 보면 좋겠네.

기사를 쓴 기자가 어떤 소스로 정보를 듣고 기사를 썼는지 말해줄 리도 만무하거니와 괜히 더 자세히 파헤치려고 하면 긁어 부스럼 만드는 격 아니겠는가. 팀원들은 기자에게 확인해 보겠다고 대답은 하면서도 되도록 생각을 유추해서 상황 파악을 해 보려고 했다.

6 / 누구의 짓일까

제이: 아! 그런 일이 있었어요?

심 대리: 응. 내가 홍보부에 잠시 파견 나가 있을 때 일어난 일이었는데 그룹 관련 기사에 굉장히 민감하고 브랜드 이미지를 관리하는 입장에서는 상당히 안 좋았던 기사라 기억이 나. 당시 나는 영업부서에서 홍보부서로 파견 나갔었는데, 파견 첫날 발생했던 일이라 부산했던 모습이 지금도 생생해.

로이: 그래서 어떤 연유로 기사가 나왔는지는 파악되었어요?

심 대리: 대략은⋯⋯. 담당기자에게 물어볼 수는 없었지만 우리는 한국 스크랩 업자들의 농간이었던 것 같다고 결론 내렸지.

제이와 로이는 아무 말 없이 심 대리를 뚫어져라 바라보고 있었다. 그렇게 결론 내린 이유가 무엇인지를 눈으로 묻고 있었다.

심 대리: 지금 중국에서 발생한 것처럼 이것이 이권 사업이다 보니 한국에서도 업체들끼리 경쟁이 치열했을 것이라고 당시에도 추측했

었어. 경쟁이 치열하다 보니 서로 중상모략을 하고 그 과정에서 발생한 문제라고 생각했지.

제이: 그런데 스크랩 업자들이 그런 기사를 싣도록 할 이유가 없지 않나요? 만일 우리 JK그룹에서 결정한 것처럼 수입하지 않고 중국 현지에서 처리하라고 하면 당사자들도 손해일 텐데요.

심 대리: 응, 맞는 말이야. 그래서 결국 도저히 가능성이 없는 업자가 어차피 자기네가 가져가긴 틀렸으니 물 먹이려고 했거나 아니면 이를 통해서 이익을 보는 다른 세력이 있지 않나 싶었어.

심 대리는 그때를 생각하니 다시 심란해졌다.

로이: 그런데 사실 스크랩 수입 같은 것이 기사로 나오려면 구체적인 정황을 알기 전에는 불가능하지 않을까요? 누군가 기자에게 기삿거리로 잘 포장해서 흘린 것이 틀림없다는 생각이 들어요. 못 먹는 밥에 재 뿌리는 심정으로 경쟁업체가 저지른 짓이라면 이렇게 중국 스크랩 업체만 좋은 일 시킨 것이네요. 그런데 만약 또 다른 가능성으로 말씀하신, 이런 기사를 통해서 이익을 보는 세력이 있는 것이라면 그것은 지금도 존재하는 위험이지 않을까요?

로이의 말에 심 대리는 정신이 번쩍 들었다.

'그래, 맞아! 사실 해결되지 않은 현존하는 위험일 수도 있어. 이익을 보는 세력이 원하는 방향으로 결론 나 버렸던 것은 아닐까? 이 친구 말하는 것이 마치 이 박사님의 분신 같아.'

그 사건은 그렇게 마무리되었고 중국에서 스크랩을 처리하는 것으로 결론이 났지만 그것이 다였다. 이 박사가 말한 것처럼 위험 예방을 위해 원인 요소를 밝혀 완전히 제거한 것은 아니라는 생각이 들었다. 그냥 그다음에 동일한 문제가 없었기 때문에 해결된 것으로 생각되었고 잊혔다.

'어찌 보면 중국에서 스크랩을 판매하는 것으로 넘기는 바람에 오 차장님 사건이 벌어졌다고도 할 수 있는 것 아닌가?'

죄책감마저 들었다. 오 차장 문제를 어떻게 해결해야 할지, 그 당시 그 마무리는 과연 맞았는지, 또 다른 세력이 있었는지……. 다시 침대로 돌아가 누운 심 대리는 머리가 복잡했다. 심 대리가 괴로워하며 계속 뒤척거리는 것이 마음에 걸렸는지 로이가 조심스레 다가와 심 대리를 불렀다.

로이: 심 대리님, 사실 오 차장님 건만 가지고 이야기한다면 문제는 의외로 쉬울 수도 있을 것 같아요. 다만 심 대리님 말씀을 듣고 나니까 무엇인가 더 복잡한 것이 숨겨져 있는 것 같아서 그게 좀 찜찜해요.

심 대리: 오 차장님 건은 쉽다고?

제이: 더 복잡한 것이 숨겨져 있다고?

심 대리와 제이는 동시에 소리쳤다. 로이가 무슨 근거로 이런 이야기를 하는지 너무나 궁금했다. 로이는 재촉하는 제이에게 오 차장 건부터 이야기하겠다고 달래며 심 대리의 질문에 답을 해 나갔다.

로이: 네, 조심스럽기는 하지만 그렇게 판단돼요. 이 박사님께서 질문하신 부분 말인데요, 심 대리님께서 전반적인 위험관리 차원의 고민을 이야기했더니 범위를 넓히지 말고 일단 오 차장님 건부터 해결방안을 이야기하자고 하셨잖아요?

심 대리: 응. 그러셨지.

로이: 만일 이번 사건이 입찰에서 탈락한 스크랩 업체의 소행이라는 추정이 사실로 밝혀진다면 앞으로 관리에서 그거 안 하면 됩니다.

로이가 말하면서 들고 있는 노트에는 아까 귀퉁이에 적은 내용 위로 죽죽 줄이 그어져 있었다.

- 오 차장은 관리 업무 ~~오~~ 진단 업무(internal audit)를 맡았던 것 같다
→ 오 차장의 후임은 관리 업무만 맡는다
- 그리고 이것을 부서의 다른 직원들도 ~~알고~~ 있다
→ 진단 업무는 다른 직원들은 모르게 한다

로이: 진단 업무 때문에 발생한 일이고 그 일을 오 차장님이 담당하셨다는 것을 업체가 알았기 때문에 발생한 일이잖아요? 오 차장님이나 그 후임자가 진단 업무를 맡지 않거나 혹은 누가 담당하는지를 비밀로 하는 방법이 있을 것 같아요. 다만 중국에서 후자는 비밀 유지의 현실성이 없고 스크랩 업체들이 거칠다고 하니, 담당자는 언제든지 위협에 노출될 위험이 있어요. 따라서 진단 업무를 빼 버리는 것이죠.

심 대리: 진단도 분명히 필요하고 누군가는 해야 하는 일이잖아?

로이: 바로 그거예요. 사실 적법하고 공정하게 회사업무를 처리한 것인데 탐욕스런 이해관계자에게 당한 것이죠. 그런데 누군가는 해야 할 꼭 필요한 일인데, 북경법인에서는 오 차장님의 사고를 지켜보았으니 이제는 어느 누구도 맡으려 하지 않거나 맡더라도 업체를 바

꿔서 스스로가 위험에 처하려고 하지는 않을 겁니다.

심 대리: 그 말은…….

로이: 네, 아무래도…….

심 대리와 로이는 눈빛을 주고받으며 고개를 끄덕였다.

제이: 도대체 뭐가 '네'라는 거야? 잘 이야기하다가 대답도 안 했는데 맞다니, 원.

같이 듣고 있던 제이는 이 둘의 대화가 아주 답답했고 로이에게 빨리 말을 해 달라며 재촉했다.

심 대리와 로이는 제이의 말을 듣지도 못한 채 그들만의 대화에 빠져 있었다.

로이: 제가 궁금하고 계속 의심이 드는 것은 한국에서 신문기사로 난리가 났을 때 그 잘못된 정보를 흘려서 JK그룹을 곤란하게 하려고 했던 것이 과연 한국의 경쟁업체 짓이었냐는 것이에요.

심 대리: 사실 나도 까맣게 잊고 있었는데 그것이 궁금해졌어.

로이: 조심스럽기는 한데 제 생각에는 한국의 경쟁업체가 한 짓은 아닌 것 같아요.

심 대리: 왜지?

로이: 제가 만일 한국의 경쟁업체라면 어땠을까 생각해 봤어요. 심 대리님 말씀을 들어 보면 상대업체의 비리를 폭로하거나 JK그룹과 무슨 밀착관계가 있다거나 하는 식으로 비방한 것이 아니에요. 기사에는 JK그룹이 쓰레기를 수입하고 있다고 되어 있고, 상대 경쟁업체는 등장하지 않아요. 굉장히 특이하죠. JK그룹의 스크랩은 얻지 못했을지 몰라도 다른 고객들도 있을 것이고 계속 이 분야 일을

할 것이라면 당연히 스스로에게 독이 되는 말을 했을 것 같지가 않은 것이죠.

심 대리: 흠······.

로이: 사실 같은 업계에 종사하는 사람들은 그런 일이 발생하면 대개 누구 짓이다라고 아는 것 같더라고요. 그럼 소문도 쉽게 날 텐데 누가 계속 같이 일하려고 하겠어요? 같이 일하다가 틀어지면 언론사에 비방할 텐데 굳이 그 위험을 지고 같이 일할 필요를 못 느끼겠죠.

로이는 옆으로 다가와 침대에 걸터앉으며 목소리를 높였다.

로이: 생각해 보세요. 이 건으로 이익을 보는 세력이 있을 가능성을 말씀하셨잖아요? 내가 갖지 못한다고 남을 방해하는 것보다는 직접 이익을 취할 수 있다는 유인이, 동기로는 좀 더 그럴싸해 보이지 않나요?

심 대리: 흠······.

심 대리는 수긍을 하면서도 말을 아꼈다. 머릿속에 여러 가지 생각이 있는 것 같은데 뿌연 구름 속에 가린 것처럼 명확하게 떠오르지 않아 답답했다.

심 대리: 자, 늦었으니 다들 그만 자자고.

머리가 복잡해서 더 이상의 사고는 불가능하다고 생각했다. 심 대리는 피곤해서 자야겠다며 로이와 제이를 서둘러 자기 방에서 몰아내기는 했으나 이내 다시금 상념에 잠겼다. 머리는 복잡한데 정신은 더 또렷해져 오늘 잠자기는 그른 것 같았다.

7 / 현재진행형

아침 일찍 식당에 먼저 나와 커피를 마시는 심 대리 앞에 이 박사가 와서 앉았다. 심 대리는 어제 로이가 이야기한 오 차장 건의 해결 방법에 관해서 다시 이 박사에게 설명했다.

이 박사: 그러니까 진단 업무를 수행하지 않든지 아니면 수행을 하더라도 담당자를 비밀에 부쳐야 한다는 말인가요?

심 대리: 네. 그렇습니다. 오 차장 사건이 발생한 이유를 생각하면 오 차장이 진단을 맡았고, 피해를 봤다고 생각한 업체가 그 사실을 알았다는 것이죠. 그러니까…….

이 박사: 그럼 진단 업무를 누가 하게 됩니까? 부정 적발은 상시 업무가 아니니 필요할 때 팀을 구성해서 진행한다 하더라도, 업무 개선은 꾸준히 점검해야 하는데 말입니다. 그리고 비밀에 부칠 방법으로 어떤 게 있을까요? 진단 업무라는 것이 혼자서는 담당하기 어려워 최소 2~3명의 팀이 있어야 할 것 같습니다만……. 그리고 개선

을 하려면 현황 파악을 먼저 해야 할 텐데 현황 파악 과정에서 다들 알 수 있지 않을까요?

이 박사는 질문의 형식을 취하기는 했지만 정말 궁금하다기보다는 심 대리가 이런 점들을 고려했는지에 대한 생각을 묻는 듯했다. 때마침 제이와 로이도 식당으로 내려와 인사했다. 이 박사와 심 대리의 표정을 보니 무엇인가 중요한 이야기를 나누고 있었던 것처럼 느껴졌다. 제이와 로이는 가까이 다가와 앉지 못하고 약간 떨어져서 목례만 한 채 주춤거리고 있었다. 이를 본 이 박사는 웃으며 빨리 오라는 손짓을 했다.

이 박사: 빨리 와서 아침 먹어야지 왜 거기에 어정쩡하게 있습니까?

로이: 중요한 이야기를 하시는 것 같아서 혹시 방해되지 않나 싶어서요.

이 박사: 아닙니다. 같이 이야기하면 좋은데 때마침 잘 내려왔어요.

제이: 네. 그럼 다행이고요.

제이와 로이가 자리에 앉자 심 대리가 이야기를 했다.

심 대리: 그래서 제 생각은 진단 업무를 한국 본사에서 진행하도록 하는 것입니다. 현지에서 진행할 경우 오 차장 경우와 같이 업무를 진행한 담당자에게 문제가 생길 수 있습니다. 이를 방지할 대안은 바로, 누가 했는지, 어떤 결과가 나왔는지에 대해 현지법인에서 어찌해 볼 수 없게 하자는 것입니다.

제이: 아, 어제 심 대리님과 로이가 고개를 끄덕인 것이 한국에서

진행하자는 이야기였군요?

제이가 고개를 끄덕이며 투덜댔다.

이 박사: 음, 원론적으로 말하자면 대안이 될 수 있을 것 같다고 생각합니다.

이 박사가 '원론적이라는' 단서를 달기는 했지만 긍정의 신호를 보내니 심 대리는 일단 안심이 되었다. 이번 문제의 심각성을 고려해서 이 박사도 심 대리의 사고를 단계별로 이끌며 돕기보다는 빠른 수습책을 상의하려는 것으로 보였다.

이 박사: 그런데 업무 개선과 같은 일은 현지업무를 계속해서 지켜보며 잘 알고 있는 사람이 해야 하지 않을까요? 또 중국 내 서류들이 중국어인 상황에서, 본사 직원이 정확하게 문제를 파악하고 집어낼 수 있냐는 점을 고민해 봐야 할 것 같습니다.

심 대리: 그 부분을 미처 고려하지 못했네요. 민감한 사항은 한국 본사에서 진행하고 기본적인 준비는 중국법인에서 담당한다든지 하는 것도 고려할 수 있을 것 같습니다.

이 박사: 네. 아이디어를 좀 더 정리해 보면 좋겠습니다. 기본적인 준비를 중국법인에서 한다 해도, 준비과정에서 압력이 들어올 수 있고 그렇게 되면 마찬가지 결과를 초래할 수 있으니까요.

일단 방향은 잡았지만 조금 더 가다듬을 필요가 있었다. 그래도 무엇인가 서로 동의하는 쪽으로 방향 설정을 했다. 심 대리는 조금씩 길이 보이는 것 같았다.

심 대리: 그런데, 박사님.

심 대리는 잠시 고민을 하다가 어젯밤에 제이와 로이에게 해 주었던, 본사 홍보부에 있을 때 발생했던 신문기사 사건에 대해서 이 박사에게 이야기했다.

이 박사: 음, 그런 일이 있었군요.

이 박사는 턱을 괴고 눈을 감은 채 한참을 고민하는 듯했다.

이 박사는 사태가 심각하다고 생각했는지 더는 심 대리, 제이와 로이에게 질문을 하지 않았다.

이 박사: 뭐 합니까? 제이와 로이도 빨리 음식을 가져오세요. 빨리 든든히 배를 채우고 오늘 연수 일정을 소화해야지요.

이 박사는 화제를 돌리며 더 이상 스크랩 이야기를 하지 않았다. 조용히 아침식사를 할 뿐이었다. 가끔 가벼운 농담도 하면서 무거운 분위기를 벗어나려고 했다. 식사 후에 제이와 로이를 올려보내면서 심 대리를 살짝 잡아끌었다.

제이와 로이가 올라간 것을 확인한 후 입을 열었다.

이 박사: 아마도 한국의 스크랩 업체가 기자에게 알려준 것 같지는 않군요.

'박사님도 로이가 한 말과 같은 이야기를 하시네.'

허점이 보일라치면 집요하게 계속 질문을 하던 평소와는 달리, 오히려 심 대리에게 자기 생각을 전달해서 같이 답을 찾으려는 듯이 보였다.

'이 박사님이 평소에 질문을 하신 것은 우리를 훈련하기 위한 것이었어.'

심 대리는 지금 같이 고민하는 이 박사를 보니 새삼 감사한 마음이 들었다.

이 박사: 내 생각에는 그런 기사를 통해서 직접적인 이익이 보는 사람들의 소행으로 보입니다.

심 대리: 저도 그 생각을 해 봤습니다만 과연 누가.

이 박사: 음, 상황을 다시 구체적으로 생각해 봅시다. 그런 기사가 나가면 더 이상 한국으로 스크랩을 보내지 않고 중국에서 스크랩을 처리할 것이라고 확신한 세력이 있다는 말입니다.

심 대리: 네? 설마요.

심 대리는 가당치도 않다며 펄쩍 뛰었다.

심 대리: 한국에서 기삿거리가 되었다고 해서 중국에서 처리한다는 보장도 없고, 설령 중국에서 처리하도록 한다고 해도 중국의 특정 업체를 지정해 놓았던 것도 아니잖습니까?

이 박사: 심 대리 말이 맞습니다. 그런데 신문에서 떠들어 대면 왜 자꾸 귀찮게 말 나오게 일을 만드냐고 할 수도 있지 않을까요? JK그룹이 쓰레기를 수입한다는 이런 선정적이기까지 한 기사를 접한다면 이런 스크랩 건은 그냥 중국에서 처리하고 한국으로 들여오지 말라고 본사에서 충분히 이야기할 수 있다고 생각합니다. 회사는, 특히 큰 회사일수록, 회사 이미지에 민감하다 보니 아예 원천봉쇄하려는 쪽으로 의사결정을 하는 경향이 있어요.

심 대리: 아!

이 박사: 공사 현장의 일용직 노동자가 근처에서 노상 방뇨했다는 것이 기삿거리가 될 수는 없어도 정부 고위 관료나 유명 연예인이 길거리에서 노상 방뇨를 했다면 기삿거리가 될 수 있는 것 아니겠어요? 가끔 연예인이 저녁 술자리에서 옆 테이블 사람과 시비가 붙었

다는 기사가 나오는데 본인이 잘못한 경우도 있겠지만 상대가 연예인인 것을 알고 도발하거나 일부러 그런 상황을 만드는 경우도 있을 거예요. 연예인이니까 알려져 봤자 본인만 손해고, 진실을 밝힌다고 계속 쫓아다닐 수도 없으니 본인 실수인 양 사과하며 빨리 무마하는 것이 억울하지만 차라리 낫다고 생각할 수도 있습니다. 논쟁이 이어져 계속 기사화되는 것보다 빨리 마무리하고 화제에서 사라지게 하는 거죠.

심 대리: 그럴 수도 있겠네요.

이 박사: 그런데 이런 일을 귀찮은 일로만 치부할 것은 아닙니다. 자꾸 신문 지상에 회사 이름이 오르내려서 회사 브랜드에 손상이 갈까 봐 스크랩 같은 것은 중국에서 처리하도록 지시할 수도 있어요. 하지만 이것은 올바른 해결책은 아닙니다. 회사 브랜드를 지키고자 한 것이 도리어 회사 브랜드에 해를 끼치는 일로 바뀔 수도 있습니다.

심 대리: 도리어 해가 된다고요?

이 박사: 스크랩은 여러 종류가 있을 텐데, 예를 들어서 스크랩이 칩일 수도 있지요. 반도체 칩. 그런데 이런 반도체 칩이 스크랩으로 중국 내에서 팔려 나가면 스크랩 전문 업체에서는 이 스크랩 중에서 겉은 멀쩡해 보이는 칩들을 골라내어 뒤로 유통시킬 수도 있지요. 그러면 결함이 있는 칩들이 돌아다니고, 문제가 되었을 때 회사 상표가 붙어 있거나 식별이 가능하다면 자연히 회사에 타격이 가해지지 않겠어요?

심 대리: 아! 거기까지는 미처 생각하지 못했어요.

이 박사: 그런 문제를 해결하려면 추가비용이 많이 들어가겠지요. 상표가 안 보일 정도로, 혹은 다시 사용되지 못할 정도로 분쇄해서 스크랩으로 넘겨야 하는데, 비용도 많이 들고 작은 것들은 분쇄해도 갈아지지 않는 것이 있을 테니까요.

심 대리: 이런 상황에서 말하기는 그렇지만 그 작은 칩들을 어떻게 걸러내는지도 신기하군요.

이 박사: 후후후. 시냇가에서 사금 캐듯이 가는 망이 있는 뜰채 같은 것으로 거르면 되지 않겠어요? 그런 조직들은 기가 막히게도 여러 가지 방법을 찾아냅니다. 속이려고 작정한 사람들을 막는 것은 무척이나 어려운 일입니다. 오죽하면 고춧가루 빻듯이 갈아야 하는 것 아니냐는 이야기도 나오는 형편입니다.

심 대리: 정말 이러지도 저러지도 못하겠네요.

이 박사: 좀 시간이 걸리더라도 이유를 찾아보고 회사가 생각하는 가장 합리적인 방법으로 처리해야 합니다. 구설수에 오를까봐 그냥 바꿔 버리는 의사결정을 해서는 안 된다고 생각해요. 오해를 받는 것이 억울하겠지만 잠시입니다. 적극적인 방어가 필요합니다. 말이 안 나오게 덮는다고 해서 문제가 해결된 것은 아니니까요.

원천봉쇄는 좋은 해결책이 아니다
문제를 덮지 말고 근원적으로 해결하라

'그래, 문제의 근원적 해결이 중요하지.'

생각해 보면 이 박사가 이야기하는 것은 가장 기본적인 것들이고 그 점을 모르는 것도 아닌데 일을 처리할 때는 왜 그런 생각이 들지 않는지 아무리 생각해도 심 대리에게는 의문이었다.

'차분히 생각할 시간이 부족해서 그런가?'

이런 생각을 하는 것조차 사치는 아닌지 하는 생각이 들었다.

이 박사: 지금 이번 건도 왜 이런 기사가 나왔는지에 대해 생각을 좀 더 했어야 합니다. 하여간 이런 기사가 나가면 중국에서 처리할 것으로 예상한 사람들의 짓 같습니다.

심 대리: 그 말씀은 그럼 내부에…….

이 박사는 입을 다물고 조심스레 고개를 끄덕였다.

이 박사: 지금으로써는 그럴 것 같네요. JK그룹의 스크랩을 처리하던 한국업체를 비방한 것도 아니고 아무런 목적이 보이지 않습니다. 정황상 그냥 JK그룹 '엿 먹어라'로는 보이지 않아요.

심 대리: 정말 만일 그렇다면 이건 굉장히 계획적인 것 아닌가요?

이 박사: 만일 그렇지 않다면 신문에 그런 기사가 나도록 오도하는 정보를 흘리지 않았겠지요. 그것도 상당히 자극적으로 기사가 나가도록 했어요. 쓰레기를 수입하다뇨.

의심은 가면서도 회사 내부에서 이런 일이 벌어졌다는 것을 서로 인정할 수 없다는 듯 '만일 그렇다면'을 가정한 대화가 계속 이어졌다.

이 박사: 일단 단서는 하나 있잖습니까?

심 대리: 단서요?

이 박사: 네. 이런 문제가 있을 때 기업의 처리 방향을 잘 아는 사람이 관여되어 있다는 단서요.

심 대리: 어떻게…….

이 박사: 사람들 입에 오르내리게 되면 이 경우 중국에서 처리하도록 방향을 틀 것이라는 점을 예측할 수 있는 사람입니다. 즉 이러한 사례에 대처하는 조직의 생리를 알거나 유사하게 처리해 본 경험이 있는 자이겠지요. 그렇게 확신할 수 있는 사람이라면 직급이 낮지는 않을 것 같아요. 조심스럽기는 하지만 임원급일 가능성이 높습니다.

심 대리: 아!

순간 심 대리의 가슴은 주체하지 못하고 쿵쾅거렸다. 가슴이 너무 세게 뛰어서 말을 잇지 못했다.

머리가 아팠다. 이 부분은 심 대리가 무어라 답을 할 수 없었다.

만일 임원급이라면 정말 심각한 문제라는 생각만이 머릿속을 가득 채웠다.

'설마 박 전무가? 아냐 아냐. 그럴 리 없어.'

그럴 리 없다고 생각하면서도 박 전무가 언제 JK그룹에 합류했는지를 기억해 내려 애썼다.

이 박사: 또 하나는 중국에서 처리하면 스크랩 업체를 선정할 권한이 있는 쪽, 혹은 최소한 입찰 업체의 가격 조건에 접근이 가능한 쪽을 의심해 보아야 할 것 같습니다. 이것이 두 번째 단서가 되겠네요.

'두 번째 단서. 그렇다. 중국으로 돌리더라도 원하는 업체에 맡기리란 보장은 없으니까.'

이 박사: 중요한 것은 우리 가정이 맞는다면 그것은 지금도 진행되고 있는 현재진행형의 문제이므로 반드시 찾아내야 합니다.

'현재진행형……'

이 박사: 그리고 아이템을 볼 때 머리가 굉장히 좋은 사람입니다. 중국에서 바로 스크랩 처리를 하는 기업들도 있으니 중국으로 돌린다고 해서 어느 누구도 의심하지 않으리라 생각했을 것입니다. 굉장히 치밀하게 계획한 것으로 보이기 때문에 쉽지 않은 싸움이 될 것 같습니다.

'현재진행형에 더해서 쉽지 않은 싸움이라……'

심 대리야말로 심 대리의 진단 업무가 부정적발을 포함하게 될지 모른다는 긴장감과 두려움이 몰려와 또다시 가슴이 요동치는 것을 느낄 수 있었다.

8 / 위험관리의 필요성

오늘 연수는 어제보다 힘들었다. 연수를 위해 앉아 있는 동안은 생각하지 않으려고 했지만 머릿속은 온통 '현재진행형의 쉽지 않은 싸움' 생각뿐이었다. 그리고 내부인이 관여돼 있다는 것은 여전히 인정하고 싶지 않았다. 이미 의심 가는 정황이 있고 신중한 이 박사도 걱정하는 상황인데도 진실을 밝혀서 그것이 아니라는 것을 증명하고 싶었다. 회사 내부에서 이런 일이 일어나고 있다는 것을 처음으로 접한 심 대리는 그냥 모든 것을 부정하고도 싶었다.

끝날 것 같지 않던 오후 연수도 드디어 마무리되었다. 급속히 피곤이 몰려왔다.

'아, 오늘은 식사도 싫고 그냥 바로 들어가 자고 싶다.'

심 대리의 피곤함이 스스로에게 암시를 가하고 있을 때 이 박사의 목소리가 들려왔다.

이 박사: 여어, 오늘 연수도 잘 마쳤나요? 수고들 많았습니다.

오전에 심각한 분위기로 이야기하던 이 박사는 간데없고 호텔로 돌아온 심 대리, 제이와 로이를 이 박사는 아주 밝게 맞아주었다.

제이: 오 차장님 때문에 마음이 심란하기도 하고 영 집중이 안 되네요.

제이가 한숨을 깊게 쉬며 중얼거렸다.

이 박사: 힘내세요. 오 차장님 별일 없이 무사히 퇴원할 거라 생각합니다. 다들 머리가 복잡한 것 같으니 오늘은 가벼운 이야기나 해 볼까요?

제이: 오늘은 그냥 넘어가면 안 될까요?

이 박사: 오늘은 그냥 편하게 앉아서 내가 하는 이야기를 들어 주세요.

다들 피곤해 보였지만 이 박사는 오늘 하루를 거르지 않았다. 대신 아주 가벼운 이야기를 한다고 하면서 모두를 안심시켰다.

이 박사: 여러분 기억나는지 모르겠는데 중국 연수 와서 첫날 밤을 보내고 내려와 로비에서 만났을 때 내가 한 질문을 기억하나요? 바로 이 자리에서였습니다만.

로이: 네, 호텔 방에 들어가서 제일 먼저 한 일이 무엇이냐고 물으셨어요.

'로이의 기억력은 알아줘야 해. 쟤는 무슨 질문이 첫 번째였다는 것도 적고 있는 것 아닌가?'

빈정 반 인정 반의 어조로 제이가 중얼거렸다.

이 박사: 제일 먼저 한 일이 무엇인지 다시 이야기해 주겠어요? 지난번에 말을 못 했는데 생각난 것이 있으면 다 말해 주고요. 가능하

면 상세히 이야기해 주십시오.

심 대리: 저는 와이파이 연결부터 했습니다. 본사 부장님께 보낼 이메일이 있어서 회사 인트라넷 접속해서 보고하고 급히 중국에 오느라 처리하지 못한 몇 가지 일을 부탁하기 위해 동료에게 연락했습니다. 그다음에는 샤워를 했고요. 저녁식사 후에 들어와서 바로 자려고 했으니까요.

제이: 저는 비행기 탄 것밖에 한 일도 없는데 괜히 피곤하더라고요. 그래서 저녁 먹으러 내려오라는 시간 전까지 침대에 누워서 좀 쉬었어요.

로이: 저는 샤워하고 미리 짐을 풀었어요. 저녁식사 뒤에는 귀찮아서 안 할 것 같아서요. 양복과 와이셔츠를 펴서 옷장에 걸었고 신발, 세면도구 등도 정리했습니다. 세면대에 칫솔이 바로 없으면 귀찮다고 양치질도 안 하고 자기 십상이거든요. 그리고는 중국 TV에서는 어떤 내용이 방영되는지 채널을 돌려 봤어요.

심 대리, 제이와 로이가 차례로 이야기했다.

이 박사: 좋습니다. 자, 질문! 여러분이 저녁식사를 마치고 들어와서 곤히 자고 있는데 새벽에 갑자기 호텔에 불이 났다고 가정합시다. 그럼 어떻게 하죠?

제이: 당연히 빨리 대피해야죠.

이 박사: 어디로요?

제이: 화재를 피할 수 있는 곳으로요.

이 박사: 어떻게요?

제이: 밖으로 나가서 여러 사람과 함께 걸어서 움직여야지요. 불이

나면 엘리베이터를 타면 안 된다고 배웠습니다.

이 박사: 엘리베이터를 타지 않는 것은 좋은데 비상구가 어디에 있는지는 아나요?

제이: 그러니까 다른 사람들과 같이 행동을…….

이 박사: 그 말은 제이는 불이 나면 본 적도 없는 초면의 다른 호텔 투숙객을 믿고 그 사람이 하는 대로 쫓아가겠다는 말이네요. 그 사람이 아래로 내려가면 따라서 내려가고 옥상으로 올라가면 따라서 올라가고 말이죠.

말하고 보니 이상하기는 했다.

'생면부지의 사람에게 목숨을 맡긴다니…….'

호텔에서 안내방송이 나오겠지만 비상구가 어디에 있는지는 미리 파악해 놓는 것이 나을 것 같았다.

심 대리: 사실 방에 들어가면서 호텔에 불이 날 것이라는 생각 자체를 해 보지 않았습니다.

심 대리의 말대로다. 제이와 로이도 불이 날 것이라는 생각은 하지도 않았다.

심 대리: 오늘 저녁에는 비상구가 어디에 있는지 복도에서 확인한 후 방에 들어가야겠어요.

이 박사: 아닙니다. 각 방마다 문에 각자의 방과 비상탈출구 위치가 표시되어 붙어 있습니다. 바로 확인할 수 있도록 말이죠. 무심히 지나치다 보니 있는지도 모르는 경우가 많습니다. 여러분들은 앞으로 출장 가면 방에 들어가자마자 비상탈출구부터 확인하세요. 습관으로 만들어서 몸에 배게 해야 합니다.

일동: 네, 알겠습니다.

이 박사: 다른 이야기 하나 하죠. 우리 아이가 초등학교 저학년입니다. 학교에 다녀오면 학교에서 있었던 여러 시시콜콜한 이야기를 많이 합니다. 꼬마인데도 그 나름의 사회가 있어서 아주 재미있어요. 학교에서 점심에 급식을 제공하는데 도시락을 싸 오는 애들이 부러웠는지 최근 며칠 계속 도시락을 싸 달라고 떼를 써서 간편히 먹을 수 있게 김밥을 싸 주었습니다. 그런데 유리그릇을 쓰는 것은 위험해서 마침 가지고 있는 플라스틱 용기에 담았는데 용기가 좀 크다 보니 많이 담게 되었어요. 아이가 평소 먹는 양보다 많이 담다 보니 당연히 친구들이랑 사이좋게 나눠 먹으라고 이야기를 하였는데 아이는 정색을 하며 학교에서 선생님이 음식을 같이 나눠 먹지 말라고 했다는 것입니다.

이 박사는 숨을 길게 내쉬더니 외쳤다.

이 박사: 여기서 질문! 선생님은 왜 도시락을 나누어 먹지 말라고 했을까요?

이 박사의 이 시시콜콜하고 이상하기까지 한 질문에 답을 하기도 그렇지만, 개운하게 딱 정답이라고 말할 무엇인가도 생각나지 않았다.

로이: 나눠 먹게 되면 힘센 친구가 다 뺏어 먹는 상황이 발생할 수 있으니 아예 금지한 것 아닐까요?

이 박사: 우리 애랑 똑같은 말을 하는군요. 그 어린 나이에는 몇 개월 차이도 크고 성격도 제각각 다른데 덩치 큰 친구가 와서 다 뺏어 먹으면 다른 아이는 억울하게 손해 보는 상황이 발생하겠죠. 선생님이 의도한 이유는 아니겠지만 사실 아이들에게는 이것도 굉장

히 중요한 이유가 될 수 있습니다. 그런데 아이는 이어서 다른 이유도 말하더군요. 이게 선생님이 금지하는 진짜 이유였어요. 무엇이었을까요?

'초등학교 저학년생이랑 똑같은 수준으로 취급 받다니.'

그런데 다른 이유가 딱히 생각나지 않아 가만히 있어야 했다. 아무도 답을 하지 않자 이 박사는 다른 이야기를 꺼냈다.

이 박사: 또 다른 이야기 하나 하죠. 얼마 전 한국에서 학교 급식으로 카레를 먹은 초등학교 3학년 학생이 사망했습니다. 그 아이의 부모는 하늘이 무너지는 것 같았겠지요. 학교를 보냈는데 급식을 먹고 죽다니요.

제이: 식중독이었나요? 그렇다고 죽기까지 하다니.

이 박사: 식중독이었다면 많은 학생들에게 발병했을 것이고 죽음에까지 이르지는 않았겠지요.

제이: 그럼 왜?

이 박사: 사인은 우유 알레르기였습니다.

제이: 네? 우유 알레르기라는 것도 있나요?

이 박사: 사실 이전에는 한국에 알레르기가 지금처럼 많지 않았습니다. 그래서 서양 아이들처럼 미리미리 알레르기에 대한 준비가 되어 있지 않았던 것이죠. 급식 종류가 다양하지 못해서 알레르기 있는 아이들만을 위한 음식을 따로 준비하기 힘들다는 것은 이해가 갑니다. 우유 알레르기가 있는 소수의 아이 때문에 대다수의 학생에게 우유를 제공하지 않는 것도 맞지 않고요. 논란은 있습니다만 우유는 성장기 학생에게 좋은 고단백 영양식품이니까요.

로이: 카레에 우유가 들어간다는 것은 처음 알았어요.

이 박사: 카레에 우유를 넣으면 맛이 부드러워질 수는 있지만 카레를 만드는 데 우유를 꼭 넣어야 하는 것은 아닙니다.

로이: 그럼 우유만 넣지 않았어도 살 수 있었다는 이야기네요?

이 박사: 그렇죠!

이 박사의 목소리가 커졌다.

이 박사: 아이들이 우유를 많이 마시니까 우유 알레르기가 있었다면 아이 자신과 그 부모는 우유 알레르기가 있는지 알고 있었을 것이고 당연히 주의했을 것입니다. 따로 배식하는 우유라면 당연히 먹지 않았겠지요. 그런데 카레 만드는 데 우유가 꼭 필요한 것도 아닌데 우유를 넣었으니 알 방법이 없었겠지요. 우유는 알레르기가 있는 대표적인 식품 중의 하나인데도 관리가 허술했던 것입니다. 우유를 넣지 않았거나 혹은 우유를 넣었다는 것을 알려만 주었어도 이런 안타까운 사고를 막을 수 있었겠지요.

어처구니 없는 일들이 일어나는구나 싶었다. 어른들의 부주의로 우유 한 잔에 소중한 생명을 잃을 수도 있다고 생각하니 모두들 숙연해졌다.

이 박사: 선생님이 각자 싸 온 도시락을 나눠 먹지 말라고 말한 이유를 이제 다 알 것이라 생각합니다. 어떤 음식에 알레르기 반응이 있을지 모르는데 본인이 준비한 것이 아니면 위험할 수 있다는 것이었습니다. 우리가 자랄 때만 해도 음식 알레르기라는 것을 들어 보지 못했습니다. 그렇다 보니 이에 대한 대비도 제대로 되어 있지 않았던 것이 사실입니다. 그러니 나도 알레르기 위험이라는 것은 생각

도 못하고 친구들과 나눠 먹으라고 이야기했던 것이지요. 사실 견과류 알레르기 같은 것이 심해서 기도가 부어오르면 호흡곤란이 오고 죽음에까지 이를 수도 있으니 정말 가볍게 여길 일은 아닙니다.

심 대리: 그럼 현실적으로 어떻게 대비를 해야 할까요?

이 박사: 저도 그 뒤에 관심이 생겨서 아이들이 급식하는 곳을 찾아가 확인해 봤습니다. 일단 학생들 각자가 표시를 하고 있었어요. 예를 들면 견과류, 해산물, 우유 알레르기가 있는 학생들은 각 알레르기에 따라 서로 다른 색깔의 명찰을 차도록 했습니다. 그리고 조리팀에서도 알레르기를 충분히 인식하고 내용물을 확인시키고 있었고요. 눈에 보이는 것은 학생들도 골라낼 수 있지만 눈에 보이지 않는 것은 준비하는 사람들이 책임지고 고려해야 할 사항 아니겠습니까?

모두: 네.

이 박사: 그리고 또 중요한 한 가지. 알레르기가 있는 학생들은 비상용으로 가지고 다니는 주사제가 있었습니다. 학생들도 각자 가지고 다녔지만 학교에서도 비상시를 대비하여 구비하고 있었습니다. 급할 때 쉽게 주사할 수 있는 장치지요. 마치 천식 환자에게 필요한 호흡기 같은 것이죠. 아무리 주의해도 사건이 발생할 경우 피해를 최소화하기 위한 대책이지요.

심 대리: 초등학교가 그 정도면 정말 대단하네요.

이 박사: 경험의 차이에서 기인한 것도 있겠지만 우리 때보다 학교가 그 나이 또래의 아이들에게 위험한 것들, 주의할 것들에 대하여 잘 알고, 여러 지침에 예방책을 심어 놓았다는 생각이 들었습니다.

즉 위험을 인지하고 위험 예방에 최선을 다하지만 설령 위험을 피하지 못해도 응급처치로 해결할 수 있도록 대비책도 갖추고 있습니다. 이러한 체계적인 관리는 한순간에 나올 수 있다고 생각하지 않습니다. 많은 시간을 들여 준비해야 합니다.

수긍의 뜻으로 고개가 절로 끄덕여졌다.

이 박사: 초등학교도 이런데, 과연 회사는 어떨까요? 학생들이 모여서 생활하는 학교보다 훨씬 복잡한 일들로 매일매일 조용할 날이 없을 텐데 과연 회사는 어떻게 대처하고 있을까요? 특히 문화나 규범이 판이한 해외에서는요?

갑자기 다들 엄숙해졌다.

제이: 박사님, 가벼운 이야기 하신다더니 전혀 가볍지 않네요.

제이가 불평을 늘어놓으며 엄살을 떨었다. 정말 전혀 가볍지 않은 주제였는데 오 차장 사건이 발생하니 이 기회에 위험관리를 이야기하신 것이었다.

'정말 주제를 잡는 데도 일가견이 있으셔.'

매뉴얼

심 대리: 일단 문제가 안 생기는 게 제일 좋겠지만 문제를 완전히 방지하는 것은 불가능할 것 같습니다. 예상치 못한 상황들이 역동적으로 일어나니까요. 다만, 최소화할 수 있는 장치를 준비해야 하겠다는 생각이 듭니다. 특히 그중에서도 인재(人災)를 최소화하는 것이 관건일 것 같습니다.

심 대리의 말에 모두의 머릿속에 지난 몇 년간 발생했던 참혹한 사고들이 떠올랐다. 조금만 주의했더라면, 조금만 빨리 대처했더라면 하는 안타까움이 많았다.

이 박사: 어떻게 인재를 최소화할 수 있을까요?

심 대리: 앞서 여러 가지 예를 들어 주셨지만 일단 무지에 기인한 것이 많다는 것입니다. 모른다는 것이죠. 무지는 미처 생각하지 못한 것도 포함하는 것이니 부주의도 포함한다고 해야 할까요? 박사님께서도 아이 도시락을 싸 주시면서 나눠 먹으라고 했을 때 미처 알

레르기의 위험까지 생각하신 것은 아니었잖아요?

이 박사: 네, 맞습니다. 생각이 짧았지요.

심 대리: 무지를 방지할 수 있도록 발생 가능한 상황에 대한 여러 시나리오를 분석하고 상황별 위험 요소에는 어떤 것들이 있는지 다 적어 봐야 할 것 같습니다.

제이: 우와~, 그렇게 되면 양이 엄청 방대하지 않을까요?

심 대리: 글쎄……. 난 오히려 다 적다 보면 여러 가지 공통점도 많이 나올 것 같다는 생각이야. 공통으로 관리만 하면 위험을 방지할 수 있는 공통분모 같은 것? 그다음엔 상황별 특수성에 따라 내용이 분류될 것이고. 그래서 그 사항들을 정리하여 숙지시키는 것이지.

심 대리는 제이의 우려가 그렇게 걱정할 만한 수준은 아니라고 판단한 듯했다.

심 대리: 말씀드렸지만 인재는 무지와 부주의가 가장 큰 문제라고 생각해요. 그런데 잘 정리된 사항이 있어서 하나하나 점검할 수 있다면 부주의로 인한 문제는 상당히 해소될 것 같고요.

로이: 오호! 정말 좋은 아이디어인데요. 무지를 막기 위해서 위험 요소에 대해 사전교육을 하고 다 정리된 것을 가지고 점검하며 부주의도 잡는다!

로이는 흥행몰이를 하는 사람처럼 흥분된 톤으로 분위기를 돋우었다.

심 대리: 쉽게 이야기해서 체크리스트 같은 것을 만드는 것이지.

이 박사: 여러분들이 도출한 결론이 훌륭하다고 생각합니다. 이러한 체크리스트를 소위 매뉴얼(manual)이라고 합니다. '사용설명서'라

고나 할까요? 여러분의 토론을 들으며 가장 좋았던 것은 '적는다'는 것을 명시한 점입니다. 사람의 두뇌는 한계가 있습니다. 아무리 똑똑해도 모든 것을 다 기억할 수는 없습니다. 특히 동시에 여러 가지 일을 하고 있으면 말이죠. 그런데 위험이 발생한 상황이라면 더더욱 경황이 없지 않겠어요? 누구나 당황하게 됩니다. 이러한 상황에서 어떻게 해야 하는지 매뉴얼을 빨리 찾아볼 수 있다면 혹은 이미 매뉴얼을 충분히 숙지하고 있어 필요한 부분이 훈련되어 있다면 본능적으로 움직일 수 있습니다. 연습의 결과가 되는 것이지요.

이 박사는 식은 커피를 단숨에 들이켜고는 이야기를 이어 갔다. 굉장히 흥미로울 때 이렇게 식은 커피를 단숨에 들이켜는 것 같았다.

제이: 박사님 말씀은 숙지든 연습이든 계속해서 관리해야 한다는 것이네요?

이 박사: 그렇습니다. 매뉴얼이 있으면 뭐합니까?

제이: 아니, 지금까지 매뉴얼의 중요성을 강조하셨잖아요?

이 박사: 매우 중요합니다. 하지만 있어도 그 내용을 모르고 있다면요? 전체를 다 암기할 필요는 없지만 필요한 내용을 계속 점검하며 숙지하고 있어야 하지 않을까요? 숙지는 위급상황에서 힘을 발휘하고 평소에도 부주의하게 넘어가지 않고 모든 절차를 다 밟도록 몸에 배게 합니다.

로이: 하지만 바쁜 업무 중에 계속 매뉴얼을 숙지하는 것이 쉬울까요?

이 박사: 어떻게 매뉴얼을 작성하느냐에 달려 있다고 생각합니다.

심 대리가 말한 것처럼 공통적으로 주의해야 할 사항은 모두가 숙지할 수 있도록 모아 두고, 각 관련 업무에 해당하는 부분은 잘 분류해 두어야 합니다. 쉽게 찾아볼 수 있고 세분화되어 있어 그때그때 필요한 업무에 바로 활용할 수 있게 말이죠. 두껍기만 하고 찾기도 쉽지 않다면 처음부터 질릴 것이고 찾아볼 생각도 안 할 테니까요. 우린 근래 여러 가지 대참사를 겪었습니다. 그런데 거기 매뉴얼이 있었음에도 불구하고 사태 수습이 제대로 되지 않았죠. 아무도 숙지하지 않고 실행하지 않은 것이 문제였습니다. 당황해서 모두 정신이 없었습니다.

다들 아무 말 없이 숙연해졌다. 정말 있을 수 없는 참사였으나 지금 다시 발생한다면 막을 수 있을까 하는 두려움이 엄습했다.

이 박사: 정말 기본으로 돌아가야 합니다. 기본을 잘 지키는 것이 시간을 아끼는 길이고 비용을 아끼는 길이며 모두가 행복할 수 있는 바탕이 되는 것입니다.

'쉽게 찾아볼 수 있어야 한다, 접근(access)이 쉬워야 한다는 말씀이시네.'

심 대리는 한 단어라도 놓칠세라 몰두하며 생각을 발전시켜 갔다.

이 박사: 세분화된 분류의 장점은 또 있습니다.

제이: 또 다른 장점?

이 박사: 상황은 계속 변합니다. 특히 현대사회에서는 기술의 발전속도가 빨라서 업무 프로세스 자체가 변하기도 하지요. 매뉴얼도 업데이트가 필요합니다. 선임 담당자가 체계적으로 고민하여 정리한 것을 그 업무의 후임들이 참조하면서 현재 상황과 맞지 않는 부

분은 더 고민하고 보완하여 완성도 높은 매뉴얼이 되게 하는 것이지요. 그러기 위해서는 세분화되어 있어야 변화하는 부분을 빠르게 업데이트할 수 있습니다.

제이: 박사님께서는 아까부터 계속 매뉴얼을 강조하시는 것 같아요. 다시 질문을 드리기 죄송합니다만 매뉴얼이 그렇게 중요한가요? 이게 정말 근원적인 해결방안이 맞는지 궁금해서요.

이 박사: 물론 다른 여러 방안도 있을 것입니다. 그러나 매뉴얼은 아무리 강조해도 지나치지 않다고 생각합니다.

다들 그 이유가 궁금한 듯 이 박사를 빤히 쳐다보았다.

이 박사: 제이, 짜장면 좋아하나요?

제이: 네? 네.

'또 나왔다. 저 아무 관계도 없어 보이는 질문.'

심 대리와 로이는 이 진지한 순간에도 키득키득 터져 나오는 웃음을 참을 수가 없었다. 제이는 이런 질문은 왜 매번 자기에게 하는지 불만이다.

제이: 중국집에서 제일 좋아하는 것이 짜장면과 짬뽕이에요. 둘 중 하나를 선택하는 일은 언제나 고민되고 풀리지 않는 숙제죠.

이 박사: 중국집이라니. 중식집이라고 해야죠.

제이: 아? 그…… 그게 그거 아닌가요?

이 박사: 한국음식점을 한국집이라고 합니까? 한식집이라고 하지요. 일본음식점은 일식집이라고 하지 일본집이라고 하지 않잖아요?

심 대리: 에이, 박사님, 썰렁한 이야기 마시고요.

심 대리와 로이가 웃으면서 제이를 골리려는 이 박사를 말렸다.

이 박사: 아니, 맞잖아요? 다들 습관적으로 써서 그렇지 말이 안 되는 거잖아요? 말이 나온 김에 외국인들에게 한국어 테스트를 한다면 한국음식을 파는 곳은 한식집이라고 해야 맞다고 하겠죠? 그런데 정작 중국집이라고 해도 뜻에 큰 차이는 없고. 우리가 보는 영어시험도 유사하지 않을까요? 그 테스트가 정말 얼마나 영어 실력을 반영할까요? 시간 낭비, 돈 낭비 하게 하지 말고 실질적인 회화 공부를 더 하도록 하면 좋겠는데.

제이: 하지만 테스트가 없으면 영어 실력을 평가할 수 없잖아요?

이 박사: 무슨 실력인데요?

제이: 그건…….

이 박사: 후후후. 어쨌거나 제이가 즐겨 찾는 중식집이 있는데 이 집 짜장면을 제이가 제일 좋아한다고 해요. 그런데 어느 날 짜장면이 옛날과 다르게 너무 맛이 없는 것이죠. 어찌된 일인지 물어봤더니 주방장이 주인과 다투고는 그만뒀다고 합니다. 새로 온 주방장 실력은 아직 영 아닌 것 같고. 제이는 이 집에 다시 안 가겠지요?

제이: 갈 수도 있지요. 짜장면만 먹어본 것이라 탕수육이나 다른 것은 잘할 수도 있잖아요?

왠지 이 박사가 원하는 대답을 하기 싫었던 제이는 일부러 반대로 대답했다.

이 박사: 아니요. 나는 아무래도 안 갈 것 같은데요. 왜냐하면 내 기준에서는 짜장면은 한국에 있는 중식집을 평가할 때 바로미터가 되는 것이거든요. 가장 기본이 되는 요리인데, 그 기본이 잘된 곳이 나머지 요리도 맛있기 때문입니다. 그래서 짜장면이 맛없으면 아마

다른 음식들도 맛없을 것이라는 선입견이 있습니다. 일식집의 경우 나는 계란말이와 계란 초밥이 맛있는 집을 갑니다. 생선 초밥과 계란 초밥은 다르지 않냐고 물을 수도 있습니다. 하지만 나는 그렇게 생각합니다. 물론 유사한 생각에서 비롯된 내 기준입니다. 자, 질문! 내가 지금 무슨 이야기를 하고 싶은 것일까요?

제이: 기초가 중요하다?

이 박사: 기초는 정말 중요합니다. 다만, 여기서 내 이야기의 중점은 다른 것인데.

로이: 알았어요. 중식집의 퀄리티가 주방장 한 명의 존재에 의해서 좌지우지되어서는 안 된다는 말씀이시죠? 그 중식집의 이름을 유지할 수 있도록 레시피가 있어야 할 것 같네요. 주방장이 곧 주인이 아닌 한 말이죠.

이 박사: 그렇습니다. 매뉴얼이 없으면 회사의 실력이 아니라 각 개인의 실력이 되어 버립니다.

로이: 개인의 실력이요?

이 박사: 네. 개인의 실력. 잘 기술된 매뉴얼을 따라 작업하면, 비록 그 업무에 오래 숙련된 사람이 아니더라도 기본적으로 점검할 것들을 알고 하니 결과가 어느 정도 보장됩니다. 하지만 체계적인 매뉴얼이 없는 경우에는 다행히 업무 담당자의 실력이 뛰어나다면 문제가 덜하겠지만 신참이 맡았을 때는 주요 부분이 생략되며 진행될 위험이 존재합니다. 개인에 따라서 편차가 크게 되죠. 회사가 그 업무를 담딩하는 각 개인의 역량에 따라서 편차가 크다면 그것은 문제 아닐까요?

'구멍가게도 아니고 들쭉날쭉하다면 문제가 맞다. 그것도 아주 심각한 문제.'

로이가 자기도 모르게 고개를 끄덕이고 있을 때 이 박사가 설명을 이어 갔다.

이 박사: 여러 기업을 만나 봅니다. 어떤 기업은 같이 일할 때, 그 기업에서 10년을 일한 사람들의 실력은 모두 일정 수준 이상이라고 인정하게 됩니다. 즉, 회사 내부에서 훈련이 잘되었다는 이야기이기도 합니다. 그래서 학력 수준이나 출신 학교도 큰 의미가 없습니다. 그 기업에서의 10년이 모든 것을 설명해 주는 것이죠. 그러나 또 다른 기업은 여전히 누가 담당하느냐가 카운터파트(counterpart)로서 일을 할 때에 중요한 부분이 되기도 합니다. 업무를 잘 모르는 담당자를 만나면 곤란을 겪거든요. 일정 수준 이상의 실력을 갖춘 인재를 키워내기 위해서는 내부 훈련에 매뉴얼이 꼭 필요합니다. 그래야 소위 말하는 시스템에 의해서 돌아가는 기초가 마련되지 않을까요?

제이도 더 이상은 반박할 수 없었다. 모두 조용히 고개만 끄덕였다.

이 박사: 외부에 일부 업무를 아웃소싱(outsourcing) 줄 때도 유사한 상황이 발생합니다. 일을 잘하는 기업은 아웃소싱을 주는 내용에 대하여 아주 자세하게 매뉴얼이 작성되어 있어서 외부 업체가 아웃소싱 업무를 받아서 진행하는 데 전혀 무리가 없습니다. 그 말은 아웃소싱을 주기 전에 이미 준비가 다 되어 있다는 말입니다. 그런데 일부 기업은 정비된 매뉴얼이 없습니다. 프로젝트 오너(project owner)의 머릿속에 모든 것이 다 있지요. 그래서 본인은 머릿속에 쫙

꿰고 있으니 다 준비되었다고 생각하고 급히 진행합니다. 빨리빨리만 외치는 것이지요. 그리고 본인 마음대로 따라주지 않거나 마음에 들지 않으면 신경질을 냅니다. 일정을 맞춘다거나 원하는 품질 수준을 유지하기 어려울 수도 있고 효율이 많이 떨어질 수 있는데 남 탓을 합니다. 왜? 본인은 쫙 꿰고 있으니 오로지 따라오지 못하는 상대 업체가 문제라고 생각합니다.

심 대리: 정말 문제네요.

이 박사: 일부에 국한된 이야기입니다. 그런데 다른 환경에서 비즈니스를 하려고 한다면 매뉴얼과 표준화는 아주 중요합니다. 중국은 한국보다 이직률이 높습니다. 많은 투자를 해서 교육을 하면 이직하지요. 안타깝기는 하지만 자신들의 이상을 위해서 노력하는 것이니 보는 관점이 다를 뿐 뭐라 비난할 수는 없다고 생각합니다. 이직률이 높은데 계속 같은 업무 수준을 유지하려면 매뉴얼이 더욱 중요합니다. 또 하나, 긴급상황 대처 시에 매우 중요합니다. 앞서도 이야기했지만 당황하면 평소와 달리 마음이 급하다 보니 실수하기가 쉽습니다. 이럴 때 잘 정비된 매뉴얼은 힘을 발휘하지요. 결국 시간을 단축해서 업무효율을 증진하는 효과도 있습니다.

이 박사의 추가 설명 후에, 매뉴얼의 중요성에 대해서 다들 수긍하는 것 같았다.

이 박사: 그런데 각 업종별, 업무별로 매뉴얼은 있겠지만 내가 이야기하는 것은 그와 동시에 소통을 위한 매뉴얼입니다. 어떻게 업무 협조가 이루어지는지에 대한 지침과 성고가 필요한 것이죠. 한 부서에서 모든 업무를 마무리하는 경우가 드물기 때문에 다음 업무 혹

은 공통 업무를 위하여 다른 부서로도 전달이 제대로 되고 있는지의 확인이 중요합니다.

이 박사는 한 박자 쉬어 시선을 모은 다음 다시 말을 이었다.

이 박사: 그다음은 관리입니다. 아무리 매뉴얼이 있어도 실수를 하지 않으리라는 법이 없고 모든 일이 글에서 해답을 찾을 만큼 그리 간단하지 않습니다. 그런데 스크리닝 프로세스(screening process) 없이 담당자 혼자서만 처리한다면 문제가 발생할 수 있지 않을까요? 복수의 점검 절차를 거치는 것이 필요합니다.

'복수의 점검 절차라……'

고민에 빠진 세 명을 독려하며 이 박사가 소리쳤다.

이 박사: 자자, 가볍게 이야기하기로 하였으니 오늘은 여기까지 하겠습니다. 금요일이니 즐거운 주말을 위해서 물론 숙제도 없습니다. 그냥 오늘 나눈 이야기에 대해서 방으로 돌아가 다시 한번 천천히 생각해 보면 좋겠습니다.

심 대리는 처음부터 어떻게 설정하는지가 중요하다고 생각했다. 이 박사가 사람 보호도 위험관리에 포함해야 한다고 하신 말씀이 떠올랐다. 그것도 역시 어느 범위까지 할 것인지의 설정의 문제였다. 그 뒤에 서로 간에 소통을 위한 프로토콜이 정립되어 있어야 한다는 것도 느꼈다.

'이것을 어떻게 정리하느냐의 문제인데……'

오늘은 로이뿐만 아니라 제이도 무엇인가를 열심히 메모하고 있었다. 심 대리는 과연 어떤 내용일지 궁금하기는 했지만 묻지 않기로 했다. 그냥 웃음이 나왔다.

생활 속의 위험관리 10

다들 금요일 일정을 마치고 각자 방으로 향하는데 제이가 심 대리를 불렀다.

제이: 심 대리님.

심 대리: 갑자기 애교 섞인 목소리로 왜 그래? 징그럽게 말이야.

로이: 내일은 토요일이니까 아침식사를 좀 늦게 하면 어떨까요? 이번 한 주도 너무 정신없이 보냈잖아요. 계속 호텔과 연수받는 곳만 왔다 갔다 했는데 오늘 저녁에는 머리도 식힐 겸 구경도 좀 하고 늦게까지 푹 자고 싶어요. 중국에서 보내는 사실상 첫 번째 불금이잖아요. 정말 앞의 두 번의 주말은 어떻게 가는지도 모르고 보냈다고요.

심 대리: 싱겁기는. 그래 알아서 해. 그나저나 벌써 삼 주가 지났나? 시간이 너무 빨리 가는 것 같다. 어차피 내일 오전에 일정이 없으니까 편한 대로 하면 될 것 같아. 난 내일 아침 이른 비행기로 한국에 다녀와야 돼서 아침식사는 같이 못 할 것 같으니 둘이 알아서

하면 되겠네. 구경하는 것은 좋지만 여기는 외국이니까 위험한 지역은 피하고 너무 늦게 돌아다니지 말도록 해. 알았지?

로이: 네.

제이: 무슨 급한 일이 있으세요? 토요일에 한국을 들어가야 하신다니 말이에요.

심 대리: 아니야. 집에 일이 좀 있어서 말이야. 갔다가 일요일에 바로 돌아올 것이니까 염려하지 말고.

본사 김 실장이 심 대리에게 갑자기 전화를 걸어서 수고스럽지만 잠시 본사에 와서 상황 보고를 해 달라고 했다. 아무래도 사람이 다친 일이 발생했으니 신경이 쓰이는 것 같았다. 심 대리의 진단 업무를 눈치채고 발생한 일인지 여러 정황을 확인해 볼 필요가 있으니 들어오라고 했고 다른 사람에게는 개인 사정이라고 둘러대라고 했다. 연수 차 같이 온 사람들 이목이 있는데 연수 나간 사람을 갑자기 본사에서 오라고 하면 다들 의아하게 생각할 터였다.

다음 날 아침 일찍 공항에 도착한 심 대리는 오 차장 사건을 간략히 정리한 것을 들여다보고 있었다. 확인한 사항들은 과연 맞는 것인지, 어느 선까지 보고해야 하는지 머리가 복잡했다. 비행기에 탑승해서도 식욕이 없어 기내식을 물렸고 커피만 연신 마시면서 구름이 잔뜩 낀 듯한 머릿속을 정리하려고 했다. 어느덧 30분 내에 인천공항에 도착하겠다는 안내방송이 나오기 시작했다.

심 대리: 어? 방송 착오가 있네?

한국어, 영어, 중국어로 안내방송이 이루어졌는데 중국어 방송에서는 한국어, 영어 안내와 달리 현지 시각을 잘못 말하고 공항 이름도 다른 곳으로 이야기했다.

'뭐야. 인천공항에 내리면서 김포공항이라니……. 기내에 있는 중국 여행객들은 혼란스럽겠는걸?'

심 대리는 스튜어디스를 불러서 중국어 방송에 문제가 있음을 알려 주었고 스튜어디스는 감사 인사를 했다. 웃음이 이뻤다.

'나는 남들에게 어떻게 비추어질까? 저렇게 환한 웃음을 보여줄 수 있으면 좋을 텐데.'

쓸데없는 생각이 들었지만 요새 계속 걱정으로 얼굴을 펼 날이 없다 보니 항상 인상을 찡그리고 다녔다. 이렇게 얼굴이 굳어져 버릴 것 같아 고민이었다.

승무원: 신입 직원이라서 아무래도 긴장한 것 같습니다. 바로 시정해서 방송을 내보내겠습니다.

코드 셰어를 하는 중국 측 항공사에서 중국직원이 파견 나오는데 지금 파견 나온 직원이 경험이 별로 없다 보니 실수가 있었다고 이야기했다.

비행기가 활주로에 도착하면서 다시 안내방송이 나오는데 이번에는 시간이며 착륙 공항에 대해서는 아예 빼놓고 중국어로 안내가 나왔다. 아마도 앞서 본인이 영어, 한국어와 다른 내용의 중국어 방송을 한 것을 알아듣는 사람이 있다는 것을 알고 나서 더욱 긴장했든지 아니면 아예 틀리지 않게 일부러 말을 하지 않은 것이 분명했다.

'아무래도 일부러 그런 것 같아. 우리가 지금까지 해결해 왔던 것도 이런 식의 미봉책이었을까?' 씁쓸한 생각이 심 대리의 뇌리를 스쳤다. 착륙 후 내려야 하는 상황이라 모든 스튜어디스가 분주했기에 비행기를 빠져나오면서 앞에 서 있는 사무장에게 상황을 다시 설명하였으나 같은 반응이 돌아왔다.

사무장: 아까 말씀해 주신 분이시죠? 직원이 경험이 없다 보니 이런 일이 발생했네요. 주의시키도록 하겠습니다.

심 대리: 아니요. 그 직원을 주의시켜서 되는 일이 아니라 이런 일을 어떻게 방지할지를 내부에 보고하셔야 할 것 같은데요.

사무장은 '예, 예'라고 대답은 하고 있었지만 별로 탐탁지 않은 표정에 억지웃음을 띤 모습이 역력했다. 나가는 승객들에게 인사하기 바쁜데 귀찮게 한다는 것이 웃는 표정 안에서도 보였다. 분명 건성으로 대답하는 것이 느껴지자 머리도 복잡한 심 대리는 이내 포기하고 그냥 나와 버렸다. 말을 해 줘도 그 가치를 모르는 사람들에게는 소용이 없다는 생각이 들었고 약간 신경질도 나려고 했기에 괜한 다툼을 하기 싫어서 빨리 그 상황을 피하고 싶을 뿐이었다.

'이게 박사님이 말씀하신 위험관리였어.'

위험은 도처에 있었다. 우리가 가볍게 생각하고 지나친 것들에서 불감증이라는 표현으로 대변되는 잠재적 위험요인이 너무 많아 보였다.

'내 코가 석자인데……'

심 대리는 공항에 내리자마자 바로 회사로 향했다.

잔뜩 긴장하여 올라간 어깨를 심호흡으로 내리고 김 실장을 찾아가 마주했다.

그런데 그렇게 급하게 찾았던 김 실장은 정작 심 대리를 보고서 의외로 그다지 많은 것을 묻지 않았다.

김 실장: 그래. 오 차장의 상태는 어떠한가?

심 대리: 아직 확인되지 않고 있습니다. 상당히 다친 것 같은데 병원 상황을 잘 모르니까 다들 기다리고만 있습니다. 아마도 응급처치 후 이동할 수 있게 되면 한국으로 들어와서 쉬고 치료받아야 하지 않나 생각하고 있습니다.

김 실장: 음······. 일단 목숨에는 지장이 없다고 하니 불행 중 다행이네. 어쩌다가 이런 일이 일어났는지 정말 당황스럽기 그지없네. 자네는 괜찮나? 주변에 이상한 낌새는 없고?

심 대리: 네. 괜찮습니다.

심 대리는 오 차장이 진단 업무로 스크랩 처리업체를 바꾸는 과정에서 문제가 생긴 것 같다는 내용을 상세히 보고했다. 김 실장은 심 대리도 진단 업무를 위해서 나간 것이므로 혹시 오 차장과 같은 상황이 심 대리에게도 발생할까 봐 걱정을 해 주었다.

김 실장: 그냥 스크랩의 문제고 다른 특이한 사항은 발견되지 않았고?

순간 주저하던 심 대리는 '내부 부정의 가능성'에 대해서는 입을 열지 않기로 했다. 아직 확신도 없거니와 괜히 경영진에까지 보고가 들어가면 이후에 더욱 문제를 어렵게 만들 수 있겠다는 생각이 들었다.

'그래, 아직 심증일 뿐이고. 어느 누가 관련되었는지도 모르잖아. 이 박사님 말씀대로 이 건은 일단 아무에게도 말하지 않는 것이 낫

겠어. 좀 더 명확해지고 난 다음에 실장님께 보고해야 할 것 같아.'

특이한 사항은 없다는 심 대리의 이야기에도 불구하고 김 실장은 동일한 질문을 다른 형태로 여러 차례 물었다. 이상하기는 했지만 심 대리는 자신을 걱정해 준 자상함에 감동했다.

김 실장과의 면담은 의외로 빨리 끝났다. 오 차장 사건 이야기를 한 것을 빼면 그간 연수가 진행된 모습에 대하여 잠시 이야기한 것이 전부였다.

'이거 좀 맥이 빠지는걸? 30분 이야기하자고 비행기까지 타고 왔단 말이야?'

주말에 쉬지도 못하고 30분 보고를 위해서 길에서 보낸 시간을 생각하니 조금 답답하기도 했지만 덕분에 토요일 하루, 여자친구와 데이트도 하고 아무 생각 없이 휴식을 취할 수 있었다. 마치 여자친구를 보러 일부러 주말에 나온 것이 되어, 감동한 여자친구에게 대접도 받고 으쓱했다.

'부담되는 일을 맡겼다고 생각해서 일부러 한국에 다녀가라고 배려해 주신 것인가?'

어쨌거나 여자친구에게 점수도 따고, 보고한 그 순간을 빼고는 정말 마음 편히 주말을 보낼 수 있었다. 일요일에도 여자친구와 같이 시간을 보내고 늦은 비행기로 북경으로 돌아왔다. 기내에서 화장실을 이용하려고 가다가 이 박사와 마주쳤다.

심 대리: 어? 박사님!

이 박사: 어? 심 대리네요? 한국에 다녀오나 보지요?

심 대리: 네. 그런데 왜 한 손을 머리 위로 올리고 오시는 거예요?

이 박사: 난기류(turbulence)라잖아요.

심 대리: 그러니까요. 그러면 양손으로 좌석을 꽉 잡고 오셔야지, 왜 한 손을 위로 올리고 오시냐고요?

이 박사: 어쨌거나 지금 빨리 자리로 돌아가야 하니까 조금 뒤에 안정되면 이야기합시다.

이 박사는 자리로 돌아가서 빨리 안전띠를 맸다. 비행기가 난기류를 지나자마자 심 대리는 이 박사의 자리로 갔다. 그 이상한 자세가 너무너무 궁금했기 때문이다.

이 박사: 심 대리, 비행기는 좌우로만 흔들리는 것이 아니고 위아래로도 흔들립니다. 비행기가 갑자기 하강하면 운동 법칙에 의해 통로에 서 있던 나는 위로 급하게 올라가게 된다고요. 실제로 내 태국 친구가 이런 사고를 당했습니다. 화장실에 갔다가 자리로 돌아오는데 난기류 때문에 비행기가 갑자기 하강했어요. 머리를 천장에 부딪쳐서 목이 꺾인 것이지요. 유명하다는 의사는 다 찾아다녔는데도 소용이 없었습니다. 목디스크가 심해서 정말 하루하루를 고통스럽게 살고 있습니다.

심 대리: 하여간 손을 왜 올리고 오신 것이냐고요? 저는 그것이 궁금해요.

이 박사: 이건 태권도의 머리막기 자세인데 원래 머리막기라는 것이 위험한 각목 같은 것으로 공격해 올 때 비스듬히 쳐 내는 것입니다. 위에서 내리치는 힘을 옆으로 바꾸는 것이지요. 팔이 부러질 생각을 하고 머리를 보호하는 자세입니다.

심 대리: 즉, 그 말씀은 행여 있을 급강하에 대비하여 팔로 목을

보호하시겠다는 것이었어요?

이 박사: 뭐, 그런 셈이지요.

맞기는 맞는 것 같은데 이렇게까지 해야 하나 싶기도 했다. 아직 잘은 모르지만 워낙 특이한 면이 있기도 했고 친한 친구가 사고를 당했다면 저런 생각이 들 것 같기도 했다. 비행기는 곧 착륙했고 이 박사와 심 대리는 같이 택시를 타고 돌아왔다.

이 박사: 이렇게 만나니까 비용이 줄고 좋네.

심 대리: 네?

이 박사: 같이 타면 택시비를 나눠 반만 내면 되니까 지출이 줄잖아요?

심 대리: 네? 네……에…….

얼떨결에 대답하기는 했지만 숫기가 조금만 더 있었더라도 박사에게 그냥 내달라고 했을 것 같았다.

'뭘 쩨쩨하게 그걸 받으려고 그러신담?'

이 박사와 헤어져 호텔 방으로 돌아와 짐을 푼 심 대리는 그대로 침대 위로 몸을 던졌다.

'정말 긴 한 주였어.'

침대에 누워 있던 심 대리는 이내 곯아떨어졌다. 침대 속으로 푹 꺼지듯이 들어가는 느낌이 내일 아침에 일어나지 못할 것만 같았다. 방금 눈을 감은 것 같았는데 순식간에 밤이 지나갔다.

다음 날 아침 모두들 약속한 시각에 식당에 모였다.

제이, 로이: 안녕하세요? 이 박사님, 심 대리님.

심 대리: 그래, 제이와 로이도 주말 잘들 보내고?

로이: 네, 저희는 너무 잘 지냈어요. 시내에 볼 것도 많고 맛있는 음식점도 많아서 이것저것 많이 사 먹었어요. 상가들도 정말 커서 한 쇼핑몰에서 하루를 다 보낼 수 있더라고요. 심 대리님은 한국 다녀오신 일은 잘 해결되셨어요?

심 대리: 응? 응. 원래 별일 아니었다고 했잖아. 잘 다녀왔어.

이 박사: 아, 정말 무슨 일로 다녀왔는지를 물어보지 못했네요?

심 대리: 네, 집에 일이 좀 있어서요.

이 박사: 호! 그래요?

입술 가운데를 위로 치켜 올린 채 고개를 천천히 끄덕이며 이 박사가 이야기했다. 믿지 않는다는 표정이었다. 거짓말했다는 것을 이미 아는 표정이라 더 질문할 것 같은 분위기도 아니었지만 화제를 다른 데로 돌려야 했다.

로이: 박사님도 한국에 다녀오셨어요?

이 박사: 네, 저도 집에 일이 좀 있어서요.

제이: 에이~, 그렇게 말씀하시니까 왠지 두 분 다 수상하네요. 뭔가 다른 중요한 일이 있으셨던 것 같은데요? 혹시 같이 다녀오신 것 아니에요?

심 대리: 아니야. 정말 별일 아니었다고. 박사님은 오는 비행기에서 우연히 마주치게 된 거야. 참! 박사님. 이번에 비행기를 타면서 박사님께서 말씀하신 위험관리가 무슨 뜻인지 알 수 있었어요.

심 대리는 화제를 돌리며 한국으로 가는 비행기에서 있었던 방송 실수에 대해서 이 박사와 제이, 로이에게 설명해 주었다.

제이: 그런데 그게 무슨 위험에 계속 노출되어 있다는 것이죠? 심 대리님이 이미 스튜어디스에게 이야기해서 수정방송이 나왔고 사무장에게 다시 이야기하셨으니 해결된 것 아니에요?

로이: 거 봐. 주말에 그렇게 놀더니 벌써 다 까먹었네.

로이가 제이에게 타박을 주면서 이야기했다.

로이: 근원적인 문제가 해결되지 않았잖아. 네가 강조하던 근원적인 문제 말이야. 방송 오류를 바로잡은 것은 미봉책일 뿐이잖아. 그것도 그 비행기에 한해서 이루어진 대책인 것이고.

심 대리: 맞아. 이번 사태를 겪고 박사님께 여러 사례를 들으면서 주변 상황을 다시 돌아보게 됐어. 이번 방송사고도 내가 짧은 중국어지만 '김포공항'과 '인천공항'이 혼돈되어 잘못 방송된 것을 알아듣고 스튜어디스에게 말을 해 주었기에 정정방송이 나갔어. 만일 내가 말을 안 했더라면 그냥 그렇게 넘어갔을 거야. 즉, 동승한 스튜어디스 중에서 실수를 눈치채고 이야기해 줄 수 있는 중국어를 할 수 있는 사람이 없었다는 것이야. 이러한 실수는 다시 반복될 가능성이 있는데 이를 방지하기 위한 스크리닝 장치가 전혀 없다는 것이었지. 복수의 점검절차라는 것이 무엇인지 확 와 닿더라고.

제이: 그렇네요.

제이는 자기가 근원적인 문제 해결을 제일 강조했으면서도 무엇이 근원적인 문제인지 요점을 파악하지 못한 것 같아 부끄러웠다.

심 대리: 특히 내가 실망한 것은 바로 그 비행기에서 실수가 반복되어서 다시 이야기해 주었는데도 다른 고참 스튜어디스 역시 경험이 없는 직원이니 양해해 달라고 한 점이야.

로이: 아마도 불평을 이야기하는 것으로 들렸나 봐요.

심 대리: 그런 셈이지. 진상 승객도 가끔 있고 여러 예상치 못한 돌발 상황이 있으니 불평 없이 잘 마무리하는 것이 그 사람들에게는 가장 중요한 일이었는지도 몰라. 사실 우리도 이번 기회를 통해서 이렇게 중요성을 인식했지만 다들 바쁘니까 당장 급한 일이 아니면 충분히 우선순위에서 미룰 수 있을 것이라는 생각이 들었어.

로이: 정말 이런 것은 '경험이 없는 스튜어디스의 실수'라는 구실로 그 개인의 책임으로 돌릴 수 있는 문제는 아닌 것 같네요. 경험이 없는 사람이 통제받지 않고 하는 이야기들을 제어할 장치가 없다는 것에 대해서 대응책을 고민해야 한다고 생각합니다. 심 대리님이 말한 사건은 그냥 시간과 장소의 오류지만 정말 무슨 이야기를 할지 통제가 안 되는 것은 문제일 수 있다고 생각해요. 그래서 든 생각인데 잘잘못을 가리려고만 하면 숨기는 데 급급할 것 같습니다. 개인의 잘못으로 치부하기보다는 문제 해결과 개선에 초점을 맞추는 실행이 있어야 해요.

이 박사는 자신의 질문 없이도 세 명이 이렇게 토의를 벌이는 모습을 보면서 점점 틀이 잡혀가고 있다는 생각에 흐뭇한 미소를 지었다.

'오늘 커피는 유난히 맛있군. 후후후.'

이 박사가 몸을 일으키며 말했다.

이 박사: 그런데 내 생각에는 심 대리 본인의 위험관리가 부족한 것 같던데요?

심 대리: 네? 왜 그런 말씀을.

이 박사: 왜 우리가 돌아오는 비행기 안에서 마주쳤겠어요?

심 대리: 그거야 한 비행기를 탔으니까…….

이 박사: 그렇다고 다 만나나요? 심 대리가 화장실로 오고 있었고 나는 화장실에서 나오면서 마주친 것이잖아요. 비행기가 흔들린다고 자리에 앉으라고 하면 꼭 그때 화장실을 가는 사람이 있어요. 그때 자리에 앉으라고 하면 화장실이 비니까 가는 것이겠지만, 내가 내 친구 이야기도 해 줬잖아요? 룰을 지키세요. 하지 말라고 하면 다 이유가 있는 것이니까 하지 않는 게 좋습니다.

심 대리: 그, 그게…….

로이: 이 박사님께서 무슨 말씀을 하시는 거예요? 심 대리님, 알려주세요. 그리고 친구 이야기는 도대체 뭐예요?

제이와 로이는 심 대리에게 마구 질문을 해댔다.

'오늘 커피는 정말 유난히 맛있어. 후후후.'

항상 장난기가 발동하는 이 박사였다.

로이의 노트

위험관리의 영역 확장 필요
- 비즈니스의 위험관리 + 임직원의 안전관리 = 전방위 관리
- 해외사업장은 특히 환경이 낯설기 때문에 주의를 기울여야 함.

문제 해결방안
- 부정적인 예: 아예 문젯거리를 만들지 않기 위해서 그 싹을 자르는 방법
- 큰 회사일수록 회사 이미지에 민감하다 보니 아예 원천봉쇄하려는 쪽으로 의사결정을 하는 경향이 있는데 이는 절대 경계해야 할 것.
- 근본적인 문제를 해결했는가 아니면 현재의 문제만 덮는 미봉책인가의 관점에서 보았을 때, 다시 되풀이되지 않도록 하는 근원적 해결이 목표.

매뉴얼 : 위험 예방 지침 및 발생 시 대처 방안
작성 준비
- 위험 발생 가능 요인들의 공통분모 파악. 이에 더해 상황별 특수성 분석

내용
- 업무별 상황별 행동 매뉴얼 작성
- 진행에 필요한 부서 내, 부서 간 소통의 매뉴얼 작성
- 단계별 복수의 점검절차 (screening process)

유지
- 정기적인 업데이트 중요
- 쉽게 찾아볼 수 있게 세분화하고 바로 활용 가능하도록 접근 용이성 유지
- 공통사항에 대해서는 항상 충분히 숙지하고 있도록 교육

매뉴얼의 효과
- 수많은 위험 요인을 인지하기 위해서는 많은 시간이 필요한데 매뉴얼이 있으면 축적된 경험을 바탕으로 예방하고 대처할 수 있다.
- 퀄리티를 유지하는 수단 (회사의 실력 vs 개인의 실력)

케이스
- 생활 속의 위험 관리: 우유 알레르기로 인한 사망. 항공 승무원의 안내방송, 태국 친구의 난기류 안전사고.

2장_

가치사슬

1 / 가치사슬

이 박사: 앞서 한 주는 위험관리에 관해서 이야기를 나누었습니다. 관리를 위해서는 일단 회사가 어떻게 구성되어 돌아가고 있는지를 아는 게 우선입니다. 회사에서 이루어지고 있는 일들의 전체적인 흐름을 큰 틀에서 개괄적으로 이해하는 것이 중요합니다. 그다음에 각 분야별 주요사항들을 알아보는 것이지요. 숲을 먼저 알고서 숲 안으로 들어가 나무를 보자는 것입니다. 이렇게 함으로써 전체적인 이해도 높이고 문제가 있거나 있을 수 있는 부분에 대해 생각해 볼 수도 있습니다. 해외 비즈니스라고 해서 다른 것은 아닙니다. 한국에 회사가 있듯이 중국에 회사가 있는 것뿐이니까요. 당연히 관련 법규정과 관습 등 일부 환경에서 다른 것은 있겠지만 회사라는 것 자체만 놓고 본다면 큰 차이는 없습니다.

제이: 네.

이 박사: 어떻게 하면 여러분이 이해하기 좋을까 고민했는데 마침

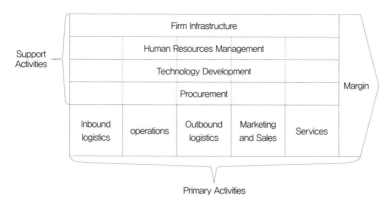

* 출처: On Competition p77, Michael E. Porter

[그림 2] 마이클 포터의 가치사슬

여러분이 보기에 좋은 도표가 있어서 참조하려 합니다. 마이클 포터 교수의 가치사슬(value chain) 도표입니다. [그림 2]

이 박사: 가치사슬에 따르면 회사의 가치 활동은 아홉 개의 포괄적인 카테고리로 분류됩니다. 주요 활동(primary activities)은 제품의 물리적인 창출, 마케팅, 소비자로의 전달, 그리고 판매 후의 지원과 서비스와 관련된 것들입니다. 다시 이야기하면 제품을 만들어서 잘 포장하고, 광고 마케팅 및 판매 활동을 통하여 소비자가 구매하도록 하고, 구매과정 및 구매 후에 발생할 수 있는 상황에 대하여 서비스를 제공하는 것입니다. 이해가 되나요?

일동: 네!

이 박사: 지원 활동(support activities)은 주요 활동에 필요한 여러 자원의 투입과 이용이 이루어지는 인프라를 제공합니다. 이에 더해 구매, 인적자원 관리, 그리고 기술 개발의 조합입니다. 그리고 일반

관리, 법률, 회계와 같은 기능을 포함하는 기업 인프라는 전체 가치 사슬을 지원합니다. 즉, 제품을 생산하기 위하여 재료를 구매하고, 필요 인력을 채용하여 충원하고, 기술을 지속적으로 개발하며, 비즈니스 수행과정에서 발생하는 모든 계약서 검토 및 자금 관리 등의 지원을 수행하는 것이지요. 이것도 이해가 가지요?

제이: 네! 한마디로 잘 만들어서 잘 팔고 소비자가 만족하도록 하는 것이 주요 활동이고, 이러한 활동을 잘할 수 있도록 필요한 것을 지원해 주는 것이 지원 활동이라는 것이지요?

이 박사: 후후후. 내 설명보다 훨씬 간결하고 좋네요. 여러분은 이미 숲을 다 보았습니다.

심 대리: 네? 너무 간단한 것 아닌가요?

이 박사: 비즈니스라는 것이 복잡할 수도 있지만 어찌 생각하면 아주 간단한 것이지요. 바로 여러분들이 말한 것처럼 잘 만들어서 잘 팔면 되는 것 아닌가요? 이러한 큰 테두리 안에서 회사는 많은 개별 활동들을 수행할 것입니다. 예를 들어 서비스는 흔히 설치, 수리, 조정(변경), 업그레이드, 그리고 부품 재고 관리를 포함합니다. 에어컨을 사면 설치해 주고, 고장 나면 새 부품으로 교체, 수리하고, 냉매도 갈아주는 것으로 생각하면 됩니다. 마이클 포터 교수의 가치사슬과 관련하여 카테고리별 세부 예시를 요약, 정리했으니 한번 살펴보기 바랍니다. [표 1]

이 박사는 정리된 표를 나누어 주면서 다시 이야기를 이어 갔다.

이 박사: 자, 여러분은 이제 나무도 다 보았습니다. 각 세부활동이 나무에 해당하니 읽어 보고 추가할 활동이 있는지도 생각해 보세

[표 1] 가치사슬 카테고리별 세부 예시

구분	카테고리	세부 예시
주요 활동 (Primary Activities)	유입 물류 Inbound Logistics	창고입고, 저장, 재고관리, 운송일정 계획 수립 등
	운영 Operations	기계가공, 제조, 조립, 포장, 설비 유지관리, 시험 등
	유출 물류 Outbound Logistics	주문에 따른 배송/운송, 유통관리 등
	마케팅 및 영업 Marketing and Sales	광고, 판촉, 판매, 가격 설정, 소매관리 등
	서비스 Services	설치 및 수리 서비스, 부품관리, 고객관리 등
지원 활동 (Support Activities)	구매 Procurement	원재료, 서비스 수리부품, 건물, 기계 구매 등
	기술 개발 Technology Development	R&D, 공정자동화, 설계 등
	인적자원 관리 Human Resources Management	직원 채용, 교육훈련, 보상 등
	기업 인프라 Firm Infrastructure	일반관리, 법률, 재무, 회계 등

요. 오늘 할 이야기는 다 한 것 같군요.

일동: 박사님~.

이 박사: 농담이 아닙니다. 동네 구두공방에서 동네 주민을 상대로 신발을 파는 것이나 다국적기업이 전 세계를 상대로 수많은 제품을 파는 것이나 무엇이 다를까요? 구두공방 아저씨도 가죽 등 재료를 구입해서 창고에 저장합니다. 당연히 재료를 무작정 많이 사지는 않았을 것이고 만드는 것에 비례해서 샀겠지요. 바로 구매와 유입 물류에 해당합니다. 구두를 만들어서 전시하였는데 가격 태그 옆에 구두의 장점에 대해서 아주 잘 설명해 놓았습니다. 프로모션 행사도 하고요. 바로 생산운영과 마케팅입니다. 구두를 보러 온 손님에게

조수가 잘 설명해서 구두를 팔았고 요청에 의해서 집으로 배달했습니다. 판매활동이 있고 그 전에 이 조수를 채용하는 인사관리가 있었으며 유출 물류가 있었네요. 뒷굽이라도 떨어져서 가지고 오면 수선을 해 줍니다. 서비스에 해당합니다. 좀 더 발이 편안한 구두를 만들려고 계속 노력하며 혹시 제품에 이상이 있으면 기준에 맞춰서 보상해 주든지 교환해 주었습니다. 작은 가게다 보니 보상에 대한 조항을 고객과 일일이 작성하지는 않았습니다만 기준에 맞춰서 합의를 이루어 가고 있습니다. 기술 개발과 인프라 활동입니다.

이 박사는 잠시 멈추었다가 이내 진지한 얼굴로 이야기를 이었다. 잠시 멈추는 것은 강조하고 싶은 내용이 있을 때 나타나는 습관이었다. 무엇인가 중요한 이야기가 시작된다는 신호였다.

이 박사: 기업의 비즈니스를 복잡하다고 생각해서 범하는 오류가 있습니다. 바로 이 전체적인 흐름을 잊고 있다는 것이지요. 숲을 생각하지 않고 계속 나무만 보는 것입니다. 사실 이것은 내가 범한 오류입니다. 나는 학부에서 경영학을 공부했습니다. 다양한 전공과목들이 있었습니다. 운영관리, 생산관리, 인사관리, 마케팅, 회계학, 상법, 경영전략 등 말이죠. 세부과목으로 가면 훨씬 더 많았습니다. 그런데 각 과목을 공부할 생각만 했지 그 모든 것이 사실은 전체 활동의 일부분을 구성할 뿐이고 그 일부분들이 모여서 기업 활동이 이루어진다는 가장 기본적인 전제를 생각하지 못했습니다. 나에게 마케팅은 마케팅이었습니다. 마켓 트렌드를 분석하고, 포지셔닝을 고려하면서도 그냥 마케팅 과목 안에서의 고민이었습니다. 그래서 교수님이 말씀해 주셨던 그 귀중한 설명을 당시에는 이해하지

못했고 이제서야 깨닫는 것이 많습니다. 기업이 커지다 보니 점차 업무가 세분화되어서 판매부서의 직원은 생산직 업무를 이해하지 못합니다. 마케팅 활동 하나만으로 기업이 돌아가지 않습니다. 생산만 계속한다고 되는 것도 아니고요. 그 활동들이 모두 유기적으로 이어져야 비로소 기업이 돌아가는 것입니다. 작은 구두공방에서는 비록 업무는 단순했을지 몰라도 전체를 다 보고 있었고 전체를 보는 것이 당연했습니다. 앞으로 여러분은 어떨까요?

일동: ······.

다들 대답을 주저하고 있을 때 이 박사는 다시 칠판에 큰 글씨로 적어 내려갔다.

숲을 먼저 바라보고 나무를 보자

이 박사: JK그룹은 큰 기업입니다. 큰 곳에 있으면 세분된 업무의 부속품이 되어서 시야가 좁아질 수밖에 없습니다. 생산부서에 있으면 베트남, 중국, 미국 공장 등 전 세계로 출장을 다니고 있을지는 몰라도 사실상 보고 있는 것은 오로지 생산에 관한 것뿐입니다. 최고경영자는 모든 부서의 업무를 보고 받고 종합적으로 고려해서 판단합니다. 그래서 전체적으로 밸런스를 맞추고 전체적인 수준을 향상시키려 노력합니다. 기술팀에서 사장이 배출되든 영업팀에서 사장이 배출되든 자기가 아는 쪽만 집중하면 밸런스가 깨집니다. 위로 올라갈수록 전반적으로 다 알아야 하는 이유입니다. 보통은 계속해 온 일이 익숙하고 그 역할이 크고 중요하다고 생각합니다. 그래

서 다른 부서의 일, 그리고 여태까지 해 왔던 이유 있는 관행도 무시하기 쉽습니다. 축적된 경험과 지식을 날리는 일 없이 잘 활용하려면 밸런스가 중요합니다. 여러분은 신입사원이고 나중에 서로 다른 부서에 배치가 되겠지만 최고경영자의 마인드를 가지면 좋겠습니다. 세부사항을 모두 알라는 것이 아니라 숲을 바라보는 시각을 잃지 않았으면 좋겠다는 것입니다.

일동: 네!

이 박사: 마찬가지로 경영학 용어, 경제학 용어 하나 더 외우고 시사용어 하나 더 안다고 크게 변하는 것은 없습니다. 최신 트렌드인 그럴싸한 용어 하나 더 안다고 지식수준이 올라가는 것이 아닙니다. 그런 자만을 경계해야 합니다. 용어는 필요할 때 찾아보면 됩니다. 더 필요한 것은 전체적인 경제활동이 어떻게 순환되는 것인지, 기업 경영활동의 순환구조는 어떠한지를 이해하는 것입니다. 인터넷과 모바일의 출현으로 새로운 경제 생태계가 마련되고 있는데 이런 것들을 이해하고 기존 생태계와의 차이는 무엇인지를 고민하는 것이 더 중요하다고 생각합니다.

'생태계를 이해한다? 그래. 어쩌면 다 안다고 가정한 것인데 사실은 잘 모르는 기본일 것 같아.'

심 대리는 더욱더 진지하게 이 박사 이야기에 귀를 기울였다.

이 박사: 마이클 포터 교수는 이렇게 이야기했습니다. '한 회사의 가치사슬은 독립된 활동들이 연결고리(linkage)로 연결된 시스템입니다. 연결고리는 흔히 한 활동의 작용방식이 다른 활동의 비용이나 효율성에 영향을 미칠 때 존재합니다. 이러한 연결고리로 인해 여러

활동은 협조적으로 이루어져야 합니다. 즉, 적시 배송을 위해서는 운영, 유출 물류, 서비스 활동(예를 들어 설치)이 모두 순조롭게 협력해야 합니다. 협조가 잘 되면 비용 부담이 큰 재고수요 없이 적시 배송이 가능합니다'라고 말이죠.

이 박사는 또다시 잠시 말을 끊고 기다렸다.

이 박사: 다른 사람들은 어떻게 가치사슬표를 이해하는지 모르겠으나 나는 핵심은 바로 마이클 포터 교수가 지적한 연결고리라고 생각합니다. 표를 다시 살펴봅시다. [그림 2]

이 박사: 예를 들어 현재 주요 활동 중에서 운영 활동이 행해지고 있다고 생각해 봅시다. 운영 활동이 행해지는 순간에도 지원 활동으로서 기업 인프라, 인적자원 관리, 기술 개발, 구매 활동이 동시에 진행되고 있다는 것입니다. 맞지요? 지원 활동은 주요 활동이 진행

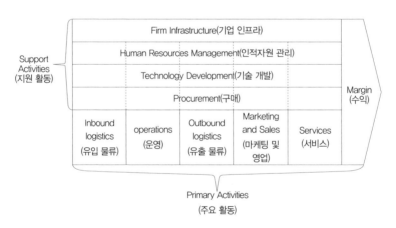

* 출처: On Competition p77, Michael E. Porter

[그림 2] 마이클 포터의 가치사슬

될 때 그 전 영역에 걸쳐서 일어나고 있습니다. 또한 유입 물류와 유출 물류도 앞뒤로 연계되어 있습니다. 이들의 활동이 비용이나 효율성에 서로 영향을 미치므로 협조적으로 이루어져야 한다고 마이클 포터 교수는 기술한 것입니다.

심 대리: 정말 유기적인 연결이 효율성의 중요한 핵심이군요.

이 박사: 그렇습니다. 각 부서 간 균형이 중요한 이유는, 그렇지 않으면 병목이 생길 수 있기 때문입니다. 생산은 아주 잘하고 있는데 판매가 부진하면 재고가 쌓일 것이고 재고가 쌓이니까 생산은 손을 놓고 있어야겠지요. 만들어 놓은 재고가 먼저 팔려야 할 것이고 팔리지도 않는 물건을 계속 만들 수는 없으니까요. 반대로 판매는 아주 잘하는데 생산이 이를 뒷받침하지 못한다면 모처럼 찾아온 기회를 놓치고 시장점유율 확대에도 실패할 것입니다. 판매부서는 손 놓고 놀고 있어야겠죠. 팔 물건이 없는데 무엇을 하겠어요? 더욱 심각할 수 있는 것은 재고가 쌓이는데도 생산을 계속해서 재고를 늘리는 상황입니다. 이럴 때는 어떻게 하지요? 그리고 이런 일이 계획적으로 이루어진다면요?

로이: 계획적으로 재고를 늘릴 수도 있나요?

이 박사: 그럴 유인이 있을 수도 있습니다. 규모의 경제라고, 많이 만들수록 생산단가가 내려갈 수 있으니까요. 판매가 안 되어 재고는 쌓이겠지만, 제조원가는 낮아지고 판매된 매출원가 역시 내려간다면 당장의 손익계산서상 이익은 크게 보일 수 있겠지요?

로이: 아! 그럴 수도 있군요.

이 박사: 네. 그럼 여기서 질문!

심 대리는 그렇지 않아도 질문이 나올 때쯤 되었는데 없었던 터라 왠지 반갑기까지 했다.

이 박사: 판매팀도 잘하고 생산팀도 잘하고 관리팀도 잘하는데 문제가 있을 수 있을까요? 즉 개별적으로는 잘하는데 전체적으로는 문제가 있을 수 있냐는 말입니다.

심 대리: 네, 그럴 수도 있다고 생각합니다. 박사님께서 말씀하신 바와 같이 연결이 제대로 되지 않으면 개별 부서에서 잘해도 안 되리라 생각합니다. 유기적인 연결이 중요합니다.

이 박사: 맞습니다. 이런 속담 들어 보았는지 모르겠습니다.

A chain is only as strong as its weakest link
사슬의 강도는 가장 약한 연결고리의 강도로 결정된다

2 / 연결고리

이 박사: 여러분 가족오락관이라는 프로그램 혹시 아나요?

제이, 로이: 아니요.

이 박사: 그럼 허참과 정소녀를 모르나요?

제이: 아니요. 허참이 누구예요? 연예인인가요? 제가 연예인 계보는 좀 아는데 정말 모르겠네요.

심 대리: 박사님하고 제이와 로이는 세대 차이가 나지요. 박사님은 요샛말로 아재시잖아요. 그래서 개그도 약간 아재 개그를 구사하시고…….

다들 킥킥대며 웃었다. 이 박사는 스스로 어색함을 느꼈는지 콧바람을 뿜으며 이야기했다.

이 박사: 흠흠……. 그렇군요. 이렇게 유명한 분들을 모르다니. 나이 든 것을 인식시켜 줘서 고맙습니다. 어쨌거나 가족오락관의 인기 있는 게임 중의 하나가 출제자가 보여주는 단어를 말을 하지 않고

동작을 통해서 릴레이로 설명하여 맞추는 것입니다. 보통 4~5명이 한 팀인데 첫 번째 팀원이 동작으로 설명하면 그 설명을 본 두 번째 팀원이 다음 팀원에게 다시 동작으로 설명하면서 전달하는 것이죠. 마지막에 있는 사람이 그 동작을 보고서 정답이 무엇인지 맞히는 게임입니다. 말을 들을 수 없도록 시끄러운 음악이 나오는 헤드폰을 쓰고서 진행을 합니다. 오로지 동작만을 보고 맞추도록 말입니다.

제이: 가족오락관은 보지 못했지만 그런 게임 저희도 해 봤어요. 다른 프로그램에서도 동일한 게임을 다룬 적이 있어서 단체여행을 갔을 때 따라서 했었어요.

이 박사: 아주 좋네요. 게임을 해 보니 어떻던가요?

로이: 일단 글로 되어 있는 것을 몸짓으로 설명하기가 어려웠던 것 같아요. 그 특징을 잘 잡아서 설명해야 하는데 특징을 잡기가 어려웠어요.

제이: 맞아요. 더 어려운 것은 처음의 전달자도 중요하지만 몸짓만을 보고 다음 사람에게 전달할 때 똑같이 하지 않는다는 것이에요. 본 그대로 전달을 해야 하는데 자꾸 달라지니까 문제예요.

로이: 앞의 전달자가 설명할 때 다행히 무슨 내용인지 이해가 되었다면 뒤에 설명하기가 쉬운데 잘 모르는 경우 그냥 따라 할 수밖에 없었어요. 저의 전달을 상대방이 이해하지 못해도 추가로 더 설명할 방법이 없었죠. 저 자신이 이해를 못하고 설명하고 있었으니까요.

이 박사: 역시 내가 할 이야기를 제이와 로이가 다 해주었군요. 특징을 잡는다는 것에는 전제조건이 있습니다. 아주 중요한 전제조건인데, 바로 상대방과 내가 동시에 이해할 수 있어야 합니다. 적어도

상대방의 눈높이에서 이해가 가는 특징이어야 합니다. 그래야 제대로 전달이 될 테니까요. 설명하는 나는 특징으로 생각했지만, 상대방이 그에 대한 이해가 없다면 그것을 특징으로 잡아서 설명했다고 보기 어려운 것이죠. 공통의 이해와 인식이 필요합니다.

다들 고개를 끄덕였다.

이 박사: 그대로 전달한다는 것도 아주 중요합니다. 상대방이 몸짓으로 표현했을 때에는 그 몸짓 하나하나가 의미있는 것인데 이것을 임의로 바꾼다거나 빼 버린다면 전체적인 의미에 손상이 있겠죠? 고난도의 요가 동작도 아닌데 아주 정확하게 그대로 전달을 못하면 그 미묘한 차이 하나로 의미가 바뀌어 버립니다.

심 대리, 제이와 로이는 다시 고개를 끄덕였다.

로이: 박사님께서 통역할 때 임의로 빼고서 하는 통역은 위험하다고 말씀하신 것이 생각나네요. 내용에 대해서 아는 사람이 아닌 통역자가 요약 통역을 하는 것은 위험하다고 하셨잖아요.

제이: 그래, 맞아. 전달자는 맨 처음 문제 내용을 본 사람이 아니잖아. 의도를 모르는데 전달과정에서 내용을 빼는 것은 문제이지.

이 박사: 후후후. 기억력이 좋군요. 여기서 문제가 발생하는 때가 바로 '전달'할 때입니다. 혼자 아는 것은 문제가 없는데 상대방에게 전달하는 과정에, 즉 연결이 이루어지는 바로 그때, 왜곡이 발생합니다.

제이: 아! 그래서 연결고리가 되는 시점이 가장 취약한 것이군요.

이 박사: 네, 그렇습니다. 그러니까 사슬의 강도는 가장 약한 연결고리의 강도로 결정된다는 이런 명언이 있겠지요. 사실 생활 주변에

서 많이 볼 것입니다. 책이랑 노트북이랑 항상 무겁게 들고 다녀야 해서 튼튼하다고 알려진 가방을 샀는데, 가방 천은 튼튼하지만 지퍼 주위가 뜯어진다든가 가방과 메는 줄을 이어주는 박음 부분이 뜯어진다든가 하는 것이죠.

제이: 맞아요. 가방 천 자체가 찢어진 적은 없어요. 다른 곳 다 멀쩡한데 버리려면 너무 아깝죠.

심 대리: 바로 접점이 되는 연결 부분이 문제네요.

이 박사: 연결고리가 튼튼할 수 있도록 긴밀하게 협조해야 하는 이유입니다. 항상 긴밀하게 의사소통하고 협의하십시오. 소통은 정말 중요합니다. 소통을 통해서 전달이 이루어지므로, 소통은 정말 아무리 강조해도 지나치지 않습니다.

소통, 소통, 소통하라!

이 박사: 의미가 있는 동작을 임의로 생략하지 않아야 하는 것처럼 그리고 요약 통역하지 않아야 하는 것처럼 비즈니스의 의사소통에서도 의미 있는 내용을 빼놓지 않고 전달하는 것이 무엇보다도 중요합니다.

심 대리: 정말 그럴 것 같습니다. 작은 의미 전달 게임이나 통역도 그럴진대 비즈니스의 세계는 더하겠죠.

이 박사: 그런데 본 대로 전달하지 못하는 것은 그 동작이 가진 의미를 제대로 이해하지 못해서 그런 것이었죠. 공통의 이해가 뒷받침되지 않으면 소통이 제대로 안 됩니다. 소통은 하고 있었지만 제대

로 된 소통이 이루어지지 않은 것이죠. 비즈니스의 세계에서는 소통의 중요한 요소가 바로 기본적인 규정과 회계, 세무, 법률에 대한 이해입니다. 이것이 비즈니스 세계에서의 언어이자 동작입니다. 따라서 관리팀이 아니더라도 주요 규정에 대한 개략적인 이해는 중요합니다.

모두: 네, 알겠습니다.

이 박사: 세 가지만 더 생각해 보도록 하죠.

'항상 그냥 끝나는 법이 없으셔.'

이 박사: 첫째, 누구누구의 복심이라는 말 들어봤나요?

심 대리: 네. 뉴스에서 정치 관련 기사들이 나올 때 그런 말들을 들었던 것 같아요.

이 박사: 복심이라는 표현이 왜 있겠어요? 말하지 않아도 그 뜻을 잘 헤아려 알아서 처리하니까 누구누구의 복심이라고 하겠죠? 그 사람 뱃속에 들어가 본 것처럼 잘 아니까 말이죠. 그런데 그 뜻은 정확하게 의중을 읽었다는 말이잖아요. 당사자가 말하지 않아도 말입니다. 그리고 그 정확하게 읽은 내용을 다른 이들에게 전달해서 진행을 시킨다는 것이죠. 읽기만 하고 아무런 행동을 하지 않으면 의미가 없으니까요.

제이: 정말 대단한 것 아니에요? 말하지 않아도 알다니.

이 박사: 그렇죠. 정말 대단한 기술이죠. 명확히 설명해도 이해를 할까 말까 한데, 말하지 않아도 100% 안다는 것은 기본적으로 불가능합니다. 이건 사실 그런 이야기를 한 바 없다는 변명으로 사용되기가 쉽죠. 일이 잘되면 아무 말 안 하는데, 일이 잘못되면 왜 보

고도 없이 그런 일을 하느냐고 책임을 전가하기 쉬워지죠. 정치는 워낙 복잡한 방정식이라 이런 상황이 피치 못할 수도 있지만 비즈니스 세계에서는 가능한 한 이런 일을 지양해야 합니다. 또한 일부 윗사람들이 특별한 의도가 있는 것이 아니면서도 습관상 명확하게 이야기하지 않는 경향이 있는데 바뀌어야 합니다. 이것은 정치 지도자가 말을 간결하고 함축적으로 해서 여운을 주는 것과는 다른 것입니다. 회사 내 정보에도 급이라는 것이 있으니 공유하지 못할 정보가 있을 수는 있습니다. 그러나 그런 사항 외에는 소통의 투명성과 명확성이 아주 중요합니다.

이 박사는 돌연 박 전무를 예로 하여 윗사람이 비교적 명확하게 설명하는 좋은 사례로 설명하였다. 그리고 보니 심 대리는 오 차장의 피습사건 때문에 지주회사 건에 대한 생각을 잠시 잊고 있던 자신이 생각났다.

'다시 상기시켜 주시려고 윗사람의 소통을 말씀하신 것인가? 박 전무는 왜 평소와 달리 소통했을까?'

이 박사의 의도가 무엇이었든 심 대리에게는 항상 신경 쓰고 있으라는 이 박사의 메시지처럼 느껴졌다.

이 박사: 둘째, 만일 중간 전달자가 일부러 다른 정보를 전달한다면 어떻게 될까요?

모두: 네? 고의로요? 그럼 당연히 원래 의미가 전달되지 않겠죠.

이 박사: 그렇겠죠? 왜 당연한 이야기를 하나 하겠지만 종종 주요 사항임에도 불구하고 의사 결정자에게 전달이 되지 않는 경우를 목격합니다. 밑에서 알아서 자른다고 해야 할까요? 여러 이유가 있겠

지만 개인적인 이유로 인한 소통의 단절이 회사 전체의 공적인 이익을 해하는 결과에 이른다면 이것은 큰일일 것입니다.

심 대리: 비단 회사의 문제로만 보이지 않네요. 지금 사회 전반에 걸쳐서 이런 소통의 왜곡과 단절이 문제인 것 같습니다.

이 박사: 중요성을 이해했으면 됐네요. 이해에 그치지 않고 실천할 수 있으면 좋겠습니다.

이 박사: 셋째, 소통의 단계입니다. 소통의 단계는 짧으면 짧을수록 좋습니다. 전체 전달체계의 단계가 다섯 단계에 걸쳐서 전달하는 것보다 세 단계에 걸쳐서 전달하는 것이 왜곡 가능성이 작을 것입니다. 가족오락관을 다시 생각해 보세요.

제이: 맞아요. 앞에서는 잘 전달되었는데 마지막 단계에서 전달이 안 돼서 정답이 나오지 않는 안타까운 경우를 경험했어요.

이 박사: 네, 맞습니다. 지금 우리는 수평적인 부서 간 소통을 이야기하고 있습니다만 사실 수직적인 소통도 마찬가지입니다. 회사 안에서 소통의 단계를 얼마나 줄일 수 있느냐는 정확한 정보전달과 업무 효율성으로 이어지는 지름길입니다. 일단 이렇게 간단히 이야기하고 소통의 단계에 대해서는 나중에 따로 이야기하겠습니다.

간만에 나중에 다시 이야기하겠다는 주제가 나와서 반갑다며 모두들 웃었다.

제이: 좋네요. 이야기도 마무리하고 추가 주제도 알게 되고 말이죠?

이 박사: 그리고 하나 더 강조한다면.

제이: 아까 세 가지만 더 말씀하신다고 했잖아요? 지난번에도 그

러시더니 오늘도 또 그러시네요.

이 박사: 미안, 미안~. 원래 운동선수에게 훈련을 시킬 때 마지막에 '하나만 더' 하고 추가를 하잖아요. 단기 목표를 줘야 집중할 수 있고 여기까지 왔는데 하나 더 하자 하는 의미로. 후후후.

제이: 저희가 뭐 운동선수인가요?

제이뿐 아니라 심 대리와 로이까지 다들 불평을 쏟아냈다.

이 박사: 그럼요. 운동선수는 아니지만 선수도 어디 보통 선수입니까? 국가대표죠. 국가대표.

이 박사: 진짜 마지막입니다. 소통은 상호적인 것입니다. 일방적으로 흐르는 것이 아닙니다.

일방적 전달이 아닌 상호적 소통을 하라. 모두의 이해가 같음을 확인하라!

이 박사: 이 역시 부서 간 수평적인 소통과 부서 내 직급 간 수직적인 소통에 모두 관련된 것입니다. 일단 우리는 가치사슬의 여러 부서 간 연결고리를 말하고 있으므로 수평적인 소통의 상호성에 대하여 이야기하겠습니다. R&D를 담당하는 기술부서와 이를 실제 범용제품으로 구현하여 대량생산을 가능하게 하는 생산부서 사이에는 수많은 피드백이 필요합니다. 시제품을 만들었어도 시장에서 팔릴 수 있는 제품이 되려면 제품 경쟁력을 갖추어야 합니다. 가격을 더 낮출 수 없는지, 공정 수율을 더 올려서 불량품이 나오지 않도록 할 수 있는지 여러 방면에서 노력이 필요합니다. 즉, R&D만으

로는 불가능하고 실제 생산이 뒷받침되어야 한다는 것이죠. 이렇게 긴밀한 협조 아래 여러 시험을 하고 시행착오를 거쳐서 온전한 제품의 형태로 완성됩니다. 이 두 부서 간의 긴밀한 소통이 없다면 제품의 탄생은 없을 것입니다.

제이: 산학협동도 그 예가 될 것 같아요.

이 박사: 맞습니다. 동일한 예네요. 제이가 좀 더 설명해 볼까요?

제이: 대학연구소에서 아무리 좋은 이론을 발표해도 누군가 응용해서 제품을 만들지 않는다면 그냥 이론에 그칠 것입니다. 사실 학교에서는 제품으로의 응용이 쉽지 않아 산업계의 도움이 필요해요. 또 그 기술이나 이론이 제품으로 응용되었다 하더라도 상용화까지는 갈 길이 멉니다.

심 대리: 제이가 공학 전공이라서 그런지 잘 아는 것 같네.

제이: 네. 주위에서 많이 보거든요. 그런데 사실 많이 아쉽습니다. 상용화를 위해서는 많은 시간과 자금의 투자가 필요한데 학계에서 이것을 수행하는 것은 무리이고 산업계에서는 바로 응용될 수 있는 기술만을 요청하는 경우가 많아요. 근본적이고 원천이 되는 기술은 제품화까지 시간이 오래 걸리다 보니 당장 급한 것부터 찾는 것이죠. 그래서 정부의 관심도 중요합니다. 적어도 국책사업만큼은 긴 안목을 바라보는 원천기술과 이론에 투자해야 한다고 생각해요. 하여간 산학협동을 통해서 연구실의 학생들도 더 좋은 경험을 할 수 있고 기업도 신기술을 계속 수혈받을 수 있다고 생각합니다. 학생들에게는 나중에 사회에 진출했을 때를 대비한 적응 훈련이 되기도 하고요.

심 대리: 제이가 정말 멋진 말을 했네.

제이: 요새는 생산원가가 중요하다 보니 제조기지를 인건비를 조금이라도 줄일 수 있는 국가로 이전해서 걱정입니다. 사실 산학협동을 하려면 자주 만나면서 긴밀하게 협력해야 하는데 공장 방문하자고 해외를 들락날락할 수는 없잖아요.

이 박사: 훌륭합니다. 제이 말이 맞아요. 정말로 긴밀한 소통이 필요합니다. 그래서 요새는 해외에 있는 제조기업들의 국내 유턴을 지원하는 여러 유인책을 내놓고 있습니다. 이는 비단 한국뿐 아니라 많은 국가에서 시행하는 정책입니다. 외부와의 산학협동이 아니라 기업 내부의 상황을 가정해도 R&D부서는 한국에 있는데 생산기지는 베트남에 있다면 아무래도 같이 있는 것보다는 소통이 긴밀하지는 않겠지요?

제이: 물리적인 거리도 많이 중요하다고 생각합니다.

이 박사: 그런데 다들 R&D에서만 혁신이 나온다고 생각하지만 생산라인에서도 여러 차례 시행을 거치며 많은 아이디어가 나옵니다. 시행착오를 통해서 배우는 것이죠. 이런 시행착오를 통해 노하우라는 것이 축적됩니다. 정말 소중한 경험이죠. 아무런 실패도 없이 잘할 수는 없습니다. 제약회사를 예로 보면 임상실험이라는 것을 하잖습니까? 이론적으로 문제가 없다고 바로 약으로 적용해도 될까요?

로이: 아니요.

이 박사: 누가 설명하지 않아도 다들 부작용이며 약의 안전성에 대한 우려가 있을 것입니다. 여러 테스트를 거쳐 입증된 제품이기를 원하죠. 뒤에 다시 설명할 기회가 있을 테니 일단 여기서는 소통이

중요하다는 것을 인식했으면 합니다.

　모두: 네, 알겠습니다.

　이 박사: 좋습니다. 이렇게 열심히 따라와 줘서 고맙네요. 연수 열심히 받도록 하고 오후에는 가치사슬 중 기업 인프라에 관한 이야기를 좀 더 해 보겠습니다. 이따가 봅시다.

　말을 마친 이 박사는 여느 때처럼 재빨리 사라졌다.

재무상태표 $\diagdown 3$

연수를 마치고 이 박사와 만나기로 한 장소에 오니 이 박사는 이미 도착해 있었다. 심대리, 제이, 로이가 온 것을 눈치채지 못한 듯 혼자서 눈을 감고 커피향을 음미하고 있었다. 이 박사는 커피 한 모금을 마셔도 정말 맛있게 마셨다. 그 향기가 몸 안에 퍼지는 듯한 느낌이 밖으로도 전해졌다. 이내 세 사람이 도착한 것을 눈치챈 이 박사가 빨리 와서 앉으라고 권하며 이야기를 시작했다.

이 박사: 경영학을 전공하지 않은 친구들이 제일 부담스러워 하는 것이 바로 회계입니다. 회계가 부담스러운데 세무는 더 말할 필요도 없겠지요. 그런데 우리가 투자구조 등 투자 전반을 살펴보면서 세무가 동떨어진 남의 이야기가 아니고 비즈니스 현장에서 갖춰야 할 기본이라는 것을 알 수 있었습니다. 그리고 지금은 신문의 경제 기사를 읽기 위해서라도 알아야 할 기본지식이 되었습니다. 주요 세무 이슈에 대해서는 따로 알아보겠지만 일단 간단한 기초지식 수준에

서 살펴보고 회계에 대한 내용도 간단히 토의해 볼까 합니다. 이게 사실은 가치사슬에서 기업 인프라를 구성하는 여러 가지 요소 중 주요한 내용이 되기에 짚고 넘어갈 생각입니다.

회계라는 말 자체가 세 명을 긴장시키기에 충분했다. 사실 심 대리도 혼자서 공부해 본 적이 있었으나 회계는 너무 어려웠다. 딱히 이유를 설명할 수 없이 그냥 어려웠다.

이 박사: 일단 첫 단계로는 재무제표를 이해하고 활용할 수 있을 정도의 기본지식으로 충분하다고 생각합니다. 그러니 부담 갖지 말고 살펴봅시다. 이를 위해서 먼저 회계 등식이라는 것을 알아보겠습니다. 등식의 왼쪽에는 조달한 자금을 사용한 결과를 나타냅니다. 그리고 등식의 오른쪽에는 어떻게 자금이 조달되었는지 그 조달한 자금의 원천을 나타냅니다. 그리고 이러한 등식에서 왼쪽과 오른쪽의 금액은 항상 일치합니다. 즉, '조달한 자금의 결과 = 조달한 자금의 원천'입니다. 왼쪽에 기록하는 조달한 자금을 사용한 결과를 '자산'이라고 하고 오른쪽에 기록하는 조달한 자금의 원천은 그 자금이 남의 돈이면 '부채', 자기 돈이면 '자본'이라고 합니다.

다시 등식으로 표현하면 '자산 = 부채 + 자본'이 되겠네요. 이러한 회계등식을 보여주는 것이 바로 재무제표의 대표선수 격인 재무상태표입니다. 그래서 재무상태표는 자산, 부채와 자본으로 구성된다고도 하지요.

등식이라는 말을 들으니 제이는 갑자기 고등학교 수업시간으로 돌아간 듯한 기분이 들었다. [그림 3]

이 박사: 자, 간단한 예에서 시작해 봅시다. 심 대리는 매월 월급을

[그림 3] 재무상태표

받아서 잘 운영하고 있나요?

심 대리: 부끄러운 이야기지만 은행에 대출금 갚느라고 대부분의 돈이 빠져나가 월급을 받는다는 실감도 나지 않습니다.

이 박사: 아파트를 샀나 보군요. 부끄러운 이야기가 아니죠. 자랑스러운 일 아닌가요? 젊은 나이에 대단합니다. 그 나이에는 결혼도 안 했겠다 돈 쓰느라 바빠서 저축한 돈이 하나도 없는 경우가 허다한데 심 대리는 확실히 속이 꽉 찬 사람이에요.

이 박사는 입이 마르도록 심 대리를 칭찬했다. 약간 지나치다는 느낌마저 들었다.

심 대리: 어? 어떻게 아셨어요?

심 대리는 놀라며 이 박사는 때려 맞추는 것도 잘한다고 생각했다. 그리고는 이내 이 박사가 한번 던져 본 것에 걸려든 것 같아서 무의식적으로 대답한 것을 후회했다.

이 박사: 후후후. 신용카드 빚이나 카드 돌려막기를 하는 사람은 카드빚 갚느라 허덕인다고 하지 은행에 대출금을 갚는다고 하지는 않지요. 대출금과 이자 갚는 데 대부분의 돈이 나간다고 하면 대출 액수가 적지 않으리라 판단되고요. 단기로 한두 달 갚는 것도 아닌 것 같으니 아마도 부동산 구입으로 인한 대출일 것이라 생각했습니다.

'어, 때려 맞추신 것이 아니었어.'

심 대리는 아무 말도 하지 못하고 가만히 있었다.

이 박사: 물론 이렇게 범위를 좁힌 다음에는 부동산 구입이 가장 유력한 후보라서 때려 맞춘 것이지만 상대방이 한 말을 잘 귀담아 들은 것도 한몫한 것이지 그냥 단순히 때려 맞췄다고 할 수는 없는 것 아닌가요? 때려 맞추는 것도 요령이 있어야 한다고요. 후후후.

심 대리: 네……에…….

심 대리는 어정쩡하게 말을 흐리며 대답했다.

이 박사: 하여간 지금 심 대리의 상황을 가지고 이야기를 해 봅시다. 심 대리, 아파트 구입가격이 얼마인가요?

심 대리: 박사님!

말하자니 그렇고 말하지 않자니 그것도 그렇고 개인의 경제 상황을 신입사원도 있는데 다 밝히는 것이 조금 난처했다.

이 박사: 어이쿠! 미안합니다. 불편하게 할 생각은 없었습니다. 실제 상황을 가지고 이야기해야 확 와 닿을 것 같아서 그랬죠. 자, 숫자야 임의로 예시를 들면 되니까 이야기를 이어가죠. 심 대리는 좀 부담이 되기는 하였지만 큰맘 먹고 은행 대출을 통하여 아파트를

샀다고 합시다. 아파트는 3억원에 샀고 심 대리 본인이 여태까지 저축한 1억 2천만원에 1억 8천만원을 대출받아서 자금을 마련했습니다.

'이왕 임의로 예시를 들면서 꼭 심 대리라고 지칭하실 것은 무엇이람.'

이 박사: 아까도 들었지만 심 대리는 현재 매월 대출금을 갚아 나가고 있는 상황입니다. 여기서 질문! 심 대리가 가진 자산은 무엇이지요?

로이, 제이: 아파트요.

로이와 제이가 웃으며 대답했다. 심 대리의 케이스를 공부한다고 생각하니 둘은 약간 신이 났다. 특히나 심 대리가 저렇게 안절부절 못하면서 불편해하니까 은근히 재미가 있었다.

이 박사: 그렇지요! 잘 맞췄습니다. 심 대리의 자산은 바로 아파트입니다. 얼마짜리 아파트라고요?

로이, 제이: 3억이요.

이 박사와 제이, 로이는 아주 큰 소리로 주거니 받거니 질문하고 대답했다.

심 대리: 3억은 무슨 3억이요. 빌린 돈이 더 많아요. 아까 제 돈은 1억 2천이라고 박사님도 말씀하셨잖아요.

심 대리가 손사래를 치며 말을 가로막았다.

이 박사: 심 대리는 겸손한 것은 좋은데 이건 심 대리의 대답이 틀렸습니다.

심 대리: 네?

이 박사: 심 대리에게 다시 물어보지요. 심 대리가 가진 유일한 자산은 아파트 맞나요?

심 대리: 네, 맞습니다.

이 박사: 그럼 아파트 가격은 얼마죠? 다른 것은 생각하지 말고 아파트 가격만 말해주세요. 다른 사람이 그 아파트를 사려고 하면 얼마가 있어야 살 수 있는지를 말이죠.

심 대리: 3…… 3억입니다.

심 대리는 마지 못해 조그만 목소리로 대답했다.

이 박사: 그럼 이제 심 대리가 이 3억이라고 대답하기를 저렇게 꺼려하는 이유가 무엇인지 로이나 제이가 말해 주겠어요?

제이: 그건 사실 반 이상을 빚을 내서 산 것이잖아요. 그런데 속사정 모르는 사람이 보면 심 대리님이 3억짜리 아파트를 소유하고 있으니까 재산이 3억원 있다고 비추어질 것 같아서요. 자신의 진짜 재산은 1억 2천만원인데 부풀려 보이는 것이 싫어서 그런 것 같습니다.

이 박사: 후후후. 아주 정확하게 말했습니다. 심 대리 성격이 드러나는 부분이네요. 즉 3억이라는 것이 빚 1억 8천과 자기 돈 1억 2천의 합으로 구성된 것이지요. 이것을 수식으로 써 보겠습니다.

아파트 3억 = 빚 1억 8천 + 자기 돈 1억 2천

이 박사: 자 그럼 이것을 다시 그림으로 한번 그려볼까요?

심 대리는 이 쉬운 계산을 이 박사가 왜 자꾸 반복해서 설명하는지 자신을 놀리는 것이 분명하다고 생각했다.

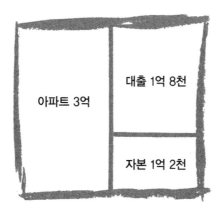

아파트 3억

대출 1억 8천

자본 1억 2천

[그림 4] 심 대리의 재무상태표

이 박사: 위에 쓴 수식과 똑같이 하겠습니다. 왼쪽에 3억, 그리고 오른쪽에 1억 8천 더하기 1억 2천.

이 박사는 이 쉬운 그림을 아주 정성껏 그렸다. [그림 4]

이 박사: 빚은 다른 말로 부채라는 것을 다 알고 있으리라 생각해요. 부채는 또한 타인자본이라고도 합니다. 그리고 심 대리 말처럼 3억에서 1억 8천을 뺀 것이 심 대리의 자기 돈입니다. 자기 돈은 자본, 또는 자기자본이라고 말할 수 있습니다. 혹은 자산은 3억인데 1억 8천이라는 빚, 즉 부채를 빼고 남은 1억 2천이 순자산이라고 말할 수도 있습니다. 순자산은 자산에서 부채를 차감한 것입니다. 즉, '자산－부채＝순자산'입니다. 앞서는 '자산＝부채＋자본'이라고 이야기했지요? 우리 설명에서는 그냥 혼용해서 사용하도록 하겠습니다. 이 그림은 심 대리의 현재 재무상황을 잘 보여주고 있습니다. 자! 여러분은 방금 재무상태표에 대해서 다 배웠습니다.

제이: 네?

이 박사: 네. 이미 다 배웠다고요. 이것이 바로 재무상태표라고 불리는 것입니다. 재무상태표는 과거에 대차대조표라고도 불렸습니다. 영어로는 밸런스시트(balance sheet)라고 합니다. 밸런스를 보여주는 표라는 뜻이겠죠. 보면 왼쪽과 오른쪽 합의 밸런스가 잘 맞지요? 거듭 말하지만 일단 용어를 어렵게 생각하지 말고 각자 나름대로 의미를 부여하여 쉽게 해석할 수 있도록 합시다. 이때 왼쪽 자산의 합이 오른쪽 부채와 자본의 합과 같습니다. 아파트 자산 3억원은 부채 1억 8천만원 더하기 자본 1억 2천만원! 맞지요?

일동: ·······.

이 박사는 그 쉬운 계산을 다시 반복해서 보여 주었다.

이 박사: 이게 바로 재무상태표입니다. 재무상태표는 현재의 상황을 사진을 찍은 것처럼 선명하게 보여줍니다. 왜 다들 말이 없어요? 너무 쉬워서 오히려 이해가 안 가나요?

심 대리: 아니요. 좀 당황스러워서요.

이 박사: 당황스러울 것이 뭐가 있지요? 큰 회사의 재무상태표라고 해서 별반 다를 것 없습니다. 심 대리는 가진 자산이 아파트 한 채라 비교적 단순하고 회사는 가지고 있는 자산의 수가 많아서 복잡해 보일 뿐이지 완전히 똑같습니다. 다시 간단한 수식으로 돌아가 봅시다. 제가 왼쪽의 자산의 합은 오른쪽의 부채와 자본의 합과 같다고 하였습니다.

$$자산 = 부채 + 자본$$

이 박사: 등식이 유지되려면 자산의 변화는 없는데 부채가 줄어든다면 동일한 금액만큼 자본이 늘어나야 하겠네요? 맞나요?

심 대리: 네.

이 박사: 어떤 경우가 여기에 해당할까요?

로이: 심 대리님이 이번 달에도 대출금을 갚아서 대출금이 줄어든 상황이요.

로이가 정적을 깨고 대답했다.

로이: 아파트라는 자산 가격은 변화가 없고 이번 달에 대한 대출금 상환으로 부채가 줄고 대신에 그만큼 자본이 늘었다고 봐야겠죠. 박사님께서 아까 말씀하실 때 재무상태표는 현재의 상황을 또렷이 보여준다고 하시면서 유독 '현재'를 강조하시더군요. 사진을 찍듯이 보여준다고도 하셨고요.

로이가 벌써 무엇인가를 깨달은 것이 틀림없었다. 제이는 긴장했다.

로이: 그 말씀의 의미는 지금 바로 이 순간의 정보라고 생각했어요. 그래서 심 대리님의 지난달 재무상태표와 이번 달에 대출금을 갚고 난 현재의 재무상태표는 서로 다른 숫자를 보여주고 있으며 그 당시, 즉 재무상태표를 확인할 그 '현재'의 상황을 보여주는 거울이 아닌가 했습니다.

이 박사: 로이는 하나를 가르치면 둘을 깨닫는군요. 훌륭합니다.

로이: 아닙니다. 항상 말씀에 힌트를 주고 계시잖아요. 박사님 말씀처럼 상대방의 말을 귀담아들으려고 한 것인데 괜찮았나요? 헤헤헤.

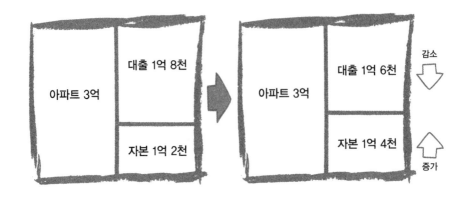

[그림 5] 심 대리의 재무상태표 변화

이 박사: 어이쿠! 내가 한 방 먹은 것 같군요. 어쨌거나 거울이라는 표현은 너무나도 적절합니다. 재무상태표는 로이 말처럼 현재의 모습을 투영해 줍니다. 한 달에 갚을 수 있는 금액은 아니지만 편의상 2천만원을 갚았다고 하면 [그림 5]와 같은 변화가 있겠네요.

심 대리도 하나를 가르치면 둘을 아는 로이가 대단하다고 생각했고 그 사고체계가 부럽기까지 했다.

이 박사: 그렇다면 다른 예로 심 대리가 자동차가 너무 갖고 싶어서 할부금융사를 통하여 샀다고 합시다. 이 경우에 재무상태표에 생기는 변화는 무엇일까요?

제이: 음, 아파트처럼 부채를 더 얻어서 다른 새로운 자산을 구입한 경우라고 생각해요.

이번에는 제이가 입을 열었다.

제이: 그래서 왼쪽에는 새로 구입한 자산, 즉 자동차만큼의 자산

증가가 있고 오른쪽에는 부채가 새로 구입한 자산가격만큼 늘어나 있을 것이고요. 자산과 부채가 동일한 액수로 늘었기 때문에 왼쪽의 합과 오른쪽의 합은 여전히 같을 것입니다. [그림 6]

이 박사: 잘 말해 주었습니다. 여러분이 꼭 기억해야 할 것은 자산과 부채와 자본 간에 여러 변화가 있을 수 있지만 왼쪽의 합과 오른쪽의 합이 같아야 한다는 가장 기본적인 사실입니다. 이것만 기억하면 충분합니다만 여러분의 이해가 빠르니 조금 더 이야기해 봅시다.

제이: 이해가 빨라서 좋은 것인지 나쁜 것인지 모르겠네요. 배울 것이 점점 늘어나요.

이 박사: 이번에는 심 대리에게 묻겠습니다. 심 대리는 왜 대출까지 해가면서 아파트를 장만했지요? 손안에 가진 것은 1억 2천인데 왜 무리해서 지금 3억짜리 아파트를 샀는지 궁금합니다. 3억이 생길 때

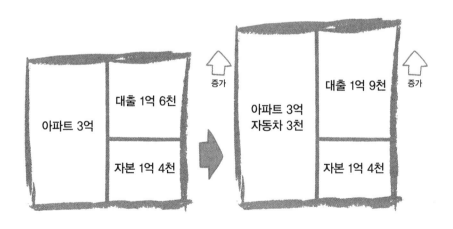

[그림 6] 새로운 재무상태표

까지 기다리지 않고 말이죠.

심 대리: 음, 어떻게 말씀을 드려야 할지 모르겠는데 지금 장만하지 않으면 앞으로 장만할 기회가 없을 것 같다는 생각이 들었습니다.

이 박사: 부동산 가격이 계속 상승할 것이 걱정되었나요?

심 대리: 아니요. 이제 부동산이 안정되어서 미래에 더 오를 것이라는 생각은 하지 않았습니다.

이 박사: 그럼 왜지요?

심 대리: 직장생활을 시작한 이후로 지난 5년간 나름 열심히 절약하면서 모았습니다. 박사님 말씀의 예시에서 보면 그 1억 2천만원이 되겠네요. 그런데 돈을 모은다는 것이 정말 힘들더군요. 학생 때와 달리 돈을 벌기 시작하니 사고 싶은 것도 많아지고 갖고 싶은 것도 많아지는데 자신을 통제하면서 저축한다는 것이 어려웠습니다. 5년은 어찌어찌 왔습니다만 앞으로도 계속해 나갈 자신이 없었습니다. 그래서 약간의 강제성이 필요하다는 생각을 했습니다. 매월 은행에 돈을 갚아야 한다면, 그래서 갚을 금액만큼은 아예 떼어 놓고 지출 계획을 세운다면 어떻게든 저축이 되지 않겠느냐고 생각한 것이죠.

제이, 로이: 이야~.

제이와 로이의 입에서 감탄사가 흘러나왔다.

심 대리: 반대로 매번 소비 결정을 할 때마다 조금 더 아끼려고 현재를 희생하면서 스트레스 받지 말고, 은행에 갚는 돈을 제외하고는 비록 많지는 않아도 거기서 더 아끼려 하지 말고 다 쓰자고 생각했습니다. 스스로에게도 여유를 주자는 생각이었어요. 남는 돈은 그냥 다 써도 된다고 계속 스스로에게 이야기했습니다. 장기전인데 초반

에 너무 열심히 아끼려고 노력하다가 지쳐 떨어지기 싫었거든요.

듣고 있던 로이가 갑자기 박수를 쳤다. 정말 존경스러웠다. 본인도 막 사회생활을 시작하는 입장에서 무엇보다 귀중하고 유익한 선배의 조언을 들었다는 생각에 무의식적으로 갑자기 박수를 쳤다.

이 박사: 훌륭한 젊은이입니다. 젊은 사람이 정말 쉽지가 않을 텐데 대단합니다. 특히 저축을 미리 떼어 놓고 나머지를 쓴다는 말이 아주 인상 깊네요.

쓰고 남은 것을 저축하는 것이 아니고 저축하고 남은 것을 쓴다

이 박사도 심 대리를 한껏 치켜세우며 또 수식을 적었다.

$$월급 - 저축 = 소비,$$
$$월급 - 소비 = 저축,$$

이 박사: 같은 식인데도 의미가 달라 보이네요? 어떻습니까?

제이: 그냥 치환한 것 아닌가요? 전 그냥 같아 보이는데요?

제이가 이 박사의 질문에 퉁명스럽게 대답했다. 사실 정말 단순히 자리를 바꾼 것이지 다르다는 생각이 전혀 들지 않았다.

로이: 당연히 같은 식이니까 같아 보이겠지. 하지만 아까 심 대리님께서 말씀하신 것의 의미를 생각해 봐. 저축할 것을 미리 떼어 놓고 나머지를 쓰는 것과 쓸 돈 쓰고 남은 것을 저축하는 것 말이야.

제이: 공식에 나머지를 쓴다는 말이 어디 있어?

로이: 월급에서 마이너스한다는 것의 의미가 바로 미리 **뺀**다는 것이고 그 결과 나머지를 등식으로 표시하는 것이잖아. 저 두 식과 '월급 = 저축 + 소비' 라는 식과 느낌이 같아?

제이: 뭐가 달라? 같은 식인데.

이 박사는 제이와 로이가 티격태격하는 것을 막지 않고 일부러 두었다. 이슈화해서 머릿속에 기억하도록 하려는 것 같았다.

이 박사: 회사에서도 이렇게 빚을 내서 사야 할 경우가 있겠지요?

심 대리: 네.

이 박사: A라는 회사가 있는데 만일 B회사를 인수한다면 사업다각화와 시너지 측면에서 큰 도움이 될 것 같다고 판단하였습니다. 그런데 회사의 현재 자금 사정이 B회사를 인수할 정도로 충분한 상황은 안 되는 것이죠. 그럼 가능한 방법은 외부자금을 끌어들여 인수를 꾀하는 것인데 A회사는 지금까지 무차입경영을 하고 있어서 자금의 외부조달에 대하여 상당한 거부감이 있습니다. 외부에서 자금을 빌려서 인수를 해야 할까요 아니면 인수를 포기해야 할까요?

심 대리: 음……. 상황에 따라 다를 것 같아요.

제이: 에이, 심 대리님은 무슨 답이 그래요? 상황에 따라 다르다니. 예전에 무차입경영을 실현하는 회사에 관한 기사를 여러 개 본 적이 있습니다. 회사에 대한 칭찬 기사들이었어요. 안정성 측면에서 당연히 무차입이 좋은 것 아닐까요?

로이: 그런데 심 대리님 경우를 봐. 은행에 이자를 갚아 나가지만 목표가 있으니까 목돈을 모으기 쉽잖아. 난 필요하다면 자금을 빌

려서라도 사야 한다고 생각해.

제이: 나도 심 대리님이 대단하다고 생각하지만 누가 꼭 집을 사라고 한 것은 아니잖아? 아파트 값이 오르지 않는다면 괜한 이자를 지급하는 것밖에 안 되잖아? 차라리 가지고 있는 현금 1억 2천만원을 예금해 놓으면 그 돈에 이자도 붙고 1억 8천만원에 대한 이자도 나가지 않고 더 좋을 수도 있다고 생각해. 매달 나오는 월급은 계속 추가로 저축해 나가고 말이야. 가지고 있으면 다 쓸까 봐 의지를 시험하지 않기 위해서 아파트를 구입한 면이 더 크잖아?

로이: 하지만 A회사의 경우는 B회사를 인수할 경우 시너지가 크다고 하셨어. 회사 가치가 올라갈 테니까 인수할 가치가 있는 것이지. 이 경우는 심 대리님이 아파트를 3억에 샀는데 나중에 아파트 가격이 오르는 것하고 같은 것이잖아. 그럼 일거양득인 것이지.

심 대리는 자신의 이름이 자꾸 오르내리는 것은 싫었지만 제이와 로이의 대화는 의미가 있다고 생각했다. 지켜보던 이 박사가 추가 질문을 던졌다.

이 박사: 그럼 이번에는 심 대리에게 이미 3억원이 있다고 가정합시다. 이 경우 은행 대출 없이 3억원을 주고 아파트 한 채를 살 수 있겠지요?

제이: 네~.

이 박사: 그럼 은행 대출 없이 3억원을 다 주고 사는 것이 나을까요 아니면 1억 2천만원 투자에 1억 8천만원을 대출하는 방식으로 아파트 2채를 사는 것이 나을까요? 이 경우 자기 돈 1억 2천만원이 두 번 들어갔으니 총 2억 4천만원이 들어갔고 남는 돈 6천만원은 만

일의 사태에 대비하여 은행에 저축해 놓을 수 있겠군요. 생각을 단순히 하기 위해서 아파트 외의 다른 투자 대안이라든가 상환능력이라든가 혹은 왜 아파트가 2채가 필요하냐는 등의 고려는 하지 맙시다. [그림 7]

제이: 전 그게 아파트가 있다는 심리적인 안정감이 있을 뿐이지 문제는 여전히 같다고 생각합니다. 빌리는 돈 3억 6천만원에 대한 이자부담이 있다고 생각해요. 아파트를 사지 않았더라면 지급할 필요가 없는 이자요. 또한 2억 4천만원에 대한 이자도 받지 못하고 말이죠.

이 박사: 그럼 이 질문은 어떤가요? 현재 은행 대출이자율이 5%인데 일부 운용을 잘하는 펀드가 연 8%의 수익률을 안겨 준다고 해 봅시다. 그럼 3억원을 주고 아파트를 사는 것이 나을까요? 아니면

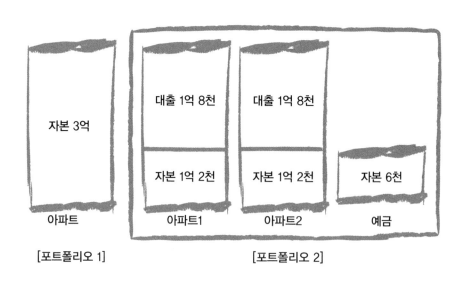

[그림 7] 포트폴리오 비교

1억 2천만원을 투자하고 5%의 이자율로 1억 8천만원을 대출받아서 아파트를 장만하고 손에 들고 있던 1억 8천만원은 8%의 수익률을 안겨 주는 펀드에 가입하는 것이 나을까요?

제이: 어? 어……. 하지만 펀드가 확정수익률은 아닐 것이잖아요? 보장은 안 되는 것 아닌가요?

제이는 이 질문에는 답하기가 어려웠다.

로이: 전 3억원 모두 펀드에 넣을 것 같아요.

이 박사: 후후후. 제이와 로이의 생각 모두 훌륭합니다. 이야기해 주고 싶은 것은 자기자본에도 기회비용이라는 것이 있다는 것입니다. 대출을 받아서 빌려 쓰는 돈은 눈앞에서 이자가 나가니까 비용이 보입니다. 마찬가지로 자기자본도 다르게 굴릴 수 있는 대안이 있다면 그 기회비용을 고려해야 한다는 말입니다. IMF 상황을 경험한 이후에 차입에 대한 두려움이 커졌고 그래서 조심스러운 것은 사실입니다만 무차입경영이 낫다고만 단정하여 말할 수 없는 이유입니다. 따라서 심 대리 말처럼 상황에 따라 다르다가 맞겠네요.

원래 애매모호한 답에 손을 잘 들어주지 않는 이 박사가 상황에 따라 다르다고 하니 다들 웃었다. 정말 부채의 규모가 얼마나 큰지, 비즈니스의 시너지는 얼마만큼인지 적극적으로 고려해야지 무조건 무차입경영이 옳다는 아닌 것 같았다.

이 박사: 내 중국 친구는 사업은 남의 돈으로 하는 것이라고 이야기하더군요. 이렇게 말한 이유는 무엇일까요?

로이: 음, 자기 위험 부담은 지지 않겠다는 것 아닌가요?

제이: 그럼 좀 얌체인데? 그런 사람에게 누가 돈을 빌려주겠어?

이 박사: 후후후. 사업은 남의 돈으로 하는 것이라는 그 친구 말의 의미가 나도 궁금해서 물어봤더니 자기 돈이면 정말 필요한 투자를 해야 할 때 주저주저한다는 것이에요. 비즈니스를 냉정하게 보고 과감한 투자도 해야 하는데 자기 주머닛돈이 다 나간다고 생각하면 그런 의사결정을 못한다는 것이지요. 대신에 투자로 얻은 수익도 자기 혼자 갖는 것이 아니라 남과 나누어 갖는 것이 맞지 않느냐는 것입니다. 이 말이 맞다는 것이 아니라 이런 사고방식도 있다고 생각해 보세요. 어찌 보면 중국에 벤처투자가 활성화 되는 것이 이런 사고방식 때문 아닐까 생각해 보았습니다. 자, 여러분 오늘도 수고가 많았습니다. 내가 바빠서 같이 저녁식사도 못했고 여러분 역시 계속 중국에서 적응하느라 애쓰고 있는데, 오늘 저녁은 내가 잘 아는 집에 가서 김치만두 전골에 돼지고기 수육 파티할까요?

제이: 우와~, 안 그래도 중식만 계속 먹어서 한식 한번 먹으면 좋겠다고 생각했는데 감사합니다!

제이와 로이는 신나서 짐을 챙겨 나갔다. 심 대리는 이 박사에 따라붙으며 농담처럼 이 박사에게 말을 건넸다.

심 대리: 그런데 왜 3억짜리 아파트로 예를 드셨어요? 이왕이면 10억짜리로 해 주시지요. 예로라도 부자 느낌 한번 가져볼 수 있게요.

이 박사: 어! 어~. 그건 심 대리가 직장생활을 5년 정도 했는데 아무리 5년 내내 열심히 모았다고 해도 사원과 대리 월급에서 제세공과금과 생활비 빼고 월 2백만원 모으면 이미 대단한 수준이라고 생각했습니다. 그런데 심 대리는 느낌이 미래 대비를 위해서 정말 안 쓰고 아껴 모아 가능할 것 같았어요. 5년 단순 계산하면 1억 2천이

잖아요. 아마도 입사 초반에 마음 굳게 먹고 금리 우대 5년 정기적금 같은 것 들지 않았을까 생각했지요. 저번에 질문해 보니 정기적금하고 정기예금에 대해서도 잘 아는 것 같아서 불입하는 적금이 있으리라 생각했습니다. 신입에게 10년이라는 시간은 좀 길고 5년 정도가 실행 가능하면서 목표의식도 생기기에 적당한 수준이고 말입니다. 5년이 끝나면서 다시 정기적금을 들기보다는 안정적인 자산을 깔고 가려는 심리도 작용할 것 같아서 아파트를 사지 않을까 했지요. 현재 우대금리로 5년 납부 생각하면 얼추 1억 3천5백은 되겠더라고요. 비상시에 필요한 현금도 있을 테니 만일을 대비해서 다 투자하지 않고 이자수익인 1천 5백 정도는 남겨두지 않았을까요? 심 대리 성격에 자주 집을 바꾸거나 할 것 같지는 않아서 결혼 뒤에도 한동안 무리가 없을 방 2개짜리 아파트를 구할 것이라고 예상해 보았습니다. 무리해서 강남 입성을 하려고 할 친구도 아니고 좀 외곽이라도 회사에서 교통편이 나쁘지 않은 지역의 20평 초중반대의 아파트 가격이 3억 정도 하니까 이 정도로 하지 않았을까 했어요. 60% 정도 대출을 받으리라 생각하니 마침 1억 2천과 1억 8천으로 숫자도 딱 떨어지고 아파트 예상가와 유사하더군요. 그렇다고 부모님께 손 벌릴 성격도 아닌 것 같아 그 금액으로 그냥 때려 맞춘 겁니다. 때려 맞춘 것!

순간 심 대리는 머리끝이 쭈뼛한 느낌이 들었다. 농담으로 던진 질문이었는데 대답 뒤에 웃으면서 빠른 걸음으로 앞서가는 이 박사의 때려 맞췄다는 말이 결코 사실처럼 들리지 않았다.

이 박사: 심 대리, 뭐합니까? 빨리 따라오지 않고.

멈춰 있는 심 대리를 재촉하며 이 박사는 종종걸음으로 빠르게 건물을 나가 버렸다.

손익계산서 4

이 박사: 사장님~, 안녕하세요?

음식점 사장: 아유~, 이 박사님 오셨네? 얼굴 보니까 너무 반갑네. 요새 바쁘셨나 봐요?

이 박사의 인사에 인상 좋은 음식점 사장도 아주 반갑게 인사했다.

이 박사: 그렇네요. 항상 오고 싶은데 계속 출장 일정이 있었습니다. 저도 사장님 음식이 그리웠어요. 어떻게, 요즘 장사는 잘되시고요?

이 박사는 안내하는 자리에 앉으면서 관심을 표했다.

음식점 사장: 매상이 계속 제자리걸음이었다가 지난달하고 이번 달 매상은 살아나는 것 같은데 돼지고깃값도 오른 데다가 전기 사용도 많아져서 그런지 이래저래 빼고 나면 남는 게 없네요. 몇 달 있으면 임대 만기인데 장사가 잘된다고 생각하는 것인지 건물주가 임대료를 올려 달라고 해서 그것도 걱정이에요.

이 박사: 이 집 김치만두 전골이랑 돼지고기 수육은 정말 맛있는

데 음식값을 좀 올리시면 어떠세요? 보쌈김치는 최고잖아요? 몇 년째 인상이 없었던 것으로 기억하고 있는데…….

음식점 사장: 에이구. 돼지고깃값 오른다고 가격을 바로 올릴 수 있나요? 요새 경기가 안 좋아서 손님들 사정도 그다지 좋지 않답니다. 좀 더 지켜보고 정 어려우면 손님들께 양해를 구하고 조정을 하든지…….. 하여간 지금 고려하기는 어려워요. 오랜만에 오신 반가운 손님께 주책맞게 넋두리를 한 것 같네요. 자, 오늘은 무엇을 드릴까요?

이 박사: 이 친구들 오늘 아주 실컷 먹게 보쌈 많이 주십시오. 일단 보쌈 특대 하나 주시고 짜글짜글 찌개도 하나 주세요.

음식점 사장: 네, 알~겠습니다.

로이: 이야~, 짜글짜글이라는 소리만 들어도 침 넘어가는데요?

이 박사: 하하하하.

이 박사는 심 대리, 제이, 로이를 향해서 웃으며 이야기했다.

이 박사: 자, 오늘 맛있게 실컷 드세요. 그리고 음식이 나오기 전에 잠시 말하면 방금 사장님께서 해 주신 이야기가 바로 손익계산서에 관한 내용입니다.

일동: 네? 손익계산서요?

이 박사: 네. 손익계산서. 우리 방금 재무상태표 공부하고 왔잖아요. 지금은 손익계산서입니다.

제이: 켁! 컥컥컥…….

심 대리: 어어……, 제이 괜찮아?

긴장을 풀고 수육에 보쌈김치 먹는다는 기대감에 부풀어 있던 제이는 갑자기 물을 마시다 사레들린 기침을 쏟아냈다.

로이: 박사님.

제이: 역시 이 박사님은 믿을 사람이 못 돼요.

모두 볼멘 소리를 했다.

이 박사: 자, 곧 음식이 나올 테니 시간이 촉박하군요. 빨리 이야기하겠습니다. 쉽게 이야기해서 여기 사장님이 장사를 잘하고 있는지를 알아보는 것입니다. 재무상태표가 어느 특정 시점의 상황을 보여 주는 거울이라면 손익계산서는 일정 기간 동안의 상황을 나타냅니다. '요새 장사는 어떠세요?'라고 물으니 '지난달과 이번 달 매상은 오르고 있는데……'라고 대화를 했습니다. 그때 '요새'와 '이번 달'은 기간 개념이잖아요? 바로 일정 기간 동안의 비즈니스가 어떤지를 알아보는 것으로 생각하면 되겠습니다.

'특정 시점과 일정 기간의 차이라……'

이 박사: 사장님께서 매상은 살아나는데 이것저것 빼고 나면 남는 게 없다고 하셨지요? 정말 그 말 그대로입니다. 장사가 잘된다는 것은 매상도 많이 올려야 하지만 많이 남아야 되겠지요. 매출은 많은데 남는 것은 없으면 헛장사한 셈이 되니까요. 비즈니스가 어떤지 알아본다는 것은 바로 이런 상황을 살펴보는 것입니다. 장사를 잘했는지 아닌지를요. 그리고 그것을 알아보는 방법은 아주 간단합니다. 매상에서 이것저것 빼고 나서 남는 게 있는지, 얼마나 남았는지를 보면 됩니다.

제이는 이 박사에게 기습을 당했다고 생각하며 바짝 긴장하고 들었다. 그 긴장한 모습에 심 대리는 하마터면 웃음이 나올 뻔했다.

이 박사: 손익계산서는 수익, 즉 매상은 얼마이고 각종 비용은 얼

마나 들었는지를 순차적으로 빼 나가면서 최종 수익은 얼마인지, 즉 이문이 좀 남았는지를 살펴보는 것입니다.

이 박사는 이내 종이 한 장씩을 나누어 주면서 손익계산서 구조라고 이야기를 했다.

제이: 이것 봐. 준비해 오신 것 봐. 가게에 와서 생각나신 것이 아니라 미리 계획하신 것이었어.

다시 불평의 목소리들이 튀어나왔다.

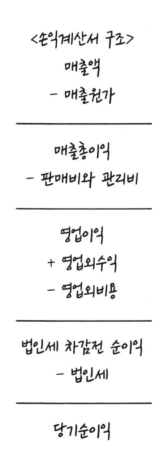

<손익계산서 구조>
매출액
– 매출원가

매출총이익
– 판매비와 관리비

영업이익
+ 영업외수익
– 영업외비용

법인세 차감전 순이익
– 법인세

당기순이익

이 박사: 이 음식점을 예로 들겠습니다. 매출액이라는 것은 한마디로 매상입니다. 판매 후 유입된 현금이나 자산을 금액으로 표시한 것이죠. 매출원가라는 것은 매상을 올리기 위해서 음식들을 만드는 데 소요된 실제 비용입니다. 제공된 제품 등의 생산을 위해 소요된 현금이나 자산을 금액으로 표시한 것이죠. 돼지고기, 김치, 파 등과 같은 재료비, 주방에서 음식 만드는 분들의 노무비, 그리고 냉장고 등 설비의 감가상각비 등 음식을 만드는 데 필요한 부대비용입니다. 이렇게 매출액에서 매출원가를 뺀 것을 매출총이익이라고 합니다. 매출액에서 그 관련 원가를 뺀 것이니 매출총이익이라는 표현이 맞겠지요?

일동: 네~.

이 박사: 판매비와 관리비는 판매 및 관리와 관련된 부대비용인데 판매종업원의 급여, 건물주에게 지급하는 임대료, 전단을 준비해서 돌리는 판촉활동 등에 따른 판촉비가 포함됩니다. 이러한 판매비와 관리비를 매출총이익에서 차감한 것을 영업이익이라고 합니다. 만들었다고 다 팔리는 것이 아니고 이러한 판매활동을 통하여 영업이 되는 것이잖습니까? 즉 음식을 만들고 또 파는 영업활동으로 말미암은 이익이니까 영업이익이 되겠습니다. 같은 종업원의 급여라 할지라도 주방에서 음식을 만드는 직원의 급여와 홀에서 판매하는 직원의 급여는 그 소속이 '매출원가'와 '판매비와 관리비'로 다르겠지요.

'소속이 다르다……. 그냥 다 인건비로 뭉뚱그려서 처리하는 것이 아니었구나.'

심 대리가 이 박사의 설명을 하나하나 음미하고 있는데 제이가 로이에게 물었다.

제이: 그런데 정말 말씀하신 것처럼 만든다고 다 팔리는 것은 아니잖아? 만약에 김치만두를 1,000개 만들었는데 팔리기는 500개만 팔렸다면 매출에서 매출원가를 빼면 이미 마이너스인데?

로이: 그렇게 계산하는 것이 아닌 것 같아. 상식적으로도 매출과 관련된 원가만이 매출원가 아닐까? 아까 매출원가를 말씀하실 때 '매상을 올리기 위해서 만든 음식들'이라고 하셨어. 매출총이익을 설명하실 때도 '매출액에서 관련된 원가'를 빼는 것이라고 확인하셨고 말이야. 그 말은 만든 것이 아니라 팔린 것만 고려할 것 같아.

이 박사: 로이가 말한 것이 매출원가가 맞습니다. 제이가 말한 1,000개를 만드는 데 든 비용은 '만들다'라는 뜻의 '제조'라는 용어를 써서 '제조원가'라고 합니다. 실제 만드는 데 들어간 원가인 것이죠. '매출'은 '팔다'의 의미니까 '매출원가'는 팔린 제품의 원가입니다. 여러분이 말한 것처럼 만들었다고 다 팔리는 것은 아니니까 제조원가와 매출원가는 다르겠지요?

제이: 그런데 도대체 팔기 직전에 매번 만드는 것이 아니라면 어떻게 매출원가를 알 수가 있지요?

이 박사: 제이, 좋은 질문입니다. 회계를 잘하려면 산수를 잘해야 합니다. 더하기, 빼기, 곱하기, 나누기를 잘해야 하지요. 이 가게 사장님이 오늘 영업하는 것을 상상해 봅시다. 제이의 예를 씁시다. 만두전골을 위해서는 만두가 필요한데, 냉장고에 어제 만든 만두 중 남은 것 100개가 있습니다. 그리고 오늘 만두를 좀 많이 만들어서 총 1,000개를 만들었습니다. 오늘 가게 문을 닫을 때 다 안 팔리고

남는 만두 500개는 다시 냉장고에 보관할 것입니다. 오늘의 제조원가는 오늘 만두 1,000개를 만드는 데 들어간 비용입니다. 오늘 몇 개가 팔렸는지 계산하면 '100개 + 1,000개 − 500개 = 600개'입니다. 즉, 매출원가는 600개 만드는 데 들어간 비용이 되겠습니다. 다른 표현으로 하면 '매출원가 = 기초재고금액 + 당기 제품제조금액 − 기말재고금액'이라고 할 수 있겠네요. 제조원가와 매출원가는 다르지요.

'박사님 말씀을 들으면서 매출원가와 제조원가라는 것을 구분할 생각은 해 보지 못했어. 제이도 생각이 점점 탄력이 붙는 것 같아. 저렇게 자꾸 질문하면서 계속 발전하겠어.'

심 대리는 신입사원들의 질문에도 점점 더 관심이 갔다.

이 박사: 자, 이렇게 계산된 영업이익에서 영업외수익이나 비용. 예를 들어 음식점 운영을 위해서 은행 대출을 받았는데 대출이자가 나간다면 이자는 영업외비용에 해당합니다. 영업과 관련된 것 이외의 수익이나 비용을 가감한 후에 순이익이 나옵니다. 그런데 이것은 아직 이러한 이익에 대하여 기업소득세(법인세)를 내기 전이니 '법인세 차감전 순이익'이라고 합니다. 그리고 비로소 법인세를 내고 남은 것이 당기순이익이 되는 것이지요. 당기라는 말은 해당 기간이라는 말입니다. 그래서 당기순이익은 그 해당 일정 기간 동안의 순이익이라는 말입니다.

로이: 손익계산서가 일정 기간 동안의 비즈니스 상황을 보여준다고 하신 말씀이 바로 이거네요.

이 박사: 그렇지요. 우리가 재무상태표를 이해한 것처럼 손익계산

서 역시 어렵다고 생각하지 말고 이런 흐름을 떠올려 보세요. 매출원가에는 무슨 항목들이 있는지, 판매비와 관리비에는 무슨 항목들이 있는지는 찾아보면 될 일이지 어려운 것이 아닙니다. 자, 다시 이야기합니다. 제일 중요한 것은 수익(매출액)에서 순차적으로 각종 비용을 차감해 가면서 최종 이익을 볼 수 있는 흐름이라는 것입니다. 이것만 기억하면 충분합니다.

로이: 음…….

로이가 심각한 표정으로 고개를 좌우로 갸웃거리며 감탄사를 연발했다.

제이: 왜 그래?

로이: 박사님, 매출액에서 순차적으로 비용을 차감해 가면 최종이익이라고 하셨잖아요? 그런데 제조원가와 매출원가가 다르다는 것을 고려하면 이상한 점이 있어서요.

이 박사는 눈을 치켜뜨면서 그 이상한 것이 무엇인지 표정으로 물었다.

로이: 사장님이 만두 1,000개를 만들었다고 가정하겠습니다. 그런데 정작 하루에 100개밖에 안 팔린 것이죠. 매출이 계속 생각보다 부진했어요. 팔린 것만 매출원가로 치니까 손익계산서상에는 이익이 날 수 있어요. 그런데 만들고 계속 안 팔린 만두가 남아 있습니다. 결국 나중에 오래돼서 상할 수도 있고요. 이건 손익계산서에 안 나오지 않습니까? 그럼 문제일 것 같습니다.

제이: 이야~, 로이 너는 정말 예뻐하려야 예뻐할 수가 없다!

제이에게 인정과 시기심이 미묘하게 작용하였다.

이 박사: 후후후. 거기까지 생각할 줄은 몰랐습니다. 로이 말대로 만두가 계속 남아서 상하면 문제겠지요? 손익계산서에 보기에는 이익이 나는 것 같은데 사실상 안 팔리는 만두가 잔뜩 남아 있는 상황은 문제일 것입니다. 안 팔린 만두가 남는 것은 회사로 치면 제품 재고가 계속 쌓이는 것이지요. 제품 재고는 재무상태표에 재고자산으로 기록됩니다. 손익계산서에는 나오지 않더라도 재무상태표에는 나옵니다. 그래서 재고자산이 증가 혹은 감소했는지도 같이 눈여겨봐야 합니다. 예리한 분석입니다.

심 대리: 이것이 생산부서와 영업부서에서 서로 소통하면서 업무를 해야 한다고 강조하는 이유네요.

이 박사: 후후후. 하여간 나중에 중국의 기업소득세 납부신고서를 같이 살펴보면 중국 기업소득세도 이해하고 손익계산서도 다시 살펴볼 수 있을 것입니다. 오늘의 대화는 여기까지~!

다시 한번 투덜대기는 했지만 풍성하게 차려 나온 수육을 보쌈김치와 함께 싸 먹으면서 모두들 아주 행복해했다. 이렇게 하루가 또 무사히 마무리되었다.

5 / 재무제표 분석

이 박사: 어제 여러분과 같이 알아본 재무상태표와 손익계산서는 대표적인 재무회계 정보입니다. 조금 더 단순하고 복잡하고의 문제일 뿐 여러분들은 이미 내용을 이해했으므로 여러 회사의 재무제표를 놓고서 찬찬히 뜯어보면서 친숙해지는 연습을 하면 되겠습니다. 그런데 이런 정보는 비율과 비교를 통하여 좀 더 유용한 정보를 얻어낼 수 있습니다. 음, 예를 들어 ROE, ROA 등을 계산해 본 적이 있습니까?

심 대리: 들어는 봤습니다만 실제 계산해 본 적은…….

이 박사: 상관없습니다. 지금 살펴보면 되지요. 자, 약자는 먼저 전체 표현을 살펴보라고 했습니다. ROE는 Return On Equity(자기자본이익률)의 약자인데 말 그대로 자기자본(equity)에 대한 이익(return)의 비율입니다. 얼마나 돌아오느냐(return)를 묻는 것이니까 법인세까지 내고 남은 당기순이익(net income)을 말하는 것입니다. 앞에서 부채

$$ROE(자기자본이익률) = \frac{Net\ Income(당기순이익)}{Equity(자기자본)}$$

는 타인자본이라 하고 자본은 자기자본이라 한다고 말씀드렸죠?

이 박사: 당기순이익을 자기자본으로 나눈 것이 ROE입니다. 예를 들어 ROE가 5%라는 것은 주주가 100원을 투자하면 5원의 이익을 낸다는 말이겠지요. 투자하는 입장에서는 ROE가 높으면 자본을 효율적으로 사용했다는 말일 것입니다. 당연히 ROE가 높으면 좋겠지요? 그런데 자기자본도 기회비용이 있다고 했습니다. 자기자본도 부채와 마찬가지로 조달하는 비용이 있다고나 할까요? 앞서 예를 든 것처럼 만일 펀드에 투자해서 8%의 수익이 난다면 기업에 투자하는 의미가 없겠지요? 그냥 펀드에 넣어 두는 것이 더 나을 것이기 때문입니다. 또한 ROA는 Return On Assets(총자산이익률)의 약자로 총자산에 대한 이익 비율이니까 당기순이익을 총자산으로 나눈 것입니다. 이 경우는 자산을 얼마나 효율적으로 사용했느냐를 확인해 볼 수 있을 것입니다.

로이: 그렇군요.

이 박사: 자기자본, 총자산, 당기순이익 등은 재무회계 정보에서 우리가 모두 확인하고 배운 것들입니다. 이렇게 재무제표상의 여러 가지 숫자들의 비율을 통해서 의미를 찾아내 보세요. PER(Price Earning Ratio), BPS(Book value Per Share) 등등 용어가 낯설다고 어려워하지 마세요. 풀어서 찬찬히 뜯어 보면 됩니다. 사실 용어에 얽매

여 보기보다는 혼자 생각해 가면서 보는 것도 재미있습니다. 이 회사는 한 주당 순이익은 얼마나 될까 궁금하면 당기순이익을 총주식 수로 나누면 되겠지요. 용어로는 주당순이익(EPS, Earning Per Share)입니다.

로이: 맞아요. 그냥 낯설어서 찾아볼 생각도 안 했어요.

이 박사: 좀 더 확인해 볼까요? 우리는 위에서 ROE를 알아봤습니다. 이걸 좀 더 나눠서 볼 텐데, 혹시 듀퐁 분석이라고 들어봤나요?

제이: 아니요.

로이: 듀퐁은 화학회사 아닌가요?

이 박사: 맞습니다. 세계적인 화학회사지요. 듀퐁에 근무하던 직원이 고안한 분석이라 그렇게 부릅니다.

듀퐁 분석

자기자본이익률(ROE, Return On Equity)을 구성요소별로 나누어 분석하는 재무분석기법을 말한다. 1920년대에 화학업체인 듀퐁에 근무하던 전기공학자 출신 직원 도널드슨 브라운이 이를 고안하여 재무분석기법으로 처음 사용해 붙여진 이름이다.

듀퐁 분석은 ROE를 '순이익률×자산회전율×재무레버리지'로 나누어 분석한다. 순이익률(순이익/매출액)은 원가 통제의 효율성, 자산회전율(매출액/총자산)은 자산 이용의 효율성, 재무레버리지(총자산/자기자본)는 자본조달의 안전성을 각각 나타낸다.

(출처: 네이버, 박문각)

이 박사: 식을 한번 적어보겠습니다. 먼저 우리가 알고 있는 ROE는 당기순이익을 자기자본으로 나눈 것(ROE = 당기순이익/자기자본)

입니다. 이제 이 식을 가지고 산수 계산을 좀 해 봅시다. 분모와 분자에 동일한 것을 곱하면 식은 변하지 않지요? 분자와 분모에 각각 '매출'과 '자산'을 곱하여 봅시다.

$$ROE = \frac{당기순이익 \times 매출 \times 자산}{매출 \times 자산 \times 자기자본}$$

이 박사: 곱하기와 나누기는 순서를 바꿔도 결과값이 같죠? 수학 시간에 배운 것입니다. 그래서 순서를 아래처럼 바꿔 보도록 하겠습니다.

$$ROE = \frac{당기순이익}{매출} \times \frac{매출}{자산} \times \frac{자산}{자기자본}$$

이 박사: 자, 이제 수식을 하나씩 살펴볼까요? 당기순이익을 매출로 나눈 것은 회사의 수익성을 나타냅니다. 매출 중의 당기순이익 비율이 얼마나 되느냐의 문제니까요.

제이: 수익성이라……. 쉽게 이야기하면 팔아서 얼마나 남느냐를 보는 것이네요.

이 박사: 후후후. 제이의 표현이 훨씬 이해가 잘 되네요. 그리고 두 번째 매출을 자산으로 나눈 것은 자산회전율을 의미합니다. 그럼 회전율이 높다는 것은 어떤 의미일까요?

일동: 음…….

아무도 대답을 하지 못하고 가만히 있었다.

이 박사: 어렵게 생각하지 말고 찬찬히 생각해 봅시다. 회전율이 높다는 것은 자산을 아주 잘 활용하고 있다는 뜻입니다. 상대적으로 적은 자산을 가지고 동일한 매출을 낸다면 회전율이 더 높겠죠. 반대로 회전율이 낮다면 자산에 과잉투자를 한 것은 아닌지도 판단해 볼 수 있지 않을까요?

명확히 이해한 표정이 보이지 않자 회전율에 대해서는 다시 보충 설명하겠다고 하면서 이 박사는 세 번째 사항을 마저 설명했다.

이 박사: 자산을 자기자본으로 나눈 것은 자산레버리지 비율입니다. 자기자본대비 얼마만큼의 레버리지를 활용하는지 볼 수 있는 것이죠.

일동: 음…….

이 박사: 자, 앞에서 배운 회계 등식을 다시 생각해보죠. '자산 = 부채 + 자본' 기억나지요?

일동: 네

이 박사: 좋습니다. 그럼 공식을 다시 적어봅시다.

$$\frac{자산}{자기자본} = \frac{부채 + 자기자본}{자기자본}$$

이 박사: 만일 이 레버리지 비율이 높다면 부채비율이 높다는 말이 되겠죠? 부채(타인자본)가 크면 클수록 비율이 올라갈 테니까요.

로이: 부채비율이 높다면 자기자본에 대한 의존도가 낮은 것이니

재무구조가 좋지 않겠어요. 앞서 이야기한 무차입경영의 경우와는 반대가 되겠네요.

심 대리: 별거 아닌 것처럼 보이는 분석 하나가 많은 정보를 담을 수 있네요.

이 박사: 후후후. 그렇죠? 그런데 이것은 'ROE = 당기순이익/자기자본'이라는 식에 분자와 분모에 매출과 자산을 곱한 뒤 다시 의미 있는 정보로 나눠 분류한 것입니다. 그렇다면 비단 매출과 자산뿐 아니라 다른 요소를 곱해서 다른 정보를 생성해 낼 수도 있지 않을까요? 분자와 분모에 동일하게 곱한 뒤 나눠서 분류해 주기만 하면 되니까 확장성이 크다고 생각합니다.

다들 고개를 끄덕였다.

이 박사: 매출채권회전율(receivables turnover ratio)을 봅시다.

회전율을 보충 설명하기 위해 이 박사는 매출채권회전율을 다시 예시로 들었다.

이 박사: 매출채권이라는 것은 말 그대로 매출이 발생해서 그것으로 획득한 채권입니다. 제품을 판매하거나 서비스를 제공했는데 신용으로 나중에 받겠다고 한 것이지요. 외상매출금은 나중에 주겠다고 약속해서 제품 먼저 판매한 것으로 보통 1개월에서 3개월 이내로 회수가 가능한 채권입니다. 받을어음은 언제 지급하겠다는 서면으로 된 약속입니다. 이런 신용채권을 매출채권이라고 합니다. 그럼 매출액을 매출채권으로 나누면 영업활동으로 파생한 매출이 현금으로 회전되는 속도를 나타내게 됩니다. 이를 매출채권회전율이라고 합니다. 그럼 회전율이 높다는 것은 어떤 의미일까요?

로이: 음······.

모두에게 회전율이라는 용어가 아무래도 생소한 듯했다.

이 박사: 예를 들어 매출이 100인데 기말에 매출채권이 25가 있습니다. 그럼 판매된 것 중에서 75가 현금 회수되었고 25만큼은 아직 남아 있다는 말이지요. 소위 외상값을 아직 못 받았다는 것입니다. 식으로 계산하면 100/25=4입니다. 그런데 매출이 100인데 기말에 남아 있는 매출채권이 10이라고 해 봅시다. 그럼 판매된 것 중에서 90이 현금 회수되었고 10만큼은 아직 받지 못했다는 것입니다. 100/10=10이네요. 즉, 회전율이 높다는 것은 회수가 아주 잘 되고 있다는 말이 되겠네요.

로이: 아, 그렇군요. 그런데 얼마나 빨리 받을 수 있는지는 잘 모르잖아요?

이 박사: 아닙니다. 1년을 그 회전율로 나누어 보면 됩니다. 원래는 365일을 기준으로 해야 하겠지만 계산 편의상 360으로 해 보지요. 각각 회전율이 4와 10이었는데요 360/4=90이고, 360/10=36이네요. 즉 매출채권을 회수하는 데 각각 평균 90일과 36일이 걸린다는 이야기입니다. 이렇게 분석을 해 보면 유용한 정보들이 많습니다.

로이: 빨리빨리 현금화되어야 유동성도 생기고 받지 못할 위험도 낮아지겠네요.

이 박사: 그렇습니다. 영업현금흐름은 아주 중요합니다. 우리는 재무상태표와 손익계산서를 살펴보았는데 사실 현금흐름표도 주요한 재무회계 정보입니다. 사례 하나를 들지요. 과거 동종업계에 종사하는 한국계 기업 A사와 B사가 중국 내 영업을 하면서 서로 다른 영

업 스타일을 구사했습니다. A사는 외상거래를 주로 했고 B사는 철저히 현금거래를 했습니다. 말했듯이 외상거래는 제품을 판매하였으나 현금이 바로 회수되지 않는 것입니다. 다른 말로는 매출채권이 자산에 잡혀 있는 것이지요. 현금의 빠른 회전이 중요한데 제품은 아무리 팔려도 도대체 대금 회수가 되지 않는다면 경영상에 큰 타격을 입게 됩니다. 우리는 방금 회전율을 계산해 보았지요?

일동: 네.

이 박사: 특히 상대방 회사의 부도나 기타 원인으로 외상으로 판매한 제품의 대금 회수가 불가능하게 된다면 더욱 타격이 있을 것입니다. 두 회사의 승부는 B사의 승리로 끝났습니다. 비록 초반에 시장을 확장하는 것에는 A사가 앞서 나갔고 B사는 어려움이 많았습니다. 그러나 시장에 제품은 알렸으나 대금 회수가 안 되는 것은 더욱 위험합니다. 특히 A사가 간과한 것이 있었습니다.

제이: 간과한 것이요?

이 박사: 네. 바로 시장의 공격적 확대는 통제범위를 벗어날 수 있다는 위험관리(risk management)였습니다. 일부 대리상들은 제품을 다 팔지도 않았으면서 다 팔렸다고 거짓말을 하고 추가로 제품을 구입해 갔습니다. 외상으로 말이죠. 물론 대리상들이 다 팔았다는 제품들에 대해서도 아직 고객으로부터 대금을 받지 못했다며 A사에 지급하지도 않았습니다. 대금을 받아 놓고서 거짓말을 하고 지급하지 않은 것이었습니다. 얼마 후 이러한 불량 대리상들이 A사에 대금 지급도 없이 조용히 사라진 것은 짐작할 수 있겠지요? 물론 이때는 중국시장 진출 초기이고 지금과는 상황이 많이 다릅니다. 지금은 대

리상의 역할이 커서 대리상과의 발전적 협력관계가 중요하고 중국에도 소위 메이저 플레이어라 불리는 대형 대리상들이 나타나면서 신용과 스피드가 중요한 덕목이 된 상황입니다. 과거와는 완전히 다르다고 하겠죠. 다만 현금흐름이 원활하지 못하면 경영에 어려움을 겪는다는 것을 잘 보여 주는 사례이기에 이야기했습니다. 해외시장 진출 시에는 협력관계를 맺을 업체들의 선정, 그 업체들과의 관계 설정 및 시장 진출 전략들을 생각해야 한다는 메시지를 주기에는 충분하다고 생각합니다.

일동: 네.

이 박사: 용어에 얽매이지 마세요. 새로운 용어들이 너무 많아 외우기도 힘듭니다. 대신에 시간을 들여서 생각해 보세요. 생각의 시간이 주어지면 의외로 쉽게 다가갈 수 있습니다. 모르는 용어는 나중에 찾아보면 됩니다.

'그래. 어차피 회계학을 배운 것도 아니고 용어의 틀에 얽매일 필요가 뭐가 있겠어. 해 보는 거지.'

제이도 해볼 수 있겠다는 자신감이 슬슬 붙기 시작했다.

이 박사: 그리고 재무제표 정보는 과거와의 비교, 그리고 동종업계 경쟁사와의 비교를 통해서 더욱 유용한 정보를 얻도록 해 줄 것입니다. 회사의 작년과 비교해 보면 올해 비즈니스를 더 잘했는지 알 수 있습니다. 또한 다른 경쟁업체와 비교해 보면 시장에서 다른 업체보다 잘했는지를 알 수 있습니다.

제이: 네. 비율과 비교요!

이 박사: 네. 비율을 뽑아서 마구마구 비교하세요. 비교! 비교 분

석을 해 보면 해 볼수록 익숙해지고 재미도 있을 것입니다. 이렇듯 재무회계 정보는 현재의 주주나 채권자 혹은 잠재적인 투자자나 채권자의 투자 및 대출 의사결정에 중요한 기초가 됩니다. 그런데…….

'흐흐흐. 또 침묵의 강조가 시작되셨군.'

다들 다음이 기대됐다.

이 박사: 더 중요한 것이 있습니다.

심 대리: 더 중요한 것이요?

이 박사: 네, 여러분이 모르는 더 중요한 것!

6 재무회계보다 관리회계*

이 박사: 사실 여러분들이 회사의 현장근무자로서, 나중에 승진해서 중간관리자로서, 그리고 더 승진해서 최고경영자로서 일하기 위해서는 관리회계에 대한 이해도 필요합니다. 조직 구성원들의 조직 목표 달성에 보탬이 되도록 의사결정을 도와주고 동기부여를 하는 수단이지요.

심 대리: 관리회계요?

이 박사: 네. 일반적으로 회계를 알아야 한다고 하면 다들 재무회계를 생각합니다. 그런데 관리회계도 실상 업무에 매우 유용하며 중요합니다. 그래서 오전에 살펴본 재무회계와의 비교를 통해서 관리회계에 대하여 간단히 알아보겠습니다. 지금 신입사원 연수 중이니 목적에도 더 맞을 것 같습니다. 말했지요? 비록 지금은 신입사원일

---

* 본 관리회계에 관한 내용은 김성기, 윤성수, 이용규 교수님의 「전략적 관리회계」, 홍문사.'의 내용을 저자의 허락하에 요약 발췌하였다. 관리회계에 대한 내용이 쉽게 잘 기술되어 있으므로 읽어 보기를 추천한다

지라도 최고경영자처럼 생각하라고.

　일동: 네!

　이 박사: 첫째로 경영자 등 기업 내부구성원들의 의사결정을 지원합니다. 관리회계는 경영자 등 구성원들이 조직목표 달성을 위해 활동을 수행하는 과정에서 필요한 상세하고 다양한 정보를 제공합니다. 예를 들어 사업계획 및 예산의 수립을 위한 정보, 실제 영업 결과를 내부목적에 맞게 정리한 정보, 계획과 실제 결과를 비교하고 차이의 원인을 분석한 정보 등을 제공합니다. 이처럼 일상적인 경영 과정에서 필요한 정보뿐만 아니라, 전략 수립을 위해 시장환경과 기업역량을 분석한 정보, 신제품 개발을 위한 제품기능 및 원가분석 정보, 경쟁기업 제품에 대한 정보 등도 중요한 관리회계 정보가 됩니다.

　로이: 아! 그렇군요. 재무회계는 주로 현재의 투자자와 채권자 및 잠재적 투자자와 채권자에게 기업과 관련된 전반적인 정보를 제공한다고 하셨으니 확실히 차이가 있네요.

　이 박사: 그렇습니다. 로이가 잘 상기시켜 주었네요. 둘째로 미래예측 정보 등 다양한 정보의 원천입니다. 경영자의 중요한 업무 중 하나는 기업의 미래 활동에 대한 계획 수립이며 이에 필요한 정보는 대부분 미래에 관한 예측 정보입니다. 과거에 발생한 역사적 재무 정보도 계획 수립에 필요하지만, 기업의 내·외부 환경이 지속적으로 변하는 상황에서는 과거 자료의 역할은 제한적일 수밖에 없기 때문이지요. 재무회계 정보가 과거에 이미 발생한 거래를 기초로 만들어지는 데 반해서 관리회계 정보는 과거 자료뿐만 아니라 미래에 관한

예측 정보도 포함합니다. 특히 재무회계가 주로 재무적 자료에 관심을 가지는 것에 반해 관리회계는 기업 현장에서 산출되는 비재무적 자료에도 관심을 가집니다. 예를 들어 연구개발 활동, 구매 활동, 생산 활동, 마케팅 활동, 영업 활동 등 기업의 가치사슬에 존재하는 여러 활동으로부터 자료를 수집하고 분석합니다. 또한 협력업체, 경쟁기업, 고객 등 기업이 속한 산업이나 시장에 대한 자료와 정보를 활용하기도 합니다.

제이와 로이는 미래예측을 위한 정보라는 사실이 신선했다. 그리고 꼭 필요한 것이라고 느껴졌다. 또한, 기업의 가치사슬상의 여러 활동이 모두 관여되어 이루어지는 것이 아주 흥미로웠다.

이 박사: 셋째로 법률이나 회계기준 등과 무관합니다. 재무회계 정보는 불특정 외부의 이해관계자에게 공시되어 국가 경제에 미치는 영향이 큽니다. 따라서 상법 등 법률 등의 규제를 받으며 또한 국제회계기준과 같이 일반적으로 인정된 회계원칙을 준수하여야 하지요. 그러나 기업 내부 구성원들에게 제공되는 정보의 형식과 내용은 정보이용자의 필요와 선택에 따라서 결정됩니다. 중요한 것은 정보의 유용성과 산출비용이지, 법률이나 일반적으로 인정된 회계원칙을 준수했는지 여부가 아니니까요.

로이: 중요한 것은 유용성이라는 말로 다 설명이 되는 것 같네요. 형식이 중요한 것이 아니잖아요?

제이: 회계를 공부해야 한다고는 하면서 사실 박사님 말씀처럼 재무회계에 대한 것만 생각하고 있었습니다. 관리회계 역시 각 부서의 현장관리자, 중간관리자들에게 정말 유용할 것이라는 생각이

[표 2] 관리회계 정보와 재무회계 정보

구분	관리회계 정보	재무회계 정보
목적	기업 목표 달성을 위한 경영자의 계획, 실행, 통제 의사결정을 돕고자 함	기업의 투자자나 채권자의 자본제공 의사결정을 돕고자 함
이용자	기업 내부의 경영자나 관리자	투자자, 채권자, 규제당국 등 기업 외부 이용자
속성	미래 지향적, 재무적/비재무적 정보	과거 지향적, 재무적 정보
측정 및 보고기준	원가-효익 기준, 관련성, 적시성	일반적으로 인정된 회계원칙
보고시기	필요에 따라 매시간 단위에서 연 단위까지 다양	분기, 반기, 연 단위
보고형태	제품, 사업부, 지역 등 다양한 조직 단위의 예산, 원가보고서, 성과보고서 등의 다양한 보고양식	재무상태표, 손익계산서, 현금흐름표, 자본변동표

드네요. [표 2]

이 박사: 그리고 관리회계는 경영 과정의 각 단계에서 의사결정에 필요한 정보를 제공합니다. 또한, 의사결정 과정 자체에 영향을 줄 수 있습니다.

심 대리: 의사결정 자체요? 의사결정을 위한 필요 정보인 것은 이해가 갑니다만.

이 박사: 예를 들어 보지요. 만일 성과를 평가하고 보너스를 지급하는 데 매출액을 기준으로 할 수도 있고 이익을 기준으로 할 수도 있습니다. 직원들의 행동에 차이가 있을까요?

심 대리: 음, 매출액이라면 당연히 하나라도 더 팔려고 할 것 같습니다. 박리다매하더라도 일단 많이 파는 것이 보너스로 직결되니까요. 그런데 이익을 기준으로 한다면 무조건 물량을 밀어낸다거나 하

지는 않을 것 같습니다. 수익성이 우선이니까요.

이 박사: 그렇습니다. 이처럼 성과지표로 어떤 것을 사용하느냐에 따라서 구성원의 의사결정과 행동이 달라질 수 있다는 말입니다. 다음 그림을 한번 볼까요?

제이: 또 가치사슬인가요?

이 박사: 네. 마이클 포터 교수의 가치사슬표와 모양은 다르지만 기업의 흐름을 나타내고 있습니다. 연구개발, 생산, 물류 등 각 영역은 계획, 실행, 통제, 의사결정을 하는데 이때 가치사슬상 관리회계

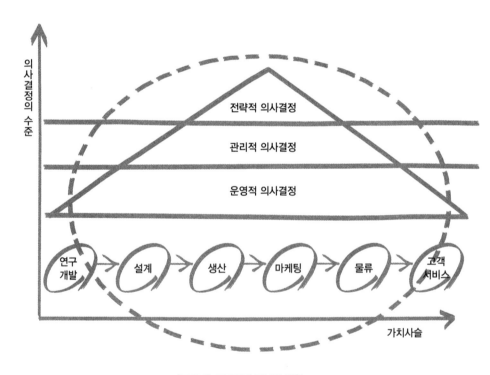

[그림 8] 관리회계 정보의 차원

의 역할을 보여주는 표라고 하겠습니다.

로이: 영역별로 필요한 정보는 다르겠지만 그에 맞춰서 각 영역에서 의사결정을 돕는 유용한 정보라는 것을 확실히 알겠습니다.

제이: 연수 끝나고 돌아가면 관리회계 공부를 해야겠어요.

이 박사: 후후후. 그런 자세면 충분합니다. 토론이 의미가 있군요.

[표 3] 가치사슬과 관리회계 정보

가치사슬 활동	내용	관리회계 정보
연구개발	새로운 제품이나 서비스, 새로운 생산방법 및 흐름에 대해 연구하고 실험하고 개발하는 활동	기존의 제품, 서비스 등의 판매가격, 생산원가 등 수익성에 대한 정보를 제공함으로써 획기적으로 개선해야 할 기능이나 획득해야 할 기술을 모색하게 함
설계	개발된 제품이나 서비스를 상용생산이 가능하도록 구체화하는 활동	개발된 기술이나 기능을 구현할 때 여러 설계 대안 간 예상매출과 예상원가를 제공함으로써 바람직한 설계안을 선택하게 함. 또 특정설계에 대해 수익성을 확보하기 위한 목표원가를 제시하여 설계방향에 대한 지침을 제공함
생산	설계에 따라 재료나 노동력 및 설비 등의 자원들을 적절히 조합하여 제품을 생산하거나 서비스를 제공하는 활동	설계단계에서 의도한 방향대로 생산단계에서 실제 원가가 발생하고 있는지를 검토하고 생산단계에서 개선할 수 있는 부분을 확인할 수 있는 정보를 제공함
마케팅	판매하고자 하는 제품이나 서비스의 특성과 가치를 고객에게 알리고 판매를 촉진시키는 활동	목표시장이나 고객정보를 제시하여 효과적인 매출증대 계획을 수립하게 함. 판매촉진 전략에 필요한 정보를 제공함
물류	실제 생산된 제품이나 서비스를 고객에게 전달하는 활동	유통경로 별로 소요원가를 산정하고 이에 대한 정보를 제공하여 최적의 유통경로를 선택할 수 있도록 함
고객서비스	판매 후 사후적으로 해당 제품이나 서비스를 사용하는 고객을 지원하기 위한 활동	고객서비스에 소요되는 원가정보를 제공하여 품질개선의 방향을 정함

7 / 기업소득세 납부신고서

이 박사: 자, 오늘은 어제 이론 공부에 이어서, 중국의 기업소득세 납부신고서를 같이 살펴보기로 했지요?

로이: 네, 중국 기업소득세도 이해하고 손익계산서도 살펴볼 수 있다고 하셨어요.

이 박사: 네, 일단 표를 한번 보겠습니다. 기업소득세(企業所得稅, corporate income tax)는 한국의 법인세에 해당하는 것입니다.

[표 4] 중국 기업소득세 연도납세 신고표

종류	행	항목	금액
이윤총액계산	1	1. 영업수익	
	2	차감: 영업원가	
	3	영업세 및 부가	
	4	판매비용	
	5	관리비용	

이윤총액계산	6	재무비용	
	7	자산감액손실	
	8	추가: 공정가액변동수익	
	9	투자수익	
	10	2. 영업이익	
	11	추가: 영업외수익	
	12	차감: 영업외비용	
	13	3. 이익총액(10+11-12)	
과세표준계산	14	추가: 납세조정증가액	
	15	차감: 납세조정감소액	
	16	그 중: 비과세수입	
	17	면세수익	
	18	과세대상소득감면	
	19	감면세항목 소득	
	20	추가공제	
	21	과세소득공제	
	22	추가: 해외과세소득경내손실전보	
	23	납세조정후소득(13+14-15+22)	
	24	차감: 이전년도손실전보	
	25	과세표준(23-24)	
과세액계산	26	세율(25%)	
	27	과세액(25×26)	
	28	차감: 감면소득세액공제	
	29	차감소득세액공제	
	30	(실제) 납세액(27-28-29)	

과세액계산	31	추가: 해외소득과세소득세액	
	32	차감: 해외소득차감소득세액	
	33	(해외,경내)실제납세소득세액(30+31-32)	
	34	차감: 당해년도누계실제예납소득세액	
	35	그 중: 종합납세한총기구분담예납세액	
	36	종합납세총기구재정창고예납세액	
	37	종합납세총기구소속분지기구분담예납세액	
	38	합병납세(모자체제)구성원기업현지예납비율	
	39	합병납세기업현지예납소득세액	
	40	당해년도보충(환급)소득세액(33-34)	
부가자료	41	이전년도 과다납부한 소득세액 당해년도 저감액	
	42	이전년도 미납한 당해년도 입고소득세액	

(출처: www.tax.sh.gov.cn)

이 박사: 기업소득세 연도납세 신고표를 보면 크게 4가지 항목으로 나뉩니다. 이윤총액계산, 과세표준계산, 과세액계산 그리고 부가자료입니다. 이윤총액계산은 중국의 국가통일회계제도하의 계산에 근거하여 작성하는데 기업회계준칙을 실행하는 납세인이면 손익계산서에서 바로 숫자를 가져오면 된다고 합니다. 그래서 이 부분이 바로 손익계산서라고 보면 되겠습니다.

제이: 어? 정말 손익계산서와 같네요.

이 박사: 그렇지요? 순서대로 차감해서 이익총액을 구하고 있습니다. 그런데 회계상 이익과 세무상 이익은 다릅니다. 다들 손익계산서상 당기순이익에 세율을 곱하면 세금이 계산된다고 생각하기 쉬

운데 위 표에서 보듯이 조정과정을 거칩니다.

제이: 회계상 이익과 세무상 이익이 다르다고요?

이 박사: 네, 언뜻 이해가 어려울 수 있는데요. 중국에서 접대비를 한번 살펴보겠습니다. 예를 들어 접대비가 100이 발생했으면 회계상으로는 100만큼을 다 비용으로 계상합니다. 그런데 중국 세법 규정상 발생비용의 60%만 손금 인정이 됩니다. 나머지 40%는 비용으로 봐 주지 않는다는 것이지요.

심 대리: 그럼 어떻게 합니까?

이 박사: 그래서 나머지 40%를 다시 되돌리는 작업을 하는 것입니다. 세무상 이익을 계산할 때에는 비용으로 인정하지 않고 다시 빼버리는 것이지요. 이러한 작업을 세무조정이라고 합니다.

로이: 그런데 왜 60%만 인정해 주나요?

제이: 접대비를 쓸 때는 본인도 먹고 상대방도 먹는데 대접하는 상대방이 좀 더 드실 테니 60%만 인정하는 것 아닐까?

로이: 설마 그런 이유에서일까?

제이: 농담이야, 농담.

이 박사: 제이가 엉뚱한 소리를 했습니다만 하여간 그렇게 기억하는 것도 재미있네요. 이것도 사실 과거에는 100% 차감해 주던 것이 60% 차감으로 변경된 것입니다. 비용 차감의 기준이 있는 대표적인 비용 몇 가지 살펴보겠습니다. [표 5]

또한, 건축물이나 생산설비 등의 감가상각을 세법 규정보다 빠르게 할 경우에도 세법 규정에 맞춰서 조정하게 됩니다. 예를 들어 생산설비의 상각 기간이 5년일 때, 설비가격이 1,000이면 매년 200씩

[표 5] 세무비용한도 예시

차감항목	차감표준
직공복리비	급여총액의 14%를 초과하지 않는 범위 내에서 차감 가능
공회비	급여총액의 2%를 초과하지 않는 범위 내에서 차감 가능
직공교육경비	일반적으로 급여총액의 2.5%를 초과하지 않는 범위 내에서 차감 가능
접대비	실제 발생액의 60%를 차감. 그러나 해당연도 매출(영업)액의 0.5%를 한도로 차감 가능 (비즈니스 접대와 개인소비를 실무상 분간하기 어렵기 때문에 전액 차감을 하지 않음)
공익성 기부지출	해당연도 이익총액의 12% 한도 내에서 차감 가능
광고비 및 업무선전비	해당연도 매출(영업)액의 15%를 초과하지 않는 범위 내에서 차감 가능

(출처: 기업소득세법 및 기업소득세법 실시조례)

상각할 것입니다. 그런데 생산설비의 세무상 최저 감가상각 연한은 10년입니다. 즉, 1,000이라는 설비가격을 10년에 걸쳐서 상각해야 한다는 것입니다. 매년 200이 아닌 100씩 상각이 이루어지는 것이지요.

제이: 박사님, 죄송하지만 제가 정확히 이해하지 못해서 그러는데, 좀 더 자세히 설명해 주시면 좋겠습니다. 설비가격이 1,000인데 왜 200씩 상각하는지도 잘 모르겠어요.

이 박사: 좋습니다. 제가 설명이 부족했어요. 보통 감가상각이라는 말을 생활 속에서도 많이 합니다. 예를 들어 자동차를 구매해서 2년 간 탔는데 중고차로 되팔려고 하면 감가상각분만큼을 고려해서 중고 자동차 가격이 결정된다고 말을 하지요.

제이: 네, 그건 이해가 갑니다.

이 박사: 한 가지 질문! 현금 1,000을 주고 생산설비를 구입했다고 합시다. 재무상태표의 왼쪽과 오른쪽에 어떤 변화가 있을까요?

제이: 음, 오른쪽은 변화가 없이 동일하고 왼쪽만 변화가 있을 것 같아요. 자산의 성질만 변했으니까요. 현금에서 고정자산으로요. 현금이 1,000이 감소하고 고정자산이 1,000만큼 늘겠네요.

이 박사: 훌륭합니다. 이제 재무상태표는 다 이해했네요. 단순하게 생각합시다. 생산에 필요한 설비를 사는데 설비 가격이 1,000이라고 합시다. 그런데 이 설비를 5년간 쓸 수 있다고 해요. 그러면 사실 이 설비의 사용 기간인 5년 동안 매년 200의 설비 비용이 지출되는 것으로 봐야 정확하지요. 올해에 설비를 구입했다고 올해에 1,000을 다 비용으로 계상해 버리고 그다음 해부터 4년간은 설비지출이 없다고 하면 회사의 수익과 비용을 정확히 반영하는 것이 아닐 것입니다. 만일 올해 수익이 많이 날 것 같으면 비싼 설비를 구입해서 다 비용으로 처리해 버리면 세금을 내지 않아도 된다는 생각도 할 수 있겠네요. 그래서 설비의 상각 기간이 5년일 경우 5년에 걸쳐 나눠서 비용으로 인식합니다. 이해가 가나요? 오! 참고로 설비와 같은 유형자산의 상각은 영어로 Depreciation, 중국어로는 절구(折旧, ZhéJiù)라고 합니다. 그리고 특허권, 상표권 등의 무형자산 상각은 영어로는 Amortization이라 하고 중국어로는 탄소(摊销, TànXiao)라고 합니다.

제이: 네~. 그러니까 200이 상각된다고 200만큼 현금 지출이 있는 것이 아니라는 말씀이신 것이죠? 설비를 구입할 경우 현금자산이 고정자산으로 바뀌어 소유하고 있는 것이며, 상각은 사용연수(使

用年數)에 걸쳐서 나누어 비용화하는 것에 불과한 것이고요.

이 박사: 그렇습니다. 자, 이제 상각의 의미를 알았으니 그럼 자료가 주어진다면 EBITDA 계산을 할 수 있을까요?

제이: EBITDA요?

제이는 이 용어도 많이 들었지만 정확히 이해하지 못하고 있었기에 먼저 용어의 의미를 알아야 했다. 제이는 이 박사에게 질문하는 대신 핸드폰으로 재빨리 EBITDA를 검색해 보았다.

제이: EBITDA는 Earnings Before Interest, Taxes, Depreciation and Amortization의 약자네요. 할 수 있습니다. 손익계산서에 대해서도 이미 배웠고, EBITDA는 이자, 세금, 상각비용을 차감하기 전 수익이니, 숫자만 있으면 계산할 수 있습니다.

제이가 자신 있게 대답했다.

이 박사: 아주 좋습니다. 그런 태도면 됩니다. 이제 모르는 용어라도 미리 겁먹지 말고 찬찬히 살펴볼 수 있겠죠?

일동: 네!

이 박사: 이제 세무상 상각을 알아보겠습니다. 세무상 상각 연한은 회계상 상각 연한과 다를 수 있습니다. 다음 [표 6]을 확인하면 생산 설비의 경우 최저 감가상각 연한이 10년이네요. 그렇다면 세무상으로는 매년 100씩 10년에 걸쳐서 상각해야 한다는 것이지요. 이것이 세무조정입니다. 이 경우 한도를 넘는 금액을 비용으로 처리 못 하는 접대비 등과는 달리 결국은 1,000이 다 비용으로 처리가 됩니다. 다만, 빨리 다 비용으로 처리하느냐 더 길게 나눠서 처리하느냐의 시간 차이(timing difference)의 문제입니다.

[표 6] 고정자산 최저 감가상각 연한

1. 방, 건축물 20년
2. 비행기, 기차, 선박, 기기, 기계 및 기타 생산설비 10년
3. 생산경영활동과 관련있는 기구, 공구, 가구 등 5년
4. 비행기, 기차, 선박 외의 운송수단 4년
5. 전자설비 3년

(출처: 기업소득세법 실시조례 60조)

이 박사: 이렇게 과세표준계산의 조정으로, 회계상 이익을 세무상 이익으로 바꾸는 작업을 합니다. 그게 바로 위 기업소득세 연도신고표의 두 번째 항목인 '과세표준계산'에 있습니다.

일동: 네……

이 박사: 그리고 나서 분기별 이미 납부한 세금 등을 고려하여 그 해에 추가 납부해야 하거나 환급해야 할 세액을 계산하는 것이 세 번째 '과세액계산' 항목에 있는 사항입니다. 연도신고표의 흐름을 이해하는 것으로 족합니다. 신고는 관리팀에서 다 알아서 할 것이나 그러한 손익 계산과 세금 계산의 흐름 정도는 알고 있는 것이 좋겠지요?

일동: 네~!

가치사슬의 이해 – 숲을 먼저 알고 나무를 본다
- 전체적인 흐름을 큰 틀에서 개괄적으로 이해
- 그 흐름 안에서 각 부문을 이해
- 새로운 경제 생태계에 대한 이해와 고민
- 마이클 포터의 가치사슬 참고

사슬의 강도는 가장 약한 연결고리의 강도로 결정된다
- 부서간 유기적 연결을 통한 효율성 극대화가 중요
- 명확하고 투명한 소통을 하라

재무회계
- 재무상태표에 대한 이해
- 재무상태표 vs. 손익계산서 – 특정시점과 일정기간의 차이
- 비율을 뽑아 비교하자! – ROE, ROA, PER, 듀퐁 분석 등등

관리회계
- 경영자 등 기업내부 구성원의 의사결정을 지원
- 미래예측 정보 등 다양한 정보 원천
- 법률이나 회계기준 등과 별개
- 중국 기업소득세 납부신고서, 세무조정과 상각연한을 기억하자.

케이스
동네 구두공방
- 재료 구입 (구매) → 창고 저장 (유입 물류) → 구두 제조 (생산) → 전시, 제품 소개 및 프로모션 (마케팅) → 직원 채용 (인사) → 제품 설명, 판매 (판매) → 배달 (유출 물류) → 수선 (서비스) → 좋은 제품을 만들려고 지속적 노력 (기술 개발) → 제품 이상시 보상이나 교환 (인프라)
- 비즈니스가 복잡하다고 생각해서 전체 흐름을 잊고 있지는 않은가. 숲을 보자.

가족오락관
- 특징을 잡아서 설명하기가 어렵다. (상대방과의 동일한 이해가 전제조건)

- 몸짓만 보고 그대로 전달한다. (전달의 중요성, 요약통역의 오류)

시장의 공격적 확대는 통제범위를 벗어날 수 있다는 위험관리 측면의 고려가 필요하다.
중국시장 초창기에 현금거래와 외상거래로 전략이 달랐던 A사와 B사의 비교

3장_

개인소득세

1 / 김 부장의 출장

김 부장: 자네 지금 우리가 얼마나 애쓰고 있는지 알기나 하나? 왜 자꾸 일정을 언제 마무리하냐고 재촉하는 거야?

옆 사무실에서 갑자기 고성이 터졌다. 상당히 격앙된 목소리다 보니 주위에 있던 사람들이 웅성거리며 금세 몰려들었다.

심 대리: 무슨 일이지? 내가 가 볼게.

심 대리가 옆방으로 달려가고 로이도 잽싸게 쫓아 나갔다.

심 대리: 어! 김 부장님이시잖아?

로이: 아시는 분이세요?

심 대리: 응, 한국 본사 기술지원팀의 수석 부장님이셔.

김 부장은 기분이 많이 언짢은 표정으로 '북경 공장' 현지법인의 직원에게 쏘아붙이고 있었다. '북경 공장'의 현지 직원은 갑작스러운 고성에 깜짝 놀라 난감한 표정이었다. 현지 직원의 표정이 맘에 안 들었는지 김 부장은 더더욱 화가 나는 기세였고, 현지 직원은 몰려

드는 사람들을 보더니 차라리 잘됐다는 듯 김 부장 말이 끝나기만을 기다리고 있었다. 다들 김 부장 눈치만 보며 소근거리고 있는데 심 대리가 천연덕스럽게 김 부장에게 반가운 척 인사를 건넸다.

심 대리: 아유, 김 부장님, 안녕하세요? 오랜만에 뵙네요.

김 부장: 어~, 이게 누군가. 심 대리 아냐? 이렇게 중국에서 다 보고 말이야.

아는 사람을 만난 김 부장은 아군을 얻은 듯 평소보다 더 반갑게 큰소리로 심 대리에게 인사를 했다.

심 대리: 그러게요. 워낙 바쁘시니까 얼굴 뵙기도 힘든데 이렇게 중국에서 뵙네요?

심 대리도 평소 모습과 달리 너스레를 떨었다. 로이는 심 대리의 저런 모습을 본 적이 없었고 평소의 진중한 모습과는 달랐던 터라 웃음이 터져 나올 뻔했다.

심 대리: 그런데 여기 북경에는 무슨 일이세요?

김 부장: 나야 기술 담당이니까 출장 다니는 게 일이지. 내 손길 안 거치고 완성되는 생산라인 본 적 있어? 하하하.

본인이 대단한 사람이라는 것을 현지 직원이 들으라는 듯 큰소리로 웃었다.

김 부장: 이번에 라인 증설이 있어서 말이야. 기술지도 출장 나왔어.

심 대리: 네, 역시 부장님이 계시니까 든든합니다.

김 부장 손은 아니라는 듯 좌우로 겸손히 흔들면서도 어깨를 으쓱거리는 것이 자부심이 보였다.

사실 김 부장 대단한 사람이다. 부지런하고 업무 확실하고. 기술

쪽 차기 임원감 아닌가.

심 대리: 아니 그런데 무슨 일로 이렇게 흥분하셨어요?

김 부장은 마침 잘 만났다는 듯이 말을 쏟아냈다. 하소연할 상대가 나타난 듯했다.

김 부장: 여기 있는 이 친구가 말이야, 내게 중국의 개인소득세 문제가 있을 수 있다는 등 운운하면서 자꾸 증설 기술지도가 언제 끝나는지 꼬치꼬치 캐묻지 않나.

현지 직원: 지난번에도 그달에 마무리하실 수 있다고 하시더니 말씀하신 날짜보다 2달이나 더 지났잖아요. 그래서 언제쯤 끝날지 여쭈어 본 것이 뭐가 그렇게 잘못됐습니까?

현지 직원도 지지 않았다.

김 부장: 일을 하다 보면 업무가 늘어나기도 하지. 완벽히 하기 위해서 작업을 더 하는 것이지 누구는 가족과 떨어져 주말도 다 반납하고 이렇게 일하고 싶은 줄 알아? 당신이 이 프로젝트의 중요성과 어려움을 알기나 해?

흥분한 김 부장은 현지 직원이 대답하려는 찰나 말을 가로막으며 계속 이야기를 이어갔다.

김 부장: 정말 기가 막혀서. 내가 급여를 받을 때 세금은 회사에서 이미 다 떼고 주잖아. 그 뭐라고 하더라? 그래. 그, 그 원천징수. 회사에서 원천징수 다 하고 나서 준다고. 나야말로 봉급쟁이 유리 봉투고 이렇게 성실히 납부하고 있는데 세금 이슈가 있다니 화가 나지 않겠어? 그리고 말 나온 김에 말이지 한국에서 다 냈는데 뭘 또 중국에 내라는 거야. 내가 봉이야?

김 부장은 분을 삭이지 못했는지 평소에는 사용하지 않던 용어들도 써 가며 말을 뱉어냈다.

심 대리: 이게 어떻게 된 일이죠?

심 대리는 감정이 상하기 전에 빨리 상황을 파악해야겠다는 생각이 들어 현지 직원에게 공손히 물었다. 본인은 한국 본사에서 연수지원 차 나온 누구라는 친절한 소개도 잊지 않았다.

현지 직원은 아무 말 없이 입을 꽉 다물고 있다가 한참 후에나 억울함을 표현하듯 코를 벌름거리며 말문을 열었다.

현지 직원: 도대체 설명을 들으려고 하지도 않고 화부터 내시니 어떻게 이야기가 되겠어요? 저한테 이야기 듣고 싶어 하지 않으시니 돌아가서 찾아보시든지 하겠죠. 회사를 위해서 본인을 위해서 말씀드리는 것이지, 왜 괜히 혼나면서 여러 번 묻겠어요? 하여간 전 이미 말씀드렸어요.

김 부장: 저,저,저, 말 뽄새 하고는.

퉁명스러운 태도가 마음에 안 들었는지 김 부장은 화가 더 치미는 것 같이 숨을 몰아쉬며 손을 빗 삼아 머리를 자꾸 뒤로 넘기고 있다. 화를 삭이려는 김 부장의 방법 같았다. 심 대리는 이런 상황이 너무 싫었다. 왜 맨날 다 큰 어른끼리 차분히 이야기하지 않고 화부터 내는지. 특히 중간에 끼일 때는 정말 어떻게 처신할지 난처했다.

심 대리: 자자, 다들 열심히 자기 일 하고 계시는데 뭔가 오해가 있는 것 같으니 좀 자세히 상황을 알고 이야기하시면 좋을 것 같습니다.

심 대리는 심드렁한 현지 직원을 달래서 이 박사와 일행이 있는 방으로 데려가며 대화를 요청했다. 사실 본인도 들어 봐야 판단이 어려운 상황이니 이 박사의 도움이 필요했다. 이렇게 행동하는 자신이 마음에 들지는 않았지만 중국 내 그룹사 문제를 파악해야 하는데 지식은 부족하고 달리 어쩔 수 없었다. 미안하지만 이 박사 도움을 받으라고 본사에서도 말한 것이니 적극적으로 도움을 받는 것이 맞는다며 자신을 위로했다.

현지 직원도 상당히 흥분한 상태라 심 대리는 일단 이 박사가 있는 옆 사무실로 데려가 앉힌 뒤 커피를 타 주며 차분히 현지 직원을 가라앉혔다. 커피를 다 마실 때까지 기다렸다가 그제야 가벼운 이야기로 대화를 시작했다. 현지 직원은 차 대리라고 했고 북경법인 설립 시부터 쭉 일해 왔다고 했다.

일의 발단은 이랬다. 최근에 북경 공장의 생산라인을 증설하면서 본사 기술지원팀의 지원이 필요했다. 그렇다 보니 베테랑 김 부장이 중국에 파견되어 업무 지원을 하였다. 원래 김 부장과 그 팀의 파견을 3개월로 예상했는데 살펴보다 보니 이런저런 추가 작업이 필요했고 자재도 제때에 납품되지 않아 조금씩 늦어지는 바람에 예정보다 길어져 5개월째에 접어들고 있었다. 김 부장은 최근 5개월 동안 3번 주말에 한국을 찾아 가족을 보고 온 것 말고는 주중이든 주말이든 계속 현장을 지키고 있었다. 김 부장은 김 부장대로 예상보다 늦어진 공기 때문에 공사일정을 조금이라도 앞당기기 위하여 많은 스트레스를 견디며 일하고 있는데 한참 후배인 대리가 진도를 점검한다고 생각하니 화가 치밀어 올랐던 것이다. 현지 직원은 한국 본사와 김 부장의 세무 이슈 위험에 대하여 김 부장을 찾아 미리 알려 주고자 이야기를 한 것인데 김 부장이 대뜸 화부터 낸 것이었다. 현지 직원 입장에서는 김 부장이 수고하는 것을 인정하지 않는 것도 아니고 친절하게 주의사항을 전달하려고 하다가 도리어 쏘아붙임을 당하니 기분이 많이 상해 있었다. 사실 차 대리는 기술 쪽 인력도 아닌데 무엇을 알고 일정을 재촉하겠는가 싶었다. 아무래도 업무 압박감이 심하다 보니 김 부장이 필요 이상으로 반응했다는 생각이 들었다.

이 박사: 이런, 차 대리가 고생했네요. 김 부장에게는 차 대리의 의도를 잘 전달해 줄 테니 걱정하지 마십시오. 일하다 보면 이런저런 오해들이 생깁니다. 차 대리처럼 세세하게 챙겨주는 직원이 있으니 북경 공장은 걱정 없어 보이네요.

옆에서 이야기를 듣고 있던 이 박사가 차 대리에게 따뜻하게 말을 건네며 추켜세웠다.

이 박사가 이해한다고 하니 차 대리도 아까 퉁명스러웠던 것이 미안해졌다.

차 대리: 죄송합니다. 좀 억울하기도 해서요. 퉁명스럽게 대답한 것에 대해서 저도 제가 잘했다는 생각은 아닙니다. 그러나 제가 김 부장님 부서의 아래 사람도 아닌데 직급이 낮고 본인보다 나이가 어리다고 이야기도 다 듣지 않고 함부로 하는 것 같아서 저도 화가 났습니다.

이 박사: 아닙니다. 차 대리 말처럼 김 부장이 실수했네요. 빨리 마무리해야 한다는 압박이 크기는 하겠지만 공기가 지연된 것이 차 대

리 때문은 아니잖아요. 차 대리에게 그럴 일은 아니지요. 제가 김 부장에게 상황을 설명할 테니 걱정하지 말아요.

이 박사가 예의 없이 거칠게 이야기한 적은 한 번도 없지만 반대로 이렇게 부드럽게 말하는 것도 본 적이 없는 터라 심 대리, 제이와 로이 모두 서로의 눈치를 살피면서 '왜 그러지?' 하는 표정을 나누었다.

이 박사: 자, 심 대리가 타 준 커피 마시고 기분 가라앉히세요. 엄밀히 이야기하면 본사 관리팀에서 좀 더 신경을 썼어야 하는데 이렇게 챙겨준 차 대리가 고맙습니다.

차 대리는 고맙다는 말까지 해 가면서 계속 자기편을 들어준 이 박사 때문인지 많이 누그러져서 본인도 김 부장 입장이 이해가 간다며 꾸벅 인사를 하고는 자리로 돌아갔다.

심 대리: 그런데 제가 아직 문제 파악을 못 했습니다만.

이 박사: 심 대리, 일단 우리도 커피 한잔할까요? 커피 타임 뒤에 오늘 김 부장과 차 대리 사이에 있었던 문제를 주제로 이야기해 봅시다.

이 박사는 막 내린 커피 한 잔을 가지고 오더니 한 모금을 머금고 오랫동안 향을 음미하고 있었다.

이 박사: 어? 미안. 내가 내 것만 가지고 왔나요?

심 대리: 아닙니다. 저희는 조금 있다가 마시려고요.

개념 정의의 중요성 $\diagup 2$

심 대리: 오늘 주제를 개인소득세로 하실 생각이시죠?

심 대리가 묻자 이 박사가 빙그레 웃기만 하고 대답이 없었다.

심 대리: 다름 아니고, 아까 김 부장이 한 말이 생각나서요. 사실 본사의 영업담당 부장도 중국에 출장이 가끔 있습니다. 그렇다 보니 출장 시에 항상 북경법인을 방문하는데 중국 자회사 현지 직원이 개인소득세 문제가 있을 수 있으니 체크해 보라고 했다는 거예요. 영업부장은 '급여도 다 한국 본사에서 받고, 한국 본사 일로 중국에 출장을 가는데 무슨 말도 안 되는 소리냐?'라고 이야기했답니다. 그렇지만 중국 출입국 시 계속 마음에 걸렸던지 확실하게 하는 것이 좋겠다고 생각하고 저에게 확인을 부탁하더라고요. 그런데 영업부장이 말한 것이 방금 김 부장이 말한 것하고 정확히 같은 거예요. 그래서 오늘 말씀해 주실 주제가 아니더라도 이 부분을 박사님께 정확히 확인하고 싶었습니다.

이 박사: 안 그래도 오늘과 내일 이틀에 걸쳐서 개인소득세를 설명할 예정이었습니다. 마침 라인 증설을 위해 나온 김 부장과 심 대리가 이야기하는 영업부장의 실제 사례를 맞닥뜨리니 설명하기가 용이하겠습니다. 영업부장은 중국 자회사 직원이 이야기한 것처럼 개인소득세 문제가 야기될 수 있습니다. 구분하자면 두 가지 상황에서 개인소득세 문제가 생길 수 있죠. 하나는 중국 내 출장 기간이 세금을 내지 않아도 되는 규정 한도 기간보다 길어져서 개인소득세 신고 납부 의무가 생기는 경우입니다. 또 하나는 고정사업장 구성에 따라 개인소득세 문제가 생기는 경우입니다.

제이: 고정사업장이요?

이 박사: 고정사업장 구성에 따른다는 것은 뒤에 따로 설명할 기회가 있을 것입니다. 그러니 일단 규정 한도 기간을 초과하여 개인소득세 문제가 생기는 경우를 이야기해 봅시다. 개인소득세는 각 개인의 문제이기도 하다 보니 관리나 인사부서에 근무하지 않더라도 모두들 관심이 많고 설명에 대한 이해도 빠른 편입니다. 개인소득세 관련해서 이해해야 할 몇 가지 중요한 개념들이 있습니다. 이것은 나중에 다른 사안을 이해하는 데에도 많은 도움이 될 테니 먼저 이 개념들을 확인하고 가겠습니다.

일동: 네 알겠습니다.

이 박사: 다시 한번 강조하지만 기본 개념에 대한 이해는 아주 중요합니다. 실력을 쌓으려면 기초가 튼튼해야 하는데 기본적인 개념에 대한 이해가 바로 그 기초입니다. 그래서 이틀이나 할애해서 개인소득세의 기본 개념을 설명하려는 것입니다.

이 박사는 기초의 중요성을 한참이나 강조한 후에 설명을 시작했다.

이 박사: 일단 중국 내 주소 유무부터 알아봅시다. 제일 중요한 개념 중의 하나가 거주자와 비거주자입니다. 개인소득세 납세 의무자는 '주소가 있는지 여부'와 '중국 내에 거주하는 기간'이라는 두 가지 사실관계를 보고 판단하여 거주자와 비거주자로 구분합니다.

중요한 개념을 설명하겠다는 이 박사의 말 때문인지 모두들 숨을 죽이고 이 박사의 말을 경청하고 있는 가운데 제이가 갑자기 질문을 했다.

제이: 주소가 없는 경우도 있나요? 어디에 살든 주소는 다 있잖아요.

이 박사: 좋은 질문입니다. 개인소득세 규정상 주소라 하는 것은 우리가 보통 이야기하는 주소와는 다른 개념이에요. 중국에 주소가 있다고 하는 것은 주거 등록, 가족, 경제적 이익으로 인해서 습관적으로 중국 내에 거주하는 경우를 말합니다.

제이: 습관적 거주요?

제이는 거주라는 것도 습관이 있나 싶었다.

이 박사: 표현이 생소하지요? 습관적으로 거주한다는 것은 실제 지금 거주를 하고 있느냐 여부로 판단하는 문제가 아니에요. 공부하거나, 일하거나, 가족이나 친지를 방문하거나 혹은 여행을 하기 위하여 중국이 아닌 다른 나라에 거주하고 있다 하더라도 앞에 말한 목적들, 즉 공부를 마치거나, 일이 끝나거나 여행을 마치고 나서 종국적으로는 중국으로 돌아와야 하는 사람들이라면 중국에 습관적으로 거주한다고 표현합니다. 일반적으로 중국 국민이 여기에 해당할

것이고 이러한 습관적 거주를 하는 경우에 중국 내에 주소가 있다고 보는 것이죠.

심 대리: 그럼 김 부장님의 경우에는 지금 잠시 중국에서 일하고 있다 하더라도 이번 업무만 끝나면 돌아갈 테니 주소가 없는 것이겠네요?

이 박사: 그렇습니다. 이해가 아주 빠르군요. 따라서 김 부장처럼 단기간 출장으로 중국을 방문하는 사람뿐만 아니라 북경이나 천진 공장 등 중국 내 자회사에 주재원으로 파견 나와서 근무하고 있는 외국인 직원들도 중국 내에는 주소가 없는 것으로 생각하면 됩니다. 단기 출장인 경우 호텔에 묵겠지만 3~4년 기간으로 가족과 함께 파견 나오는 주재원들은 아파트 등을 얻어서 살겠지요. 3~4년의 기간을 호텔에서 지낼 수는 없으니까요. 그러나 현재 중국에 사는 아파트 등의 거주할 집이 있고 각종 서류에 그 사는 주소를 적을 수 있다고 해서 중국 내 주소가 있다고 보는 것이 아님을 기억하면 좋겠습니다.

이 박사는 말을 이었다.

이 박사: 모든 국가에는 유사한 개념들이 있고 이러한 정의를 통하여 판단합니다. 거듭 강조하지만 어떻게 정의하였느냐가 중요합니다. 한국의 경우를 살펴볼까요? 한국의 경우는 생계를 같이 하는 가족이 있는지 및 한국 내 소재하는 자산이 있는지 등 생활관계의 객관적 사실에 따라서 주소가 있는지를 결정합니다. 한국에 거주하는 사람이, 183일 이상 계속 한국에 거주할 것을 일반적으로 필요로 하는 직업을 가졌다면 이 역시 한국에 주소를 가진 것으로 봅니다.

또한 한국에 거주하는 사람이 한국에 생계를 같이 하는 가족이 있고, 직업이나 자산의 상태를 볼 때 183일 이상 한국에 거주할 것으로 인정되는 때에는 한국에 주소를 가진 것으로 봅니다. 따라서 한국에서는 생활관계의 객관성이 주소 판정의 중요한 기준이 되고 있어요. 과거에는 1년으로 규정했었는데 거주자 판정기준의 강화 및 대부분의 OECD 국가 기준을 고려하여 2015년 2월에 183일로 개정되었습니다.

심 대리: 주소라는 것 하나도 이렇게 복잡하다니 얼마나 어려운 이야기를 하시려고 하나 갑자기 겁이 덜컥 나는데요.

이 박사: 걱정하지 마세요. 어렵지 않습니다. 각 나라마다 유사하지만 조금씩 다르게 개념을 정의하고 있을 뿐입니다. 이러한 전문적인 사항은 결국 진출하려는 해외의 해당 국가 전문가와 협의하고 판단하면 될 것이니 걱정하지 않아도 됩니다. 일단 여기에서는 주소유무 판정이 중요하다는 것만 기억하면 됩니다.

제이: '김 부장과 다른 주재원들은 중국에 주소가 없다'라고 말이죠?

이 박사: 후후후. 그렇습니다. 덧붙여 '개념의 정의'를 좀 더 이야기하겠습니다.

이 박사는 갑자기 일어나 앞의 화이트보드에 '3+3='이라고 적었다. 뒤를 돌아보고 씩 웃은 뒤에 제이를 향해 말했다.

이 박사: 자, 제이가 이 답을 말해 주겠어요?

제이: 네?

또다시 당황한 제이가 답을 머뭇거리자 이 쉬운 것도 모르냐고 이 박사가 놀렸다.

제이: 아니, 그게 아니고……. 6이요.

이 박사: 네. 맞습니다. 왜 6이죠?

제이: 네? 그게 3+3이니까 당연히 6이죠.

이 박사: 왜 당연할까요?

또 이 박사의 트릭에 걸려든 것 같아서 제이는 난감할 뿐이었다.

이 박사: 우리가 그냥 받아들이고 있는 것이지만 우리는 '+'를 두 개의 숫자를 더한다고 정의를 한 것이고 이 정의를 모두 잘 알고 있으므로 아무 거부감 없이 무의식적으로 두 개의 숫자를 더한 것입니다. 만일 지금부터는 ＊를 '더한다'로 정의하고 사용하기로 한다면 '6=3 빈칸 3'이라는 식에서 빈칸의 답을 ＊로 채워야 할 것입니다. 맞나요?

조금은 싱거운 질문이지만 개념 정의의 중요성에 대한 설명이라 이해했다.

이 박사: 왜 이런 질문을 하나 의아했을 텐데 사실 굉장히 중요합니다. 용어는 나라마다 다르게 개념을 정의할 수 있고 우리는 그 정의한 개념을 잘 이해하고 그에 따라 생각하면 되는 것입니다. 중요한 것은 이러한 개념의 차이가 큰 결과의 차이를 만든다는 것입니다.

심 대리와 제이는 아직 이 박사의 말이 정확히 이해가 가지 않았다. 개념의 정의가 무슨 차이를 만든단 말인가?

로이: 아!

갑자기 로이의 탄성이 흘러나왔다. 무엇인가 깨달았다는 뜻이었다.

이 박사: 내 말을 이해한 것 같으니 로이가 이어서 설명을 좀 해 볼까요?

로이: 네. 그게…….

제이는 로이가 뜸을 들이는 것을 보니 확실하게 이해한 것이 분명하다는 생각이 들었다.

로이: 갑자기 더블 아이리쉬 설명해 주신 것이 생각났어요. 아일랜드 세법상 거주자라 함은 아일랜드에서 관리와 통제가 이루어지는 회사(any company whose business is managed and controlled in Ireland)를 의미한다고 하셨잖아요? 거주자가 무엇인지는 어려운 문제니까 나중에 이야기해 주신다고 했는데.

로이는 노트를 뒤적이며 이야기를 이었다. 이 박사가 이야기한 내용은 모두 적어 놓았고 특히 나중에 이야기하겠다고 한 사항들을 따로 분리해서 적어 놓았다.

로이: 하여간 거주자의 의미는 잘 모르겠지만 실질적인 관리 장소에 따라서 거주자를 판단하는 것이니까 아일랜드에서 실질적인 관리가 이루어지지 않으면 아일랜드의 거주자가 아니라고 말씀하셨어요. 즉, 아일랜드 법인에서 모든 로열티 수익을 벌어들이고 있음에도 불구하고 '실질적인 관리 장소'라는 정의를 만족하지 않도록 함으로써 아일랜드에서 법인세를 내지 않도록 구조가 설계된 것이지요. 그리고 그것을 가능하도록 한 것이 바로 지금 말씀하신 '개념의 정의'의 차이를 활용한 것이고요.

이 박사는 말없이 심 대리와 제이를 번갈아 쳐다보았다. 이해를 했는지 눈빛으로 묻는 제스처였다. 더 이상 보충 설명할 필요가 없

다고 느껴졌는지 이 박사는 다시 커피 한 모금을 천천히 들이켜면서
웃었다.

거주자와 비거주자 3

이 박사: 그럼 이제 나중에 설명하겠다고 한 그 거주자와 비거주자에 관해서 이야기를 시작해 볼까요? 간단히 설명하면 중국 내에 주소가 있는 개인이나 혹은 주소는 없지만 중국 내에 만 1년을 거주한 개인은 세법상 거주자로 판단합니다. 이미 예상했겠지만 거주자와 비거주자를 구분하는 것은 이 구분에 따라서 서로 다른 납세 의무를 부담하기 때문입니다. 즉, 그 구분의 실질적인 이익이 존재한다는 것이죠.

제이: 앞서 말씀하시면서 우리 회사의 출장자나 주재원은 중국 내에 주소가 없다고 하셨잖아요. 그럼 만 1년을 거주하지만 않으면 거주자가 아닌 것이네요.

제이가 유독 개인소득세에 관심을 보이는 것 같았다.

이 박사: 맞습니다.

제이: 만 1년 거주라는 것이 어떤 의미인가요? 1년 내내 계속해서

중국 밖의 해외로 나가지 않고 중국 내에 머물러 있는 것인가요?

이 박사: 아닙니다. 1년 이내에 한 차례 중국을 벗어나서 30일을 초과하여 있다가 중국으로 들어왔다면 만 1년에 해당하지 않습니다. 또한, 1년 이내에 수 차례 해외로 나갔다 왔는데 그 해외체류의 누적일수가 90일을 초과한 경우에도 만 1년에 해당하지 않습니다. 반대로 이야기하면 그 경우에 해당하지 않으면 만 1년을 거주하였다고 판정하는 것이죠.

심 대리: 박사님, 아까 김 부장 옆에 있던 박 차장의 경우 2015년 2월 5일에 천진 공장으로 주재 발령을 받아서 부임해 왔어요. 그럼 이 경우는 어떻게 되는 것이죠?

이 박사: 같이 생각해 봅시다. 박 차장은 2015년 1월 1일부터 31일까지 31일, 그리고 2월 1일부터 4일까지 총 35일을 연속해서 해외에 있었으니 2015년도에는 만 1년을 거주한 것이 아닌 것이 되겠네요. 만일 박 차장이 천진법인으로 부임해 온 다음에도 해외 출장이 많아서 2016년도에 한국이나 기타 해외에 여러 차례 출장을 갔다 왔고 총 91일 이상 중국 땅을 벗어나 있었다면 2015년도에 이어서 2016년도에도 만 1년을 거주한 것이 아니게 됩니다.

심 대리: 연속해서 30일이나 누적해서 90일이라······.

이 박사: 자, 여기서 질문! 그럼 박 차장이 2016년도에 총 90일을 중국에서 벗어나 있었다면요?

제이: 90일을 초과한 것이 아니니까 만 1년을 거주한 것 아닌가요?

제이는 자신 있게 대답했다.

이 박사: 그렇습니다. 그 경우에는 2016년도에는 만 1년을 거주한

것으로 보겠죠. 여기서도 주의할 것이 '만 1년'의 정의에서 '초과'와 '이상'의 차이를 잘 구분해야 한다는 것입니다.

제이: 납세 의무 면에서 거주자와 비거주자 사이에 얼마나 차이가 있는지는 모르겠습니다만 90일을 벗어나 있으면 거주자이고 91일을 벗어나 있으면 비거주자라고 하시니 하루 차이가 큰 결과를 만들 수도 있겠네요.

로이: 그럼 날짜 계산을 잘해야 할 것 같아요.

이 박사: 후후후, 그렇습니다. 어떻게 계산해야 할까요?

다들 아무 말이 없었다.

이 박사: 쉬운 이해를 위하여 예를 들어서 다시 질문하죠. 만일 박 차장이 2016년 4월에 1박 2일짜리 출장을 15번 다녀왔다고 합시다. 즉 4월 1일에 해외에 갔다가 2일에 다시 천진으로 돌아오고, 3일에 해외에 나갔다가 4일에 돌아오고 이렇게 4월 30일까지 15번 나갔다 들어오는 것을 반복한 것이죠. 이렇게까지 출장을 다닐 일은 없으니 극단적인 예시입니다만 어디까지나 이해를 위한 것입니다. 이 경우 박 차장은 4월에 며칠이나 중국을 벗어나 있는 것으로 계산할까요?

제이: 그거야 15일 나가 있는 것 아닌가요?

제이가 싱겁다는 듯 대답했다.

이 박사: 혹시 다른 의견이 있는 사람은? 심 대리와 로이도 제이 생각에 동의합니까? 제가 보기에는 로이가 무엇인가 다른 답이 있어 보입니다만.

로이의 얼굴에서 동의하지 못하겠다는 표정을 읽은 이 박사는 로이는 분명 다른 의견이 있다고 생각했다.

로이: 음, 이상하게 들릴 것 같은데요.

역시나 한참을 뜸들인 후 로이는 기어들어가는 목소리로 말을 이었다.

로이: 혹시 0일 아닌가 싶은데요.

이 박사: 네? 그렇게 해외로 바쁘게 출장을 다녔는데 하루도 해외에 있었던 것이 아니라고요?

이 박사는 매우 놀란 목소리로 다시 질문했다. 너무 과한 반응이어서 일부러 그런다는 것이 확연히 티가 났다. 그러자 심 대리는 순간 로이가 맞을 수도 있다는 생각이 들었다. 이 박사의 반응에 놀란 로이가 아무 대답도 하지 않자 이 박사는 재차 물었다.

로이: 아, 모르겠어요. 그냥 박사님께서 하신 말씀을 들어보면 그럴 것 같았어요.

이 박사: 무슨 말?

로이: 아까 박 차장이 2월 5일에 발령이 나서 중국에 올 때를 설명해 주실 때 2월은 1일부터 4일까지 나흘만 계산하시더라고요. 중국에 들어온 날짜인 5일은 빼신 거죠.

이 박사: 그래서요?

로이: 그래서 왜 그러셨을까 생각하다가 혹시 들어온 날과 나간 날은 치지 않나 싶었던 거에요. 또 계속 중국을 벗어나 있었던 일수라고 표현을 하시니까 출국한 날과 입국한 날은 온전히 계속 중국을 벗어나 있었던 날은 아니잖아요. 그렇다고 반일로 쳐 주나 싶었다가 박 차장이 입국한 2월 5일을 반일로 치지 않으시길래 반일 계산은

없나 보다 했어요. 그런데 그렇게 계산하고 나니 0일이 나오는데 이렇게 대답하자니 영 자신이 없었어요.

이 박사 아무 말 없이 웃고 있는데 제이가 나섰다.

제이: 그러면 합리적이지 않을 것 같습니다. 4월 한 달 내내 중국에만 있었던 사람과 15번이나 해외출장을 나갔다 온 사람이 똑같이 취급 받는다는 것이요.

이 박사: 합리성의 문제는 조금 뒤에 다시 논의하도록 하고 우선 제이는 15일을 어떻게 계산한 것인지 알아볼까요? 언제 언제를 나가 있었다고 봐서 15일을 계산한 것이죠?

순간 제이는 말문이 막혔다. 깊게 생각하고 답한 것이 아니었고 계속 나갔다 들어오기를 반복하니까 단순히 반절로 본 것이었기 때문이었다. 솔직하게 이야기하는 것이 낫겠다 싶었다. 변명거리를 찾아도 이 박사에게는 통하지 않을 것이 분명했다.

제이: 사실 깊이 생각하고 대답한 것은 아니고요, 순간적으로 출국한 날과 입국한 날을 반일씩 계산한 것 같아요.

이 박사: 흠, 그렇군요. 일단 날짜 계산에 대해서 이야기를 하면 로이가 말한 대로 계산합니다. 출국한 날과 입국한 날도 모두 중국에 있었던 것으로 봅니다. 따라서 박 차장은 4월에 0일 해외에 나가 있는 것으로 보는 것이죠.

제이는 답답했다. 어차피 모르는 내용이니 답을 맞혔느냐가 중요한 문제가 아니었다. 틀리더라도 무엇인가 근사한 로직(logic)이 있었으면 좋겠는데 그런 것도 없고, 로이처럼 이 박사 말을 좀 더 귀담아 듣지 못했나 하는 생각이 드는 것도 싫었다.

이 박사: 그런데 납세 의무 유무를 결정하는 날짜 계산과 세액 산정을 위한 날짜 계산은 그 기준이 다릅니다.

심 대리: 네? 납세 의무 유무와 세액 산정의 날짜 계산은 또 무엇인가요? 헷갈립니다.

이 박사: 나중에 알아볼 개인소득세 납부 대상이 되는지 아닌지를 보는 것은 납세 의무 유무와 관련되어 있습니다. 만 1년을 판단하는 것도 이로 인해서 납세 의무의 차이가 생기므로 납세 의무 유무와 관련되지요. 그 경우 입출국 일도 중국 내 거주 일자에 포함하는 것입니다. 그게 계산원칙입니다. 그런데 개인소득세를 계산할 때에는 제이가 말한 방법처럼 계산합니다. 출국한 날과 입국한 날을 중국에 있다고 봐서 개인소득세를 다 계산하면 불합리하니 출장자의 개인소득세 계산을 할 때는 반일씩으로 계산합니다. 제이도 이슈를 잘 제기해 주었어요.

심 대리: 제이도 훌륭하네.

심 대리가 제이의 어깨를 툭툭 치면서 어깨를 감싸 주었다.

납세 의무 유무 판단 시 날짜 계산 = 입출국 일 불포함
개인소득세 산정을 위한 날짜 계산 = 입출국 일은
반일씩 계산

이 박사: 개인소득세 계산에 관해서는 주요 개념들을 다 알아본 뒤에 자세히 이야기하겠습니다.

제이: 우아, 도대체 주요 개념들이 얼마나 더 있는 것인가요?

모두 머리를 싸매고 힘든 표정을 짓는 것이 마냥 즐거운 양 이 박사는 특유의 미소를 지으며 맛있는 점심을 하라고 외치고는 자리를 떴다.

4 / 한중조세협정

점심 후 노곤함이 몰려올 때쯤 이 박사가 큰 소리로 식사는 잘 했냐고 외치며 들어왔다. 다들 큰 소리에 놀라 쳐다볼 때 이 박사는 바로 이야기를 시작했다.

이 박사: 아까 김 부장이 차 대리에게 불같이 화를 냈잖아요. 김 부장처럼 프로젝트를 위해서 중국에 나와 있는 사람들은 JK 한국 본사의 직원일까요 JK 중국 자회사의 직원일까요?

제이: 당연히 본사 소속이잖아요. 잠시 출장 나온 것이니까.

이 박사: 맞습니다. JK그룹 본사 소속이지요. 그렇다면 급여는 어디에서 지급할까요?

제이: 그것도 당연히 JK그룹 본사에서 지급하지요.

이 박사: 네, 그렇겠네요. 그럼 급여를 지급할 때 관련 개인소득세 원천징수도 본사에서 할까요?

심 대리: 네. 급여를 지급하기 위해서는 당연히 원천징수를 합니다.

이 박사는 하나씩 확인해 갔고 모두들 왜 이렇게 당연한 이야기를 하나 싶었다.

이 박사: 자, 일단 상황은 모두 이해했으니, 그럼 중국 개인소득세 관련 설명을 하기 전에 조세협정을 살펴봅시다.

제이: 또 조세협정인가요?

이 박사: 지겹나요? 그럼 이미 잘 알고 있는 듯하니 제이가 조세협정에 관해서 설명을 좀 해 주겠어요?

제이: 조세협정(tax treaty)은 이중과세방지협정(double tax avoidance agreement)이라고도 하는데 양 국가 간에 과연 어느 국가가 세금을 징수할 것인가 하는 과세권에 대한 협의입니다. 세금을 내는 납세자의 입장에서는 양국에서 중복해서 과세되는 것을 방지하기 때문에 그래서 이중과세방지협정이라고도 합니다.

로이: 조세협정은 기업뿐 아니라 개인에게도 적용되는 것인가요?

이 박사: 개인도 제이가 말한 것처럼 세금을 내는 납세자이니 해당됩니다. 한국과 중국 간의 내용은 당연히 한국과 중국이 체결한 한중조세협정을 확인하면 되는데, 김 부장과 같은 장기출장자 사례는 한중조세협정 제15조의 2항과 관련되어 있습니다. 아래 제15조 2항을 한번 살펴볼까요?

한중조세협정 제15조

1항
(생략) 고용과 관련하여 일방체약국의 거주자가 취득하는 급료, 임금 및 기타 유사한 보수에 대하여는 그 고용이 타방체약국에서 수행되지 아니하는 한, 동 일방체약국에서만 과세한다. 단, 고용이 타방체약국에서 수행되는

경우 동 고용으로부터 발생하는 보수에 대하여는 동 타방체약국에서 과세할 수 있다.

2항

제1항의 규정에도 불구하고 타방체약국 안에서 수행된 고용과 관련하여 일방체약국의 거주자가 취득하는 보수에 대하여는 다음의 경우 일방체약국에서만 과세한다.

(가) 수취인이 어느 당해 12월 기간 중 총 183일을 초과하지 아니하는 단일 기간 또는 제 기간동안 타방체약국 안에 체재하고

(나) 그 보수가 타방체약국의 거주자가 아닌 고용주에 의하여 또는 그를 대신하여 지급되며

(다) 그 보수가 타방체약국 안에 고용주가 가지고 있는 고정사업장 또는 고정시설에 의하여 부담되지 아니하는 경우

제이: 우와~, 무슨 말인지 하나도 모르겠어요. 어떻게 한글인데도 읽고도 전혀 이해가 가지 않을 수가 있죠?

제이는 조항 하나를 읽어 보았을 뿐인데 머리가 빙빙 도는 느낌이었다.

이 박사: 후후후. 평소에 쓰지 않는 용어들이니 이해가 안 가는 것이 당연해요. 찬찬히 읽어 보면 이해가 갈 텐데 너무 생소한 표현들이다 보니 이해하고 싶지 않은 방어기제가 작동했을 거예요. 조문을 이해하려고 하지 말고 그냥 무시하세요. 대신 김 부장을 예시로 하여 위 조문의 의미를 설명해 줄 테니 잘 듣도록 하세요.

이 박사는 헛기침을 한 번 하고는 말을 이었다.

이 박사: 현재 중국에 출장을 나와 있는 김 부장의 상황을 대입하여 보겠습니다. 첫째, 김 부장이 중국에서 프로젝트를 진행할 때에 중국에 183일보다 오래 머무르지 않고 그 전에 한국으로 돌아갑니

다. 둘째, 김 부장의 급여를 JK본사에서 지급합니다. 셋째, 김 부장에게 JK본사가 이미 지급한 급여를 다시 JK북경법인 등 중국 내에 있는 법인이 부담하도록 비용 전가를 하지 않습니다. 그럴 경우에는 김 부장의 개인소득세를 중국이 아닌 한국에서만 낸다는 이야기입니다. 위 한중조세협정 제15조에서 수취인은 김 부장이고 협정을 체결한 양국 중에서 일방체약국은 한국, 타방체약국은 중국입니다. 조세협정에 그렇게 대입시켜서 다시 읽어 보면 이해가 갈 것입니다.

제이: 어! 그렇네요.

제이는 그렇게 어렵던 조문이 어떻게 김 부장 사례를 대입하는 것만으로 이해가 되는지 신기했다.

로이: 음……. 박사님 말씀을 들으니 설명하신 조건을 모두 만족해야 한다는 의미로 들리네요.

이 박사: 빙고! 세 가지 조건을 모두 만족해야 합니다.

이 박사는 로이의 확인 질문들이 하나의 추임새처럼 여겨졌다. 확실히 한발 빨랐다. 로이는 이 박사가 설명한 후에 이해했는지 확인이 필요하거나 다시 한번 강조가 필요하다고 느낄 때면 어김없이 적절한 질문을 통해서 다른 두 사람의 이해를 돕고 이 박사가 설명을 통하여 전달하려는 바를 달성하도록 하고 있었다.

'비범한 친구 같아. 보통이 아니야.'

로이: 그렇다면 세 가지 조건 중에 어느 하나라도 만족하지 못한다면 중국에서 개인소득세를 납부해야 한다는 이야기인가요?

이 박사: 로이는 이해가 빠르군요.

이 박사는 아주 만족했다.

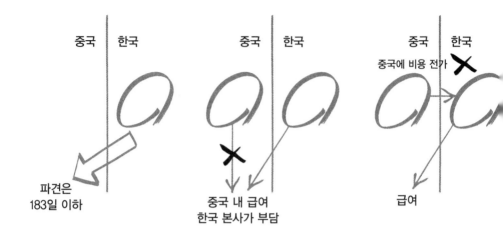

[그림 9] 세 가지 조건 중 하나라도 만족하지 않는다면 중국과세

'아! 차 대리는 이 규정을 이해하고 있었던 거야. 세 가지 조건을 모두 만족해야 중국에서 개인소득세 납부 의무가 없다는 것을 말이지. 그래서 김 부장님이 프로젝트를 마칠 때까지 얼마나 더 중국에 머무를지를 확인하려고 했었던 것이고. 내용을 모르는 김 부장은 차 대리의 이런 질문을 진행 진도 체크로 오해했던 것이지. 가뜩이나 예정보다 늦어져서 심기가 불편했을 테니까 화를 낸 것이고. 차 대리는 영문도 모른 채 당했다고 생각한 거야.'

심 대리는 이제서야 상황이 이해가 갔다.

'그런데 차 대리 말에 따르면 개인소득세 이슈가 있다고 분명히 말을 했다고 했어. 그런데도 왜 김 부장은 오해했을까? 프로젝트에 대한 스트레스가 너무 커서? 차 대리의 직급이 낮아서 무시한 것일까? 아니면 차 대리의 말을 제대로 듣지 못했던 걸까?'

생각은 꼬리를 물고 이어졌다.

'아냐 아냐. 차 대리의 말을 듣고서도 김 부장이 납득할 수 없었던 무엇인가가 있지 않았을까 싶어. 이상한 것은 이 박사님께서 말씀하시는 태도를 보면 김 부장을 높게 평가하지 않는 것 같아. 본사에서는 차기 임원감이라고 모두 인정하고 있는데 말이야.'

심 대리는 혼잣말을 하며 골똘히 생각에 잠겼다.

이 박사: 심 대리는 또 혼자만의 세계에 들어간 것 같군요. 무슨 생각을 그렇게 하고 있나요?

심 대리: 아, 아닙니다. 조금 이해가 가지 않는 부분이 있어서요. 위 세 가지가 동시에 만족해야 하는 조건이라고 하셨는데 그렇다면 김 부장의 급여를 JK본사가 지급하고 JK그룹의 중국 자회사에 전가하지 않더라도 김 부장이 183일보다 오래 중국에 있게 되면 중국에서 개인소득세를 내야 한다는 말씀이시잖아요.

이 박사: 그렇죠.

이 박사는 당연하다는 듯이 고개를 끄덕였다.

심 대리: 그런데 왜 한국에서 지급되는 월급에 관해서 중국에서 세금을 내야 하는가요? 또, 매달 월급을 지급하면서 한국에서 이미 개인소득세 원천징수가 이루어질 텐데 중국에서도 납부하라고 하면 개인은 억울할 것 같은데요.

이 박사: 좋은 질문입니다. 이 질문에 대답할 사람 없나요?

'그럼 그렇지. 이 박사님께서 언제 직접 대답해 주신 적이 있었나. 하지만 이렇게 토론으로 이어 가니까 결국 답을 얻기는 하지만 말이야.'

심 대리는 시원하게 바로 답하지 않는 이 박사가 야속했지만 이렇게 고생스럽게 토론하고 고민해서 얻은 것이 확실히 머릿속에 기억되기는 하니 마냥 서운해할 수도 없는 노릇이었다.

로이: 제 생각에는…….

로이가 다시 입을 열었다.

로이: 이 경우에도 무엇인가 손해 보지 않도록 해 주는 장치가 있지 않을까요. 조세협정이라는 것이 협정을 체결하는 양 국가 간에 과연 어느 국가가 세금을 징수할 것인가 하는 과세권에 대한 협의라고 하셨잖아요. 협의의 결과는 두 국가 중에 어느 국가가 징수한다는 것을 정하는 것이지 두 국가가 동시에 다 거둔다는 것은 아닐 것입니다. 다른 말로도 이중과세방지협정이라고 하는 것은 한 번만 납부하는 것이지 이중으로 납부하는 것은 아니잖아요. 그래서 세 가지 조건을 모두 만족시키지 못해서 중국에서 과세하게 된다면 한국에서는 과세하지 않을 것 같습니다.

심 대리: 한국에서는 매달 급여 지급 시 이미 원천징수를 하니까 이 박사님께 물어본 것이에요.

심 대리가 추가해서 설명했다.

로이: 네, 알고 있습니다. 그런데 한국에서 일하는 직장인도 세금을 많이 낸 경우 연말정산이라는 것을 통해서 환급을 받잖아요. 정확히는 모르겠습니다만 그런 식으로 균형을 맞춰주는 제도가 있을 것 같아요. 그렇지 않고서는 과세권을 확정하고 이중과세를 방지하기 위함이라는 그 조세협정을 계속해서 진행하는 데 어려움이 있을 테니까요.

심 대리는 아무 말도 하지 않았다. 로이는 신입직원이고 입사하자마자 중국에 연수 온 것이 아닌가. 정작 한국에서 직장인으로 몇 년간 근무했던 자신이 왜 연말정산 같은 예도 있는 것을 생각하지 못했는지 싶었다.

이 박사: 로이는 왜 '이 경우에도'라고 말했죠?

로이: 지난번에 기업소득세의 경우 외국납부세액공제(foreign tax credit)가 있다고 하셨잖아요. 개인이 내는 개인소득세에도 유사한 것이 있지 않을까 생각했어요.

이 박사: 그렇습니다. 여기서부터는 제가 보충해서 설명하겠습니다.

이 박사가 끼어들었다.

이 박사: 183일을 초과하는 순간에 과세권이 한국에서 중국으로 이전되게 됩니다. 그리고 로이의 말처럼 외국납부세액공제라는 것을 통해서 중국에서 세금을 납부한 증빙을 가지고 한국에 가서 이중 납부한 세금을 돌려받게 되는 것이죠. 각 국가 간에 세율이 다르므로 중국에서 낸 세금을 다 돌려받는다고 볼 수는 없습니다. 공제라는 것은 차감의 의미고 환급이라는 것은 낸 것을 돌려받는다는 의미이니 한국에서 납부할 세금 이상으로 공제를 받을 수는 없고 또한 이미 납부한 세금 이상으로 환급을 받을 수는 없지요. 따라서 납부한 세액을 최대한도로 해서 그 안에서 돌려받는다고 생각하면 되겠습니다.

모두의 이해를 이끌어 내며 이 박사가 명쾌하게 마무리하였다.

5 / 국가별 조세협정

제이: 박사님, 한중조세협정 말씀해 주실 때 문장 자체가 이해가 안 간 것도 있지만 모르는 단어도 상당히 많았어요. 거주자는 이제 대략 이해했지만 고정사업장이라는 단어도 매우 생소했고요. 참, 그리고 어느 당해 12월 기간 중이라는 말이 1년이라는 말인가요?

이 박사: 제이가 아주 날카로운 질문을 했군요. 고정사업장에 관해서는 나중에 이야기해 주겠다고 했었죠. 간단한 문제가 아니라서 따로 기회를 잡아 설명하려고 하니 일단은 고정사업장 문제는 고려하지 않겠습니다. '어느 당해 12월'의 의미는 예를 들어 보면 좀 더 쉽게 이해가 갈 것입니다. 자, 여기서 질문!

예를 들어 주신다더니 아니나 다를까 되레 질문으로 넘어왔다.

이 박사: '어느 당해 12월'의 의미를 이해하기 위해 단순화해서 이야기하겠습니다. JK그룹의 한국 본사와 미국 자회사에서 중국에 있는 프로젝트 진행을 위하여 파견을 나왔다고 가정합니다. 한국 본

사의 한국인은 2014년 10월 1일부터 2015년 4월 30일까지 출장을 마치고 돌아갔고 미국 자회사의 미국인은 2014년 8월 1일에 파견 나와서 2015년 5월 31일까지 업무를 보고 귀임했다고 합시다. 중국에서의 개인소득세 납부 의무는 어떻게 될까요? 지금까지 논의했던 규정만 가지고 단순화해서 대답을 해 보도록 하죠.

제이: 한국 본사 직원은 7개월 있었고 미국 자회사 직원은 10개월 있었으니 모두 183일을 초과했네요. 두 명 모두 중국에 개인소득세 신고, 납부 의무가 발생합니다.

이 박사: 잘 대답해 주었습니다. 그런데 제이는 7개월, 10개월을 어떻게 계산한 것인가요?

제이: 그냥 중국에 머물렀던 총 기간을 계산한 것인데요.

이 박사: 네, 그럼 연도가 바뀌어도 같이 합산하여 계산한 것이네요. 한국 직원의 경우 2014년 3개월 더하기 2015년 4개월이고 미국 직원의 경우 2014년 5개월 더하기 2015년 5개월. 맞죠?

이 박사가 저렇게 자세히 파고 들어오니 어째 영 불안했다.

이 박사: 일단 답을 먼저 알려 드리면 '한국인은 개인소득세 신고의무가 있고 미국인은 개인소득세 신고의무가 없다'입니다.

제이: 네?

이 박사: 당황하지 말아요. 아직 안 들은 내용이 있으니까 틀리는 것이 맞지요. 그리고 어느 당해 12월의 의미는 제이가 계산한 대로 하면 됩니다.

이 박사가 웃으며 다시 말을 이었다.

이 박사: 쉽게 이야기해서 어느 당해 12월은 '현재를 기준으로 과

현재

역으로 12개월 거슬러 올라가기

[그림 10] 어느 당해 12월 기간

거 12개월간'이라는 의미입니다. 임의의 12개월이라고 이야기를 하더라도 같은 말이 되고요. 왜 중국에 더 오래 있었던 미국인은 개인소득세를 내지 않는지 의아할 것이에요. 여러분이 내용 이해도 잘하니 이 부분은 좀 더 보충하도록 하겠습니다.

국세발(1994) 148호 제3조

중국내에 주소가 없는 경우 한 회계연도 중 연속 혹은 누적하여 90일을 초과거나 조세협정에 규정된 기간 중에 중국 경내에 연속하여 혹은 누적하여 183일을 초과하여 거주한 경우 중국 경내 근무기간 중 취득한 소득에 대하여 개인소득세를 신고 납부해야 한다.

이 박사: 앞에서는 한중조세협정의 세 가지 조건을 이야기했었지요. 그런데 사실 중국의 관련 규정에 따르면 첫째, 한 회계연도 중 연속 혹은 누적하여 90일을 초과하거나, 둘째, 조세협정에 규정된 기간 중에 중국 경내에서 연속하여 혹은 누적하여 183일을 초과하여 거주한 경우라고 명시하고 있어요. 즉 조세협정이 체결되어 있지 않다면 183일이 아닌 90일을 기준으로 개인소득세 신고, 납부를 판단하게 되어 있어요. 조세협정을 통해서 기간이 늘어난 것이니 일종

의 우대 혜택인 것이죠.

심 대리: 그렇네요. 협정을 통해서 기간이 두 배로 늘어난 것이네요.

이 박사: 그런데 우대 혜택을 아무런 확인도 하지 않고 주지는 않겠죠. 양 국가 간에 체결한 협정이니까 대상 회사가 상대방 국가의 거주자 기업이 맞는지, 즉 우대 혜택을 누릴 자격 요건이 되는지는 확인이 필요합니다. 그래서 조세협정상의 우대 혜택을 누리기 위해서는 관련 서류들을 준비해서 제출하도록 하고 있습니다. 우대 혜택은 비단 개인소득세에만 있는 것이 아니고 다른 경우에도 있으니 기억하면 좋겠습니다.

제이: 네!

이 박사: 다시 우리 사안으로 돌아와서 조세협정에 규정된 기간 중에 183일을 초과하였는지가 판단 기준이니까 조세협정에 규정된 기간이 무엇인지 확인이 필요하군요. 중국과 미국 간의 조세협정에는

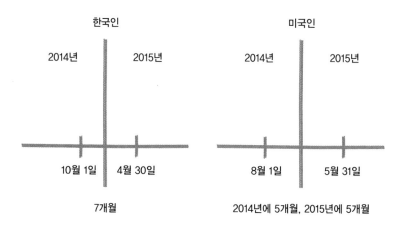

[그림 11] 한국인, 미국인 비교

'한 회계연도 안에 183일을 초과하여'라고 규정되어 있는데 이는 한국과 중국 간의 조세협정상에 규정된 '임의의 12개월 안에 183일을 초과하여'와는 큰 차이가 있습니다. 이 기준에 따라서 앞에 예를 든 출장자 두 명의 경우를 다시 보도록 하죠. 미국인의 경우에는 2014년에는 8월 1일부터 12월 31일까지 5개월을 있었으니 2014 회계연도에 183일을 초과하지 않았습니다. 2015년에도 1월 1일부터 5월 31일까지 5개월을 있었으니 2015 회계연도에도 183일을 초과하지 않았습니다. 따라서 중국 내 개인소득세 납부 의무가 존재하지 않습니다. [그림 11]

제이: 우와! 이거 굉장히 불공평한데요. 누구는 내고 누구는 내지 않고 말이죠.

제이가 볼멘소리를 했다.

이 박사: 조세협정은 국가 간의 협약이다 보니 국력의 영향을 받기도 하고 국가마다 큰 틀에서 협정 내용은 유사합니다만 조금씩 차이가 있을 수 있습니다. 그러나 일방적인 적용이 아니라 상호적용을 약속한 협정이다 보니 동일한 상황에서 중국인이 미국에서는 개인소득세 납부 의무가 없어도 한국에서는 있을 수 있게 되겠죠.

로이: 그렇지만 한국에 진출한 중국기업들을 많이 보지 못했어요. 제주도나 강원도에 부동산 투자는 많이 이루어지고 있다고 하는데 절대 액수 면에서 한국이 중국에 투자하는 것보다는 턱없이 적고 또 부동산 투자라는 것이 공장을 짓거나 하는 것과는 다른 것이잖아요. 부동산 투자를 한 경우는 183일 문제 같은 것이 발생할 일도 없어 보여요. 중국은 세계의 공장이라고 하면서 한국에서도 많은 기

업이 몰려와 공장을 짓고 엄청나게 많은 인력이 와서 일하고 있으니, 상호적인 것이라고 하시지만 사실 중국에는 거의 적용되지 않고 있는 것 아닌가요?

이 박사: 로이의 말도 맞습니다. 중국과 한국의 외국인 직접투자 (FDI, Foreign Direct Investment)를 비교해 보면 중국에서 한국으로의 투자보다 한국에서 중국으로의 투자가 많이 이루어지고 있고 투자업종을 보면 대부분 제조업에 투자가 이루어지고 있으니 기술지도 등 출장자도 많이 있겠죠. 말한 대로 협정의 문구는 공정해도 실제 적용사례 면에서는 불공평하게 보이는 것이겠죠.

로이: 지금 우리가 이야기하고 있는 개인소득세 주제와 관련된 내용은 아닙니다만 정말 FDI가 중요하다는 생각이 다시금 드네요. 한국에도 외국인 직접투자를 더욱 활성화하는 것은 매우 중요한 일로 생각됩니다.

이 박사: 그렇습니다. 무역 규모와 비교해 볼 때 FDI 수준이 높지는 않다고 생각합니다. 투자 유치를 위해서 모두 더 노력해야지요. 여러분 GDP(Gross Domestic Product, 국내총생산) 계산공식 알고 있습니까?

일동: …….

이 박사: 좋습니다. 또 주제가 옆으로 새는 것 같으니 이것은 나중에 간단히 이야기하겠습니다. 자, 제가 각국의 조세협정이 다르다고 이야기를 했는데 관련 규정을 참고하여 이야기하면 노르웨이, 뉴질랜드, 태국, 호주 등이 한국과 마찬가지로 임의의 12개월로 되어 있어요. 그러니까 한국만 잘못 체결되어 있나 오해하지 말아요. '관련

회계연도'로 규정된 나라들도 있으니 확인해 보기 바랍니다.

이 박사는 칠판에 표를 하나 그려서 보여주었다.

[표 7] 조세협정에 규정된 기간: 국세발(1995) 155호

중국과 조세협정에 규정된 기간	관련 회계연도	어느 당해 12월
해당 국가	일본, 미국, 프랑스, 벨기에, 독일, 말레이시아, 싱가포르, 캐나다, 몽골 등	노르웨이, 뉴질랜드, 태국, 호주, 한국 등

제이: 국가 간에는 조세협정이 맺어져 있다고 하셨는데 이는 비단 중국뿐만 아니라 세계 어느 국가에 진출하든 항상 살펴보아야 할 중요한 사항이라는 것을 느꼈습니다. 단지 15조 하나를 살펴보았는데도 그 중요성이 가슴에 와 닿네요.

이 박사: 그렇게 깨달았다면 오늘 개념 설명의 의미가 충분하네요.

제이: 183일을 초과하게 되면 초과하는 순간부터는 세금을 납부해야 하니까 이를 초과하지 않도록 관리하는 것이 중요하겠네요.

이 박사: 그렇지 않습니다. 183일을 초과하게 되면 전체에 대하여 납세 의무가 있어요. 중국에 부임하거나 도착한 당일부터 말이죠. 심하게 비교를 하자면 중국에 182일을 있었으면 납세 의무가 없는데 184일을 있었으면 184일 전체에 대하여 납세 의무가 있는 셈이죠.

제이: 아! 그렇게 계산하는 것이었어요?

이 박사: 후후후, 당황한 표정들이군요. 외국납부세액공제제도가 있으니 일단 너무 걱정하지 않아도 되고 납세자의 입장에서는 어느

국가에 납부하느냐의 문제인 것이지요. 그런데 어쨌거나 이후 토론할 고정사업장 이슈도 있고 하니 가능하면 프로젝트를 잘 관리할 필요성은 분명히 있습니다. 아래 표를 참조해 보면 되겠습니다. 고급 관리 인원은 일반 직원의 경우와 조금 다른데 우리의 현재 토론 목적에 크게 의미를 주는 것이 아니므로 그냥 일반적인 상황만 살펴보겠습니다.

[표 8] 거주 기간 183일 이하 및 초과에 따른 과세표

거주 기간		183일 이하	183일 초과~1년 미만
중국원천소득	중국 내 지급	과세	과세
	해외 지급	비과세	과세
해외원천소득	중국 내 지급	비과세	비과세
	해외 지급	비과세	비과세

(출처: 개인소득세법 및 실시조례)

심 대리: 그렇지만 프로젝트 지원을 나올 때 183일을 초과하게 될지 모르는 경우도 있지 않습니까? 원래 짧은 기간 안에 완성할 줄 알았는데 연장되면서 길어지는 경우가 빈번할 것 같아요. 김 부장님도 같은 경우고요. 반대로 프로젝트 기간을 184일 이상을 예상해서 중국에 입국한 다음부터 계속 개인소득세를 신고했는데 예상외로 공기가 단축돼서 150일 만에 끝마쳤다, 이런 경우도 있잖습니까.

심 대리의 질문에 제이도 동의를 하듯 고개를 끄덕였다.

이 박사: 이러한 사항들은 합리적으로 규정되어 있습니다. 그 규정된 기간을 초과할 것을 예상하기 어려운 경우 해당 기간 만료 후 그

다음 달의 15일 이전에 과거에 대한 것을 모두 소급하여 신고, 납부하면 됩니다. 김 부장의 경우도 이에 해당한다면 183일을 초과하는 달의 다음달 15일 이전에 모두 소급해서 신고하는 것이죠.

불확실한 상황에서의 신고방식 등은 합리적으로 되어 있는 것으로 보였다.

이 박사: 장기 출장자의 개인소득세 이슈에 대하여 알아보았습니다. 계산방식 등은 여러분이 꼭 알아야 하는 것은 아니나 관심 있는 친구들을 위해서 간단히 정리한 자료를 보내주도록 하겠습니다. 여러분은 본사 소속의 출장자라도 중국에서 개인소득세 이슈가 있을 수 있고 중국에서 납부를 하더라도 이중 납부는 피할 수 있는 길이 있다는 이 두 가지만 기억해 주면 되겠습니다.

일동: 네.

이 박사: 그럼 잠시 쉬었다가 주재원의 개인소득세를 알아보도록 합시다.

제이: 아~, 아직 안 끝났군요.

이 박사: 끝나? 아직 반도 안 온 것 같은데요? 후후후.

주재원의 개인소득세 6

이 박사: 자, 해외에 자회사를 새로 설립한다고 생각해 봅시다. 여기 북경에 있는 법인처럼 말이죠. 북경에 'JK북경'이라는 법인을 설립했다고 합시다. 그러면 설립된 법인을 운영할 사람들이 필요하겠죠. 중국 현지에서 뽑는 중국 직원도 있을 것이고 한국 본사에서 파견 나오는 직원도 있을 것입니다. 현지 상황은 중국인이 잘 이해하겠지만 회사 상황은 회사의 직원이 제일 잘 이해할 테니 초창기 법인이 설립되면 법인장에서부터 생산, 관리, 물류, 영업 등 각 분야를 맡고 있던 한국인 직원들이 파견 나와서 업무를 하게 되겠죠?

일동: 네.

심 대리, 로이와 제이는 모두 고개를 끄덕였다.

이 박사: 그럼 여기서 질문!

심 대리: 안 그래도 기다렸습니다. 박사님의 질문.

심 대리의 말에 모두들 웃었다.

이 박사: 그렇게 반겨 주니 아주 고맙네요. 그 파견 나온 사람들은 어느 회사 직원일까요?

'응? 이게 무슨 질문이지? 어느 회사 직원이라니 모두 JK그룹 직원이잖아.'

심 대리는 이 박사가 왜 이런 싱거운 질문을 하는지 의아했다.

제이: JK그룹 직원이죠.

고맙게도 제이가 대답했다.

이 박사: JK 한국 본사 직원인가요 아니면 JK북경법인 직원인가요?

제이: 어? 아까 김 부장님 소속을 물으실 때랑 같은 질문이네요? 그게 그거 아니에요?

이 박사: 후후후, 마찬가지면 질문하지 않겠죠? 답은 JK북경법인 직원입니다. 외국에 장기 체류하기 위해서는 비자를 받아야 하는데 한국에서 파견된 직원들은 중국에서 취업비자를 받아서 일할 것입니다. 취업비자를 발급받으려면 어느 회사 직원이라는 고용계약서가 필요합니다. 즉, 중국법인에 고용되었다는 것을 입증하는 것이죠. 이렇게 파견 나와서 외국 현지법인에 취업하여 일하게 되는 직원들을 보통 주재원이라고 부릅니다.

로이: 누구나 본부, 본사에서 근무하고 싶어하지 않나요? 외국에 나와서 일하더라도 본사 소속이 아니라 북경법인 소속이면 파견 나오려고 하지 않을 것 같은데요. 전 주재원 파견을 나가더라도 본사 소속으로 해 달라고 할 것 같아요.

로이가 말했다.

이 박사: 좋은 질문입니다만 조금 앞서간 감이 있으니 이 질문은

나중에 대답하기로 하죠. 하여간 파견 나온 주재원들은 JK북경법인의 직원입니다. 그래서 월급도 북경법인에서 주겠죠. 월급을 줄 때에 회사에서는 항상 개인소득세를 공제하고 지급을 합니다. 알다시피 이것을 원천징수라고 하는데 월급을 받는 모든 직원은 개인소득세 납부 의무가 있고 회사는 원천징수 의무가 있습니다. 이해가 되지요?

일동: 네.

이 박사: 장기출장자의 경우와 달리 회사가 중국 자회사로 파견 보내는 주재원의 경우 일반적으로 중국에 부임하여 수년간 거주할 예정입니다. 따라서 조세협정상 중국에서 과세를 면하는 세 가지 조건 중에서 183일이라는 기간 조건 면에서 부합하지 않겠죠. 따라서 일반적으로 중국 내 자회사에 고용되어 취득하는 소득은 부임일로부터 개인소득세를 계산, 납부하여야 합니다.

심 대리: 지금 현재 중국에 파견된 주재원들에 대하여 어떻게 개인소득세 신고를 해야 정확한 것인가요? 저희 중국 내 자회사에 파견된 물류부장이 우리 회사는 세금을 너무 많이 낸다고 불평하고 있어요. 왜 한국에서 받는 것까지 중국에서 세금을 내느냐고요.

이 박사: 심 대리가 물류부장의 질문에 대답해 주기 위해서는 원천소득이라는 개념을 이해할 필요가 있습니다.

심 대리: 원천소득이요?

이 박사: 예를 통해 들으면 좀 더 쉽게 이해가 될 것입니다. A, B 두 명이 중국에서 일하고 있습니다. 두 명의 급여는 모두 300만원으로 동일합니다. 그런데 사람마다 각자 월급의 사용처가 다르겠죠.

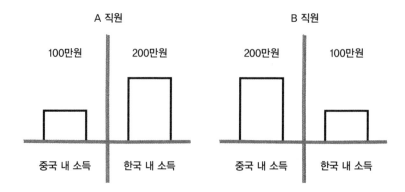

A 직원   B 직원

100만원   200만원   200만원   100만원

중국 내 소득   한국 내 소득   중국 내 소득   한국 내 소득

[그림 12] 두 사람의 급여 할당액

A는 중국에 파견 나왔지만 한국에서 은행 대출로 아파트를 샀기에 급여의 반 이상을 대출금 상환을 위해 은행에 내야 해요. B는 자녀가 둘인데 여러 가지 과외활동이 많고 중국에 있는 동안 여러 지역을 여행 다니려고 하니 중국에서 생활비가 더 많이 들어가요. 그래서 회사는 두 명의 직원이 원하는 바에 따라서 급여를 서로 다르게 지급해 주기로 했어요. 즉, 300만원이라는 동일한 금액에 대하여 A는 한국에서 200만원, 중국에서 100만원을 받고, B는 한국에서 100만원, 중국에서 200만원을 받기로 하였습니다. [그림 12]

이 박사: 이 두 사람의 중국 원천소득은 각각 얼마일까요?

심 대리: 중국 원천소득이요?

심 대리, 제이와 로이는 이 박사가 낸 이 질문에 반드시 함정이 있을 것으로 생각하고 선뜻 대답하지 못했다.

이 박사: 힌트를 하나 드리죠. 중국 원천소득은 영어로는 China Sourced Income이라는 말로 표현합니다. 힌트도 주었으니 재미를

위해서 이 질문은 상의하지 말고 A, B 두 사람의 중국 원천소득금액을 각자 적어서 내가 하나, 둘, 셋 외치면 그때 들어서 보여주세요. TV 프로그램에 나오는 퀴즈쇼처럼요.

이런 게 뭐 그렇게 재미있다고 이 박사는 마냥 즐거운 표정이었다. 몇 분이 흐른 뒤 이 박사의 구호에 맞춰서 모두 답을 들었다.

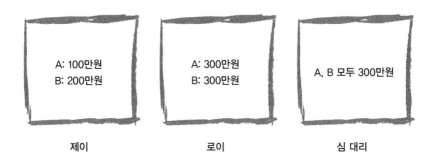

[그림 13] 제이, 로이, 심 대리의 답

세 명은 서로의 답을 살펴보면서 비교하였다.

이 박사: 어디 보자. 제이는 A는 100만원, B는 200만원이라고 적었고 심 대리와 로이는 두 명 모두 300만원이라고 적었군요. 이렇게 적은 이유를 간단히 설명해 주겠어요?

제이: 저는 중국에서 받은 금액은 중국 원천소득, 한국에서 받은 금액은 한국 원천소득이라고 생각했어요. 그래서 A는 100만원, B는 200만원이라고 적었습니다.

심 대리: 박사님 말씀을 들으니 이 두 명은 중국 원천소득에 관해서 중국에서 개인소득세를 내는 것이잖아요. 그런데 두 명이 다른

금액의 세금을 낼 것 같지는 않았습니다. 그러면 불공평할 것 같아서요. 그렇다 보니 어떻게 맞추기가 어렵고 받는 전체 금액은 동일한 액수더라고요. 논리가 없어서 죄송합니다.

이 박사: 로이는 왜 그렇게 적었지요?

로이: 저는 원천(sourced)이라는 단어가 굉장히 어려웠는데요. 중국 원천소득은 중국에서 기인한 소득이라고 생각했어요. 영어 표현을 힌트라고 하신 것으로 보아서 원천이라는 말이 어디서부터 파생된 것인지의 의미로 판단했어요. 즉, 한국에서 급여를 지급했는지 중국에서 지급했는지 하는 지급지의 문제가 아니고 도대체 무엇 때문에 급여를 받는 것인가에 초점을 두고 생각했어요. 그렇게 보면 중국 원천소득은 중국에서 일을 한 것에 기인해서 지급한 급여이고 두 명 다 중국에서 일을 하고 받은 급여이니 금액 전부가 중국 원천소득이 아닌가 해서요.

심 대리와 제이는 굳이 이 박사의 설명을 듣지 않더라도 로이의 설명이 맞다는 생각이 들었다. 심 대리는 원리를 모르고 한 답이라 맞혔다고 우길 수가 없었다. 자책이 들었다. 힌트까지 주셨고 맞히지 못할 내용은 아닌 것 같은데 요새 머릿속이 너무 꽉 차서 사고라는 것을 제대로 하고 있지 못하는 것 같았다.

이 박사: 아주 잘 말해 주었어요. 중국 원천소득(china sourced income)이란 '중국에서 하는 일이 원천이 되어 발생하게 된 소득', 즉 중국에 파견 나와 일하게 되면서 중국에서 일하는 것으로 말미암아 발생하게 된 소득을 의미하는 것입니다.

다들 고개를 끄덕이는 것으로 보아 이해가 된 듯했다.

이 박사: 기본적인 개념은 이해했으니 이제 우리 사안으로 돌아와서 좀 더 현실적인 이야기를 해 볼까요. 다시 말하지만 지급지가 중요한 것이 아니라 지급지와 상관없이 현재 근로에 기인하여 발생한 급여는 원천소득이라고 이야기했습니다. 주재원으로 나와 있는 물류부장의 경우 매월 중국 내 자회사에서 맡은 업무를 수행함에 따라 그달의 급여를 받습니다. 그러므로 그달의 급여 전체가 신고 대상 소득이 되는 것이죠.

심 대리: 네, 물류부장에게 잘 설명해 주겠습니다. 이런 규정을 모르면 당연히 오해할 것 같고 사실 대다수의 사람이 잘 이해하지 못하고 있다는 생각이 듭니다.

심 대리는 이러한 내용에 대하여 전체 주재원을 모아서 설명할 기회가 있으면 좋겠다는 생각이 들었다.

이 박사: 그렇습니다. 개인소득세는 개인의 가처분소득과 밀접한 관계가 있다 보니 다들 관심을 가지는 민감한 사항입니다. 그런데 그렇게 관심이 많으면서도 관련 규정을 알아보려고 노력을 기울이지는 않지요. 그리고 사실 JK그룹 같은 경우 주재원의 편의를 위해서 일부 급여를 한국 본사에서 지급할 뿐이지 지급 부담 주체는 중국 자회사입니다.

심 대리: 네? 이건 또 무슨 이야기인가요?

제이: 점점 더 복잡해지는 것 같아요.

원천소득의 개념도 헷갈렸던 제이였던지라 이게 다시 중국 자회사가 부담한다는 말은 너무도 어려웠다.

이 박사: 후후후. 한번에 이야기하면 머리 아플까봐 이틀에 걸쳐

나눠서 설명한다고 했잖아요? 그만큼 개념 이해가 중요하니 천천히 확인합시다. 나머지는 내일 마저 설명하도록 하죠.

차지백 구조 7

금요일 아침이라 그런지 모두 들뜬 기분이었다. 소중한 연수 기회임에도 불구하고 연수는 연수고 한 주가 마무리되고 주말이 오는 것이 기쁘지 않을 수 없었다. 모두 흥분된 목소리로 이번 주말 계획 세우기에 바빴다.

이 박사: 어제 우리는 어떤 경우에 중국에서 개인소득세 납부 의무를 지게 되는지를 개괄적으로 알아보았습니다. 오늘은 주재원의 세금납부 방식과 납부액 산정 등 좀 더 구체적인 내용을 짚어볼까 합니다. 먼저, 차지백(charge back) 구조에 대하여 알아보겠습니다. 어제 이야기한 한중조세협정 제15조 2항의 세 번째 조건 기억나지요?

(다) 그 보수가 타방체약국 안에 고용주가 가지고 있는 고정사업장 또는 고정시설에 의하여 부담되지 아니하는 경우;

이 박사: 출장을 온 김 부장의 예를 들 때 '김 부장에게 JK본사가 이미 지급한 급여를 다시 JK북경법인 등 중국 내에 있는 법인이 부담하도록 비용 전가를 하지 않을 경우'라고 설명을 했었지요. 출장자가 아닌 주재원의 경우는 JK북경법인의 소속입니다. 그럼 JK북경법인에 고용되어 일하는 사람의 급여는 누가 부담하는 것이 맞지요?

제이: 그야 고용주인 JK북경법인이요.

이 박사: 그렇습니다. 이미 다 이해를 했네요. 조세협정의 해석 측면에서도 주재원의 경우 JK북경법인이 급여를 부담하고 있으니 중국에서 과세를 하지 않을 조건을 이미 만족시키지 못하는군요. 그런데 파견 나온 주재원 중에는 한국에서의 자금 수요가 있어서 일부를 한국에서 지급해 달라고 요청하는 경우가 있습니다. JK북경법인의 경우도 원칙적으로 모든 급여를 현지인 북경에서 지급하고 있으나 물류부장과 같이 급여 일부를 한국에서 지급해 달라는 요청을 하는 경우가 있습니다. 물론 주재원 본인이 중국에서 모든 급여를 받고 한국으로 송금하는 방법도 있겠지만 매달 송금을 해야 하는 주재원의 편의를 봐 주기 위해서 일부를 한국에서 지급 받도록 해 주는 것이지요.

심 대리: 그럼 JK북경법인에서 물류부장의 한국 통장으로 급여 일부를 직접 송금해 주거나 아니면 JK한국 본사에서 JK북경법인을 대신하여 요청받은 금액만큼을 지급해 주고 다시 JK북경법인에 청구하게 되는 구조가 되나요?

로아: 물류부장이 왜 한국에서 받는 것도 합산하냐고 이야기한 것을 보면 JK북경법인에서 직접 송금하는 방식이 아니라 대신 지급해

주는 구조 같아요. 지급자가 JK북경법인인 것을 안다면 물류부장님이 그렇게 말씀하지 않았을 테니까요.

로이가 거들었다.

이 박사: 심 대리와 로이가 이미 다 정리했군요. 그것이 바로 차지백 구조입니다. 차지백은 다시 청구해서 가져간다는 말입니다. 한국(혹은 기타 외국)에서 지급이 이루어진다 하더라도 차지백이라는 과정을 거쳐서 현재 소속인 중국 내 자회사에 먼저 한국에서 지급된 급여금액에 대하여 달라고 하는 것이지요. 그래서 회사끼리 청구 과정을 거쳐서 급여 부담의 주체가 한국 모회사가 아닌 중국 자회사가 되도록 하는 것입니다. 이렇게 북경법인이 부담하는 것이 맞는 것이지요.

제이: 왜 JK북경법인이 부담하는 것이 맞지요? 그냥 JK 한국 본사에서 지급해도 되지 않나요?

이 박사: 아까 제이가 직접 이야기했잖아요. 고용주인 JK북경법인

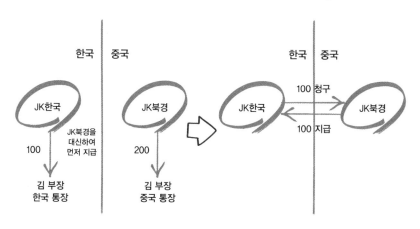

[그림 14] 차지백 순서도

이 주재원의 급여를 부담하는 것이 맞는다고 말입니다. JK그룹에 다니는 제이의 급여를 XY그룹에서 부담할 이유가 있을까요?

제이: 그건 아니지요.

이 박사: 같은 그룹사이기는 하나 엄밀히 이야기하면 서로 다른 회사입니다. JK북경법인 소속 직원의 급여를 다른 법인에서 부담할 아무런 이유가 없지요. 그래서 파견직원이 어느 회사 소속이냐를 여러 번 물어본 것입니다.

이 박사는 커피 한 모금을 마신 후 다시 이야기했다.

이 박사: 아주 오래전에는 한국의 모회사에서 중국 자회사 주재원들의 급여를 일부 부담해 준 적이 있었어요. 그러나 한국의 과세당국 입장에서 보면 한국 모회사를 위하여 일하지도 않는 사람들의 급여를 다 비용으로 올려놓고 법인세 비용으로 차감한 것이 되잖아요. 그래서 업무와 관련이 없는 비용이라고 해서 한국 모회사의 법인세 계산 시 비용에 포함하지 못하도록 조정했어요. 만일 조정하지 않고 적절한 소명이 없다면 세무조사 시 문제가 되겠죠.

심 대리도 한국에서 세무조사 시에 문제로 삼았다는 이야기를 얼핏 들은 바가 있으나 그 당시 관심사가 아니었으므로 자세히 알아보려고 하지도 않았던 기억이 났다.

이 박사: 과거 일부 중국 자회사들의 급여비용 일부를 한국 모회사에서 부담해 주었던 것은 여러 가지 이유가 있을 텐데, 예를 들어 자회사 손익이 이유인 경우가 있습니다. 중국 자회사의 직원들에게는 자회사의 손익이 본인의 평가 기준이 되는 중요한 변수다 보니 본사의 지원을 기대하는 것이죠. 100% 중국 자회사를 막 설립한 경

우 한국 본사에서도 이른 시일 내에 자회사의 경영을 안정시키려는 생각이 있다 보니 일부 소수의 경우이기는 하지만 자회사에서 가능한 한 한국 본사의 비용으로 처리하려 한 곳도 있었습니다. 그러나 이것은 중국과 한국의 세법 규정에 맞는 것이 아니니 바꿔야 하는 것이었지요. 다행히 지금은 이런 관행이 없는 것으로 알고 있습니다.

심 대리는 본사 입장에서는 본사나 중국 자회사나 모두 그룹사이고 모두 그룹사 직원이니 경영의 정상화를 위해서 그런 생각을 했을 수도 있겠다는 생각이 들었다.

이 박사: 또 다른 경우는 중국 측 파트너사와 JV(Joint Venture, 합작사)를 설립한 경우입니다. 중국 진출 초창기의 이야기이고 지금과는 다른 구조입니다만 중국 측에서 JV로 파견 나온 인력들과 급여 차가 존재하는 경우가 있다 보니 중국 측 파트너사에서 같이 투자해 놓고 한국 측 급여 수준이 높아서 투자한 돈을 급여로 다 빼간다고 아우성치는 일이 있었습니다. 그래서 합자 계약서상에 JV에 파견되는 직원의 급여 상한선을 정해 놓는 경우들이 있었어요. 이 경우 급여 차액에 해당하는 부분은 한국 모회사에서 부담할 수밖에 없었던 것이지요. 지금은 중국회사들의 급여 수준이 많이 높아져서 한국을 앞지르는 회사들도 많습니다. 따라서 이런 사례는 많이 줄어들었고 지금은 거의 존재하지 않는다고 보면 되겠습니다.

심 대리: 맞아요. 저희도 대부분 100% 자회사인데 두 개 법인이 JV입니다. 두 법인 모두 중국 측 파트너사 요청으로 급여 상한이 있다고 하더라고요.

왜 알게 되었는지는 기억나지 않지만 심 대리는 한국 본사 근무시에 재무팀에서 이러한 불만을 토로한 것을 들은 기억이 있었다.

이 박사: 그런데 원인이 어찌 되었든 급여비용 일부를 차지백하지 않고 한국 모회사가 자체 부담할 경우 중국 내 고정사업장 이슈가 있을 수 있습니다.

심 대리: 고정사업장 이슈요?

이 박사: 아까도 이야기했지만 그 주제는 따로 이야기하겠습니다. 하여간 설령 한국 모회사가 부담한다고 하더라도 중국에서 모두 합산하여 개인소득세를 신고, 납부하여야 하는 것입니다.

5년 이상 거주한 경우 \8

이 박사: 다음은 주재원이 연속해서 5년 이상 거주한 경우에 대하여 알아보겠습니다.

[표 9] 거주 기간 5년 미만 및 이상에 따른 과세표

거주 기간		1년 이상 5년 미만	5년 이상
중국원천소득	중국 내 지급	과세	과세
	해외 지급	과세	과세
해외원천소득	중국 내 지급	과세	과세
	해외 지급	비과세	과세

(출처: 개인소득세법 및 실시조례)

로이: 박사님, 앞에 183일 이하 그리고 183일 초과 1년 미만일 때와 비교하면 정말 1년 이상인 경우는 대부분 과세가 되는군요. 그런데 만 1년이 세무상 거주자와 비거주자를 판정하는 주요 기준이라

고 들었는데 지금 그리신 도표에는 5년 이상 거주한 경우를 따로 표기하셨네요?

이 박사: 네, 그렇습니다. 연속해서 5년 이상 중국에 거주한 외국인의 경우 6년째부터의 개인소득세 납세 의무가 다른데요, 이 조건을 좀 더 자세히 알아보려고 합니다.

이 박사: 만일 물류부장이 2011년도 10월 1일 중국 북경에 부임해서 2016년도 10월 1일까지 연속해서 거주하고 있다고 가정해 보죠. 물류부장은 중국에 연속해서 몇 년을 거주하고 있는 것인가요?

로이, 제이: 4년이요.

로이와 제이가 동시에 외쳤고 이 박사는 아주 만족해했다.

이 박사: 좋습니다. 다들 이해를 잘하니 이야기할 맛이 납니다. 제이가 왜 4년이라고 말했는지 좀 더 자세히 이야기해 주세요.

제이: 일단 2011년도는 10월부터 3개월만 있었으니 만 1년 조건에 부합하지 않습니다. 2012년부터 2015년까지 4년 동안은 계속해서 북경에서 근무하고 있었으니 연속해서 4년을 근무한 것이 됩니다. 2016년도는 1월 1일부터 10월 1일까지 9개월을 있었는데 앞으로 3개월 더 있으면 2016년도도 만 1년이 되겠지만 현재로써는 아직 조건을 만족한 것은 아니고요.

이 박사: 훌륭합니다.

이 박사는 아주 흡족한 표정을 지었다.

이 박사: 물류부장이 2016년도 12월 31일까지도 계속해서 북경에 근무하고 있다면 2012년도부터 2016년도까지 연속해서 5년 이상 거주한 외국인이 되겠죠. 이 경우 그다음 해부터 거주 기간에 따라서

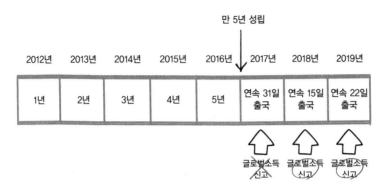

[그림 15] 글로벌소득 신고 여부 판단

(출처: 개인소득세법 및 실시조례)

납부 의무 범위에 차이가 있으니 확인을 필요로 합니다. 예를 들어 2017년도에도 만 1년을 거주하고 있었다면 중국뿐 아니라 해외에서 지급하는 해외의 원천소득에 대하여도 중국에서 모두 신고, 납부하여야 합니다. 반면에 2017년도에는 만 1년을 거주하지 않았다면 그 전과 마찬가지로 중국에서의 원천소득에 대해서만 신고, 납부하면 됩니다.

제이: 그럼 2018년도는 어떻게 되는 것이죠?

심 대리: 2018년도도 2017년도를 판정하듯이 2018년도에 만 1년을 거주했는지에 따라서, 중국과 해외의 원천소득을 신고, 납부할지 중국의 원천소득만 신고, 납부할지를 판단하게 될 거야. [그림 15]

심 대리가 이 박사를 대신하여 제이에게 대답했다.

이 박사: 그렇지요. 이 적용 대상이 중국에 연속해서 5년 이상 거주한 외국인이라고 했으니 물류부장의 경우 2012년부터 2016년까지

있으면서 이미 조건을 만족한 대상이 되어 버리는 것입니다.

심 대리: 그런데 조건을 만족했다 치더라도 과연 이러한 경우 신고, 납부할 해외 원천소득이라는 것이 무엇이 있을까요? 딱히 떠오르는 것이 없어서요.

이 박사: 자, 우리가 지금까지 계속 논의했던 것은 근로소득이었습니다. 회사에 고용되어 일하면서 받는 급여에 대한 개인소득세 문제를 이야기하고 있었던 것이죠. 그러므로 그 급여가 중국에서 지급되든 해외에서 지급되든 신고해야 한다고 하였고 그 소득은 중국 원천소득이기 때문에 그렇다고 하였습니다. 그럼 과연 해외 원천소득으로 무엇이 있을까요? 물류부장이 계속 북경에서 근무하고 있었는데도 불구하고 얻을 수 있는 해외 원천소득이요.

심 대리: 근로소득이 아닌 것은 분명하네요. 근로소득은 당연히 중국 원천소득이니까. 근로 이외의 소득이라는 것이, 혹시 이자소득, 임대소득 이런 것을 말씀하시는 것인가요?

이 박사: 빙고!

다들 이자와 임대소득이 왜 해외 원천소득인지는 분명하지 않은 듯했다.

이 박사: 만일 한국의 은행 계좌에 예금이 있습니다. 그 한국의 예금 때문에 이자가 발생했다면 그 이자는 해외 원천소득인 것이지요. 한국에 아파트를 소유하고 있는데 이 아파트를 임대하고 받는 임대소득이 있다면 이 역시 아파트라는 한국에 소재한 자산으로부터 파생되어 나온 소득이니까 중국 입장에서 보면 해외 원천소득입니다. 몇 가지 예를 들어 줄 테니 이를 확인하면 원천소득의 귀속에 대하

여 확실히 이해가 갈 것입니다. 다시금 기억할 것은 원천소득은 그러한 원천으로 말미암아서 그래서 발생한 소득이라는 점입니다.

원천소득의 귀속

- 근로소득의 경우 납세의무자가 재직하고 있는 혹은 고용된 회사 등이 소재하는 장소
- 부동산 양도소득은 부동산 소재지
- 동산 양도소득은 양도가 이루어진 장소
- 서비스 소득은 서비스를 제공하는 장소
- 이자, 배당소득은 이자 또는 배당을 지급하는 기업 소재지
- 특허권 사용소득은 특허권의 사용지

(출처: 개인소득세법 및 실시조례)

심 대리: 연속해서 5년 이상 거주한 경우엔 신고할 사항도 많아지고 여러 면에서 주의해야 할 것 같은데요.

이 박사: 그래서 주재원들의 근무 기간을 잘 관리할 필요도 있습니다. 일반적으로는 4~5년 기한으로 주재를 나오기 때문에 크게 문제 될 경우는 없는데 점점 중국 전문가들에 대한 니즈가 높아지다 보니 주재 기간이 연장되는 경우들이 있지요.

제이는 단계부정법을 머릿속에 그려 보았다.

'대상은 연속해서 5년 이상 거주한 외국인이야. 5년 미만 거주했으면 말할 필요도 없고 우리는 당연히 외국인이지 중국인일 리는 없잖아. 그럼 연속해서라는 부분을 깨는 수밖에 없어. 그렇지! 답은 연속해서 만 5년이 되지 않도록 하면 되는 것이었어.'

연속해서 5년 이상 거주한 외국인
연속~~해~~서 5년 이상 거주한 외국인
하지 않고
연속해서 5년 이~~상~~ 거주한 외국인
미만
연속해서 5년 이상 거주한 외~~국~~인
중국인

제이: 5년을 연속해서 중국에 근무하지 않도록 조치를 취하면 될 것 같습니다. 규정에서 1년의 의미는 만 1년이고 연속해서 30일 혹은 누적해서 90일을 초과하여 중국 땅을 벗어나 있으면 만 1년을 거주했다고 할 수 없습니다. 따라서 만 5년 조건을 만족하기 전에 중국 땅을 벗어나 있으면 해결이 될 것으로 생각합니다.

다들 제이의 대답에 고개를 끄덕였다.

이 박사: 그렇습니다. 5년째 되는 해에 30일을 초과하여 해외에 나가 있게 되었다면 연속 5년이 아닌 것이죠. 이렇게 만 1년을 만족하지 못하는 해의 앞뒤로는 연속했다고 할 수 없으므로 만 1년을 만족하지 못한 다음 해부터 처음부터 다시 연속 5년을 계산할 수 있겠네요. 보통 이렇게 30일을 초과하여 중국 땅을 벗어나 있는 것을 택스 브레이크(tax break)라고 합니다. 세무상 목적으로 휴식을 취한다고나 할까요? 물류부장의 경우도 2012년도부터 2015년까지 만 4년을 중국에 근무했지만 2016년도에 30일을 초과하여 나가 있으면 연속 5년에 해당하지 않습니다. 물론 2017년도부터 다시 처음부터 만 1년 카운트를 시작하면 될 것입니다.

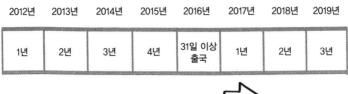

2012년	2013년	2014년	2015년	2016년	2017년	2018년	2019년
1년	2년	3년	4년	31일 이상 출국	1년	2년	3년

다시 기산

[그림 16] 택스 브레이크

'우리 그룹의 중국 진출이 이미 한참 되었으니 일부 주재원은 만 5년을 채우시는 분들이 있을 거야.'

심 대리 머릿속에 몇몇 얼굴이 떠올랐다.

이 박사: 설령 연속해서 만 5년을 중국에 거주하였다 하더라도 계속 그 지위를 유지하는 것이 아니라 한 과세연도에 중국 내 거주 기간이 90일 이하가 되는 경우 5년 연속으로 거주하였다는 지위에서 해제가 됩니다. 그래서 해제가 되면 다시 처음부터 계산을 시작하게 되니까 아예 방법이 없는 것은 아닙니다. 중국에 오래 나와 있는 주재원들은 이미 생활기반이 중국이기 때문에 설령 연속 5년 거주를 하였다 하더라도 한국에 소득이 없는 경우가 대부분입니다. 그러나 중국의 규정을 알고 규정에 맞춰서 준수하는 것은 중요하니까 점검해 볼 필요가 있겠습니다.

'역시 이 박사님이야. 나에게 이것도 잘 점검해 보라고 말씀해 주시는군. 어떤 경우에도 해결할 방법이 있다고 격려도 해 주시면서 말이야.'

심 대리는 다시금 이 박사의 배려에 감사했다.

이 박사: 우리 오늘도 공부하는 내용이 많네요. 중요한 개념들이

많이 나오고 앞으로도 기초가 될 것이기 때문에 힘들겠지만 집중해서 토의했으면 좋겠습니다. 시간이 참 빨리 가네요. 점심식사 후에 개인소득세 계산에 대하여 간단히 알아보도록 합시다.

제이: 정말 식사시간이 제일 좋아요.

개인소득세 계산

9

이 박사: 벌써 금요일 오후네요. 다들 지치겠지만 조금만 더 집중합시다. 반나절만 있으면 자유니까.

이 박사는 세 명을 향해 파이팅의 주먹과 윙크를 동시에 하면서 힘을 내자고 했다.

이 박사: 지금은 비즈니스의 국경이 없어지고 다국적기업들이 전 세계를 상대로 비즈니스를 펼치고 있어요. 그렇다 보니 JK그룹도 아시아를 넘어 유럽대륙과 미주대륙까지 전 세계에 걸쳐서 법인을 세우고 인력을 파견하고 있지요. 그런데 각 나라의 세제가 다르다 보니 개인소득세 규정도 달라요. 쉽게 이야기해서 개인소득세율이 다릅니다.

심 대리: 물류부장님은 중국 발령 전에 홍콩에서도 근무하였었는데, 예전에 홍콩에서 근무할 때는 개인소득세율이 낮았는데 중국은 개인소득세율이 너무 높다는 말씀을 하셨어요.

이 박사: 오늘 물류부장이 좋은 대화 소재를 많이 제공하는군요. 물류부장을 주인공으로 이야기를 다시 해 보죠.

제이: 물류부장님 오늘 귀가 좀 간지럽겠는데요? 우리가 계속 본인 이야기하는 거 모르실 거야.

모두들 피식 웃었다.

이 박사: 물류부장의 급여는 500만원인데 한국에서 근무할 때는 100만원 세금을 내고 통장에 세후소득으로 400만원씩 받았었다고 합시다. 그런데 중국에서 500만원을 소득으로 신고할 경우 세금이 150만원이라면 물류부장의 통장에 들어오는 세후 소득은 350만원이 되겠죠. 이걸 어떻게 해야 하나요?

제이: 물류부장의 입장에서는 소득이 갑자기 줄어들게 되니까 불공평할 것 같은데요.

로이: 그렇지만 어쩔 수 없잖습니까? 이것이 중국의 개인소득세 규정인데요.

이 박사가 또다시 세 명을 도발하려는 것이 느껴졌다.

심 대리: 중국으로 발령이 나서 본인이 내야 하는 세금이 늘어난다면 어느 누구도 중국으로 발령 나기를 원치 않을 것 같습니다. 혹시 한국에서 납부하는 것보다 세금을 적게 내는 국가가 있다면 차라리 그쪽으로 신청할 것 같고요. 회사에서 주는 업무를 수행하기 위해 발령받아서 온다면 그 추가되는 세금 부분은 회사가 보전해 주어야 맞지 않을까 싶습니다.

제이와 로이는 신입사원이라 아직 급여에 대하여 왈가왈부할 입장이 아닌 것 같아서 입을 다물고 있지만 심 대리 말에 전적으로 동의하는 것으로 보였다.

이 박사: 그래서 주재원들을 파견 보낼 때 세무 평형(tax equalization)이라는 것을 이용합니다.

일동: 세무 평형이요?

이 박사: 네. 말 그대로 세금을 같게 유지하여 주는 것이죠. 과거 100만원만큼 세금을 부담했다면 새로 옮겨가는 부임지에서도 본인의 부담액은 100만원이 되게 하고 심 대리 말처럼 나머지 추가되는 세금을 회사가 보전하여 주는 것이죠.

'그럼 그렇지. 회사에서 직원을 배려해서 합리적으로 진행하겠지.'

이 박사: 그럼에도 불구하고 이 개념을 잘 모르는 직원들은 현지 세율이 높을 때 세금을 더 내는 것이 아닌가 하는 우려들이 있죠.

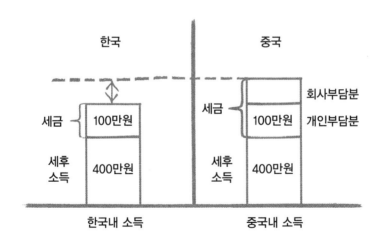

(출처: 국세맡(1996) 199호)

[그림 17] 세무 평형

정확한 표현은 아닙니다만 단순하게 설명하죠. 세무 평형은 세율의 차이에도 불구하고 본인이 부담하는 세액을 동일하게 맞춰 주는 방식으로 조정합니다. 물류부장이 세금을 100만원 내고 세후소득이 400만원이니 타국으로 발령을 받을 때 이 400만원을 가지고 현지 국가의 세율에 맞춰서 해당하는 세금을 더해 주는 것입니다. [그림 17]

로이: 아하! 회사가 추가되는 세금을 어떻게 보전해 주어야 하나 생각하고 있었는데 이렇게 하면 문제가 저절로 해결되는군요.

이 박사: 로이는 왜 추가되는 세금 보전 방법을 고민했지요?

로이: 세금이 50만원 더 나왔는데 이 50만원을 물류부장에게 지급하면 이 50만원에 대한 세금이 또 있을 것이고 그 세금만큼 다시 지급하면 세금에 세금 계속 이렇게 꼬리를 물 것 같아서 고민했어요. 헤헤헤. 쓸데없는 내용을 이야기했네요. 죄송합니다. [그림 18]

이 박사: 아닙니다. 제가 거기까지 설명할 필요는 없다고 생각했는데 여러분들 수준이 높네요. 로이의 말대로 회사가 세금을 대신 납부해 줄 경우 세무당국에서는 세금에 대한 세금을 징수하려고 합니

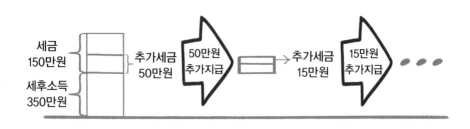

[그림 18] 중국에서 동일금액 지급후 추가 보전의 경우

다. 그렇기 때문에 세후소득을 기준으로 해서 그로스업 한 금액을 물류부장의 중국 급여로 확정하는 것이 문제를 만들지 않습니다.

제이: 그로스업이요?

이 박사: 네, 역산해서 계산하는 것 말입니다. 앞의 예를 다시 보자면 500만원을 지급하게 되면 중국에서는 세금이 150만원 나온다고 가정했었습니다. 그럼 세후소득은 350만원이라고 했지요? 그렇다면 세후소득으로 400만원이 되려면 세금은 150만원보다 더 많을 것입니다. 개인소득세율을 이용해서 계산할 일이지만 어떤 금액을 받아야 세금을 제하고 나서 세후소득으로 400만원을 받을 수 있나를 계산하는 것이지요. 그래서 세금이 170만원이라고 가정하게 되면 중국에서 얼마를 받아야 할까요?

제이: 570만원이요.

이 박사: 네. 맞습니다. 570만원을 받아야 세금 170만원을 제하고 400만원을 손에 쥐게 됩니다. 이렇게 570만원을 계산해 내는 것을 그로스업했다고 하고 570만원으로 중국급여를 확정해 버리면 세금에 대한 세금을 더 내라는 논란을 잠재울 수 있습니다. 일부 세무평형은 설명하기 복잡한 경우도 있으므로 로이가 고민한 사항이 충분히 발생할 수 있고 그래서 깔끔히 정리하는 것이 필요합니다.

글로벌 비즈니스를 수행하기 위해서는 그로스업과 같은 고려가 필요하겠다는 생각이 들었다.

이 박사: 자, 세무 평형도 이해했으니 물류부장이 불평했다던 중국의 개인소득세율에 대하여 알아보고 가도록 할까요? 개인소득세율을 확인한 뒤에 개인소득세 규정도 간단히 알아보도록 하겠습

니다.

이제서야 중국 개인소득세 규정을 듣는다고 하니 앞서 개념을 이
해하는 데 이렇게 오래 걸릴 줄도 몰랐지만 동시에 기본 개념이 이
렇게나 중요하구나 하는 생각이 들었다.

이 박사: 세세한 규정까지 여러분이 알 필요는 없다고 생각합니다.
다만 개인소득세는 각 개인의 관심사이기도 하니까 기본적인 규정
을 알려줄까 하는 것입니다. 개인소득세에 관해서 많은 부분 이야기
를 했으니 내용이 얼마나 더 있을까 걱정하지 말고 규정들은 그냥
이해하는 수준으로 들어보면 되겠습니다.

일동: 네, 알겠습니다.

부담이 컸는데 대부분을 이야기해 주셨다니 다행이었다.

[표 10] 개인소득세율표

소득	세율(%)	속산공제수
소득≦1,500위안	3	0
1,500위안<소득≦4,500위안	10	105
4,500위안<소득≦9,000위안	20	555
9,000위안<소득≦35,000위안	25	1,005
35,000위안<소득≦55,000위안	30	2,755
55,000위안<소득≦80,000위안	35	5,505
80,000위안<소득	45	13,505

(출처: 개인소득세법 및 국가세무총국공고(2011) 46호)

이 박사: 먼저 개인소득세율을 소득 구간별로 정리한 표를 그려줄
테니 한번 보세요.

제이: 박사님, 이해가 가지 않는 부분이 있습니다. 왜 세율이 다르고 또 속산공제수라는 것은 무엇이지요?

이 박사: 이런 세율을 초과 누진세라고 합니다. 소득수준이 높은 사람일수록 높은 소득구간에 대하여 더 높은 세율을 적용하는 것이죠. 사회에서 더 많이 벌어간 사람이 좀 더 세수 공헌을 하도록 했다고 보시면 됩니다. 속산공제수는 구간마다 세율이 다르다 보니 그 계산을 용이하게 하기 위하여 참고하는 것입니다. 속산이라는 말은 빠른 계산을 뜻하니 빠른 계산을 위해서 공제하는 수라는 말입니다.

세 명은 그래도 이해가 잘 가지 않은 듯했다.

이 박사: 좋습니다. 예를 들어 보지요. 예를 들기 전에 먼저 알아야 할 것이 있습니다. 기본공제라는 것이 있는데 모든 사람의 급여를 계산할 때 과표에서 기본으로 3,500위안씩을 공제합니다. 외국인의 경우 4,800위안인데 중국인에게 적용되는 3,500위안의 기본공제에 1,300위안의 가산된 공제가 있다고 보면 됩니다. 중국에는 신용카드 공제, 부양가족 공제 등이 없습니다. 외국인에게는 추가 공제 사항이 있는데 일단 지금 이 공제가 가장 기본입니다.

'기본공제 4,800위안이라……'

이 박사: 이제 계산해 봅시다. 속산공제수를 설명하려면 아무래도 급여 금액이 높으면 좋겠네요. 중국법인의 외국인 CEO가 있는데 월급이 10만위안이라고 해 보죠. 외국인 기본공제 4,800위안을 제하고 남은 95,200위안이 과표가 되겠습니다. 이 과표를 구간에 따라서 계산해 봅시다.

$$1,500 \times 3\% = 45$$
$$(4,500 - 1,500) \times 10\% = 300$$
$$(9,000 - 4,500) \times 20\% = 900$$
$$(35,000 - 9,000) \times 25\% = 6,500$$
$$(55,000 - 35,000) \times 30\% = 6,000$$
$$(80,000 - 55,000) \times 35\% = 8,750$$
$$(95,200 - 80,000) \times 45\% = 6,840$$

$$\text{개인소득세} = 45+300+900+6,500+6,000$$
$$+8,750+6,840 = 29,335$$
$$\text{세후소득} = 100,000 - 29,335 = 70,665$$

이 박사: 이야기했지만 소득의 구간마다 적용되는 세율이 다릅니다. 과표인 95,200위안에 대해서 점점 더 높은 세율을 적용하는 것이지요. 세금 계산이 이해가 갑니까?

일동: 네.

이 박사: 그럼 이것을 속산공제수라는 것을 이용해서 계산해 보겠습니다. 자 과표인 95,200위안은 세율표에서 보면 45%의 세율과 13,505의 속산공제수에 속해 있습니다. 그것을 대입해 보겠습니다.

$$\text{개인소득세} = 95,200 \times 45\% - 13,505$$
$$= 42,840 - 13,505$$
$$= 29,335$$

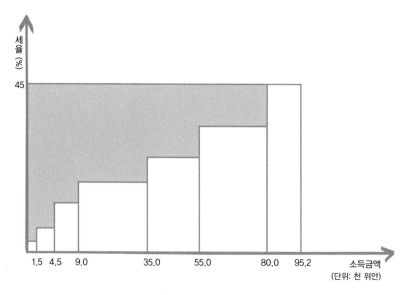

[그림 19] 속산공제수를 이용한 계산

제이: 어? 계산된 답이 일치하네요? 이게 어떻게 된 것이지?

이 박사는 그래프 그림을 하나 그려 주었다. [그림 19]

이 박사: 그래프에서 색칠된 부분이 있지요? 이 부분이 바로 속산공제수입니다. 이제 산수만 잘하면 알 수가 있지요. 45% 곱하기 95,200위안으로 사각형의 면적을 구한 다음에 색칠된 부분인 속산공제수를 빼면 바로 각 구간별 세액을 합친 것과 같겠지요?

심 대리: 아하! 이거 참 간편하군요.

이 박사: 네. 연 상여(annual bonus)를 계산할 때에도 유용합니다. 중국에서는 일 년에 한 번 지급하는 연 상여금에 관해서는 그달의 급여에 합산하여 계산하지 않고 따로 분리하여 세액을 계산합니다. 초과 누진세를 고려할 때 급여에 합산하지 않고 단독으로 계산

하니까 좋고 또 적용세율도 낮추어 주므로 정말 우대혜택을 주는 것이지요.

　로이: 박사님, 그런데 아까 외국인에게는 추가 공제사항이 있다고 말씀하셨잖아요? 이렇게 세금이 다 계산되어 버리면 그 외국인에게 주는 추가 공제는 언제 사용하나요?

　이 박사: 그럼 그것을 좀 알아볼까요?

이 박사: 잠정적으로 개인소득세를 면세하는 항목들이 있습니다. 그중에서 외국인들에게 적용되는 잠정 면세 항목은 여러분과 바로 밀접한 관련이 있는 것이니 간단히 살펴볼까 합니다. 주요하게 기억해야 할 것은 외국인 개인이 비현금형식 또는 실비보상형식으로 받는 주택임대료, 식대, 세탁비 등은 공제된다는 점입니다. 1년에 2차례 중국 내 근무지로부터 본국으로의 교통비, 중국 내 본인 언어교육비와 자녀교육비, 임직 또는 이직할 때 실비정산형식으로 취득하는 이사비용 등도 공제가 됩니다. 실비정산이란 그냥 현금을 먼저 주는 것이 아니고 실제 발생한 비용을 보전해 주는 것을 말합니다. 영어로는 Reimbursement라고 하지요. 회사에서 업무 관련 비용이 발생하면 쓴 다음에 신청하잖습니까? 그것과 같다고 보면 되겠네요.

심 대리: 공제가 광범위하네요? 잘 적어 놔야지, 그렇지 않으면 기

억하기가 쉽지 않겠어요.

이 박사: 아닙니다. 생각보다 이해하기가 쉽습니다. 외국인으로서 낯선 나라인 중국에 와서 일하게 되었다고 가정해 봅시다. 일단 이 삿짐을 싸서 들어와야 하니까 이사비용이 발생합니다. 그리고 중국에 들어와서는 살 집이 있어야겠지요?

심 대리: 네.

이 박사: 그리고 가족들이 같이 왔으니까 자녀들이 학교에도 가야 하고 자신도 중국 생활에 빨리 적응하려면 중국어도 열심히 배워야 할 것입니다.

제이: 네.

이 박사: 맛은 있지만 처음이라 어색한 중국 음식과도 친해져야 하고 옷도 빨아 입어야 하고 부모님을 찾아뵙기 위해 자기 나라에도 한 번씩 다녀와야 하고요.

제이: 네.

이 박사: 그럼 다 이해했습니다. 그게 바로 잠정적으로 면세가 되는 항목들입니다. 이사비용, 주택임대료, 자녀교육비, 언어훈련비, 식대, 세탁비, 고국 방문비!

로이: 이야~, 그렇게 생각하니 쉽네요?

이 박사: 그 외에 급여, 보너스, 교통비 지원, 일당, 스톡옵션 등은 모두 과세한다고 생각하면 됩니다. 합리적인 기준의 중국 경내 및 해외 출장수당도 면세가 된다고는 하나 기준이 너무 낮아서 굳이 고려할 필요는 없습니다.

심 대리: 박사님 질문에 그냥 네, 네 대답하고 얻은 것이라 다시 생

각해 봐야겠네요. 이사비, 주택임대료 또…….

이 박사: 그런데…….

'그럼 그렇지. 이제부터가 진짜 요점이군.'

이 박사: 이러한 공제를 제대로 받기 위해서는 급여계약서를 잘 작성해야 합니다.

제이: 에고, 언제나 계약서에서 벗어날 수 있을까요? 계약서, 계약서, 계약서!

이 박사: 제이의 머릿속에 그렇게까지 계약서가 심하게 자리 잡고 있다면 성공이네요. 절대 안 까먹을 것 아닙니까? 후후후.

제이: 아이참, 박사님도.

이 박사: 아닙니다. 계약서의 중요성은 머릿속에 아주 꼭 박혀 있어야 합니다. 비즈니스의 모든 것이 법률관계이고 따라서 친숙해지는 것이 좋습니다. 여기서도 계약서와 증빙 이 두 가지가 제일 중요하지요. 계약서 작성 시에 면세 항목들은 따로 분리하여 각각 적어주는 것이 좋습니다. 위에 언급한 면세 항목들은 고용계약서에 명시된 한도 내에서 유효한 증빙을 갖추었을 경우에 한하여 계산 시 차감을 합니다. 따라서 소득세 차감에 대하여 질의를 받지 않기 위해서는 자세히 기술하면 좋겠지요. 인사팀에서 잘 준비하니 문제가 없습니다만 유효한 증빙은 각 개인이 잘 챙겨야겠습니다. 계약서와 증빙이라고 했는데 예를 들어 실비보상형식이 있다면 실제 발생했는지 확인해야 할 것 아니겠습니까? 계약서만 있다고 실제 지급했는지 알 수가 없고 허위로 발생했다고 하면 안 되잖아요? 세무국에서 확인했을 때에도 적법한 증빙이 있어야 하겠지요. 중국에는 발표(发票,

[그림 20] 발표 예시

FaPiao)라는 것이 있습니다. 한국처럼 신용카드 영수증으로 증빙을 처리하지 않습니다. 주택임차든 학교든 식비든 모두 발표를 제공합니다. 그런데 이 발표에 가짜들이 많으니 주의해야 합니다. [그림 20]

제이: 아! 그 발표라는 것이 세금 납부를 증명하는 것일 테니 가짜가 존재할 수 있겠군요.

로이: 그런데 외국인에게만 혜택이 있네요?

이 박사: 네. 그렇습니다. 중국인의 외국인에 대한 따뜻한 배려일 수도 있고 중국에서 번 돈은 가져가지 말고 중국에서 쓰라는 의미일 수도 있고요. 외국인에게 주택수당이 있는 것을 알기에 보통 주택비가 매우 비쌉니다. 먹거리 환경도 아직 안심할 수준이 아니라서 아무래도 깨끗하고 괜찮은 레스토랑을 찾게 되는데 그렇게 따지면 물가 수준이 어느 선진국 대도시 못지않게 비쌉니다.

로이: 아! 배려와 동시에 소비 장려. 멋진데요?

이 박사: 이전에는 외국인들이 사는 지역을 정해 놓고 그 안에서만 살 수 있었는데 지금은 제한 없이 살게 되었지요. 20년 전, 내가 북경에 있을 때는 제한이 있던 시절이라 공안이 불시에 아파트를 둘러싸고 확성기로 불법으로 거주하고 있는 외국인들 나오라고 하기도 했고 불심검문도 하고 그랬었습니다.

로이: 히야~, 그런 일도 있었군요. 정말 옛날 옛적 이야기로 들려요.

로이는 옛날에 이랬다는 것에 정말 관심이 많았다. 제이가 보기에는 역사에 관심이 많다더니 이런 것도 역사 축에 끼나 하는 생각이 들 정도였다.

이 박사: 외국인 거주지역이 제한되어 있다 보니 비용도 상대적으로 매우 비쌌습니다. 제한은 풀렸지만 지금도 외국인들은 입국으로부터 48시간 이내에 동네 파출소에 가서 등록해야 합니다. 또한 최근까지도 국가의 큰 행사가 있을 때는 아파트로 불심검문이 나와서 집집마다 신고하지 않고 있는 외국인이 있는지 확인도 하더군요.

심 대리는 확실히 이게 사회주의와 관련이 있는지는 모르겠으나 감시, 감독의 수준이 다르다는 생각이 들었다.

로이: 그런데 저희는 등록하지 않았잖아요?

이 박사: 우리는 호텔에 있으니까요. 호텔에서 대행하고 있다고 생각하면 됩니다.

로이: 박사님, 그런데 잠정 면세라는 것이 무슨 뜻이지요? 잠정적이라는 말은 없어질 수도 있다는 말인가요?

이 박사: 후후후. 로이는 굉장히 세세하군요. 맞습니다. 영구적인

것은 아니라는 의미니까 적어도 변할 여지는 열어둔 셈이지요?

제이: 면세 규정을 바꾸면 외국인들이 다들 있지 않으려고 하지 않을까요? 추가비용 부담이 만만치 않을 텐데요.

이 박사: 반대로 묻겠습니다. 그럼 중국에서 이제 외국인들이 없어도 된다고 생각한다면요?

제이: 그거야……. 하지만.

이 박사: 원래 외국인에게 적용되는 잠정 면세 항목에 대하여 폐지 논의가 있었다는 소문이 있었습니다. 즉, 이미 외국인 투자와 외국인의 기술지도가 충분하며 중국기업의 경쟁력이 충분하므로 필요 없다는 이야기로 떠돌았습니다. 그런데 북경의 경우 중국의 공기 오염이 심각해지면서 자발적으로 중국을 떠나는 외국인이 많아지자 일단 폐지를 보류했다고 다시 소문이 났습니다. 이것은 정말 소문일 뿐이고 사실 빗대어 공기 오염을 알리고자 나온 말일 수도 있어요. 하지만 말 그대로 잠정이기 때문에 이 규정은 언제든지 바뀔 수 있다고 생각합니다.

제이: 정말 바뀔 수 있을까요? 그래도 글로벌 시대에 세계화를 지향하는 중국 입장에서 외국인이 다 빠져나간다면 별로 좋지 않을 것 같은데요.

이 박사: 그럼 그렇게 부담이 커져도, 그럼에도 불구하고 외국인이 있으리라 판단한다면요?

제이는 설마 하는 생각이 들면서도 이 박사의 질문에 선뜻 대답할 수 없었다.

로이: 극단적으로 이야기한다면 수용할 수 있는 한계선까지 올릴

수도 있을 것 같아요. 중국을 빠져나가기 바로 직전까지의 수준으로 말이죠.

제이: 그건 너무한 것 같은데?

로이의 생각이 너무 극단적이라고 생각하는 제이의 표정을 읽은 이 박사가 덧붙였다.

이 박사: 원래 기본공제라는 것도 800위안이었습니다. 그리고 외국인의 추가공제는 4,000위안이었지요. 그래서 합이 4,800위안을 공제해 주었던 것입니다. 그런데 중국인들의 급여 수준이 올라가면서 기본공제 금액이 올라갔습니다. 800위안이 1,600위안으로 오른 것이지요. 그런데 외국인 공제는 여전히 4,800위안이었습니다. 말하자면 추가공제를 4,000위안에서 3,200위안으로 낮추었다고 해야 할까요? 그 이후에도 기본공제는 3,200위안으로 올랐고 반대로 추가공제는 1,600위안으로 낮아진 셈이 되었습니다. 지금은 기본공제가 3,500위안이니 추가공제는 1,300위안으로 다시 낮아진 것이지요. 꼭 외국인 때문은 아니지만 과거에는 10만위안 소득에 대하여 45% 세율을 적용했는데 보다시피 지금은 8만위안 이상에 45% 세율을 적용합니다. 세금 부담이 늘어난 것이지요. 8만위안 이상의 소득에 45% 세율은 어느 나라와 비교해도 상당히 높은 수준입니다. 물론 중국 정부는 저소득층의 세 부담은 줄었다고 이야기합니다. 그것도 사실이고요.

제이: 아!

이 박사: 로이가 질문한 대로 이 '잠정'이라는 말은 뒤를 열어 둔 것입니다. 언제든지 필요하면 조정할 수 있는 문을 열어 둔 것이지요.

[표 11] 개인소득세율표 변동

소득	세율(%)	속산 공제수
500위안 이하	5	0
500위안 ~2,000위안	10	25
2,000위안 ~5,000위안	15	125
5,000위안 ~20,000위안	20	375
20,000위안 ~40,000위안	25	1,375
40,000위안 ~60,000위안	30	3,375
60,000위안 ~80,000위안	35	6,375
80,000위안 ~100,000위안	40	10,375
100,000위안 초과	45	15,375

소득	세율(%)	속산 공제수
1,500위안 이하	3	0
1,500위안 ~4,500위안	10	105
4,500위안 ~9,000위안	20	555
9,000위안 ~35,000위안	25	1,005
35,000위안 ~55,000위안	30	2,755
55,000위안 ~80,000위안	35	5,505
80,000위안 초과	45	13,505

(출처: 개인소득세법, 국세발(1994) 89호 국가세무총국공고(2011) 46호)

이걸 유연성이라고 할 수도 있지만 기본공제에서 보듯이 혜택이라는 것이 점점 줄어들 수도 있다는 것입니다. 투자 부분에서 살펴보았지만, 과거에 있던 여러 우대 혜택이 모두 사라졌습니다. 지금은 없어진 혜택이라서 투자에 관해 설명하면서 자세히 다루지 않았지만 초창기에는 투자해서 얻은 배당을 본국으로 가져가지 않고 다시 중국에 투자하면 재투자 세액환급이라고 해서 세금 환급을 해 주었었습니다. 투자를 극대화하기 위한 것이었지요.

제이: 일단 쫙 깔아 두는 것이 중요하다는 것이군요. 걷는 것이야 일단 다 깔린 다음에 걷으면 되는 것이고요.

심 대리: 제이 표현이 어째 좀 그렇다.

로이: 투자도 처음에는 여러 장려책이 있었지만 투자가 다 이루어지고 난 다음에는 대부분 없어졌잖아요. 외국자본을 아주 효율적으로 사용하고 있는 것이지. 중국 정부가 얄미울 정도로 잘하고 있다는 느낌이 들어요.

제이, 심 대리와 로이가 주거니 받거니 서로의 의견을 교환했다. 표현은 달라도 같은 느낌을 받은 것으로 보였다.

이 박사: 그러한 정책에 부응한 것은 외상투자기업들입니다. 재투자 세액환급을 안 받더라도 그냥 배당으로 가지고 나가면 되는 것 아닙니까? 그러나 그러기에는 유인책이 너무 좋았죠. 그래서 받기 위해서 재투자를 했고요. 저도 중국 당국의 정책 입안자들이 정말 똑똑하다고 생각합니다. 우대 혜택이 없어진다고 말하기 전에 그럴 수 있다는 생각을 항상 하고 변화에 대비하는 자세를 항상 갖추어야 합니다. 그리고 중국 입장에서 한번 생각해 보세요. 외국인, 외상투자기업 입장에서만 생각하지 마세요. 우리 이야기했죠? 상대방 입장에서 보면 다른 아이디어를 얻을 수도 있다고 말입니다.

상대방의 입장에서 생각하라

'그래 당연히 내 입장에서 문제가 있는 것이지 상대방도 나랑 같은 것은 아니잖아?'

심 대리는 당연한 이치인데 그동안 간과하고 있었다는 생각이 들었다.

이 박사: 그리고 근무조건이 안 좋아지는 것 같지만 고급인재를 유치하기 위한 정책도 있습니다. 북경의 경우에도 다국적기업 지역본부의 고위직, 소프트웨어 및 집적회로 전문가, 국제적으로 명망 있는 예술인, 체육인 등에게 혜택을 주고 있습니다. 그리고 '1,000인 계획'(중공중앙반공청이 발포한 〈중앙인재공작협조소조의 해외우수인재 영입계획에 관한 의견〉, 중반발(2008) 25호)이라고 해서 중국이 필요로 하는 분야의 전문가 1,000인을 유치한다는 계획 하에 열심히 인재 유인책을 쓰고 있습니다. 말하자면 산업뿐 아니라 인재도 구조조정을 해서 필요한 사람을 받겠다는 뜻으로 보입니다. 이런 정책들이 의미하는 것이 무엇일지 자꾸 생각해 보세요.

'그렇다. 중국의 입장에서 이야기한다면 과거에는 투자 유치를 위하여 과도한 우대 혜택을 주었고 이제 제자리를 찾아간다고 생각할 수도 있는 일이다.'

과연 어떤 방향으로 흘러갈지 예견하기는 어렵지만 항상 긴장의 끈을 놓아서는 안 되겠다는 생각이 심 대리의 머릿속을 지나갔다.

이 박사: 속산공제수 이야기를 하면서, 알아두면 연 상여금(annual bonus) 계산 시 도움이 될 것이라고 했지요?

로이: 네. 그렇게 말씀하셨어요.

이 박사: 이게 바로 연 상여에 대한 개인소득세 계산식입니다.

상여 개인소득세액 = 연상여금 × 적용세율 − 속산공제수

제이: 그냥 매월 급여에 관해서 개인소득세를 계산하는 것과 같아 보이는데요? 기본공제가 없는 부분만 빼고 같은 거 같아요. 기본공제야 이미 매월 공제하니까 다시 빼지 않는다고 해서 전혀 이상할 것이 없을 것 같고요.

이 박사: 맞습니다. 포인트는 바로 '적용세율'에 있습니다. 적용되는 세율을 찾을 때 상여 금액에 맞춰서 찾는 것이 아니고 나누기 12를

한 금액에 해당하는 적용세율 구간을 찾아서 그 세액만을 가져다 쓰는 것이지요.

제이: 연 상여니까 1년 동안의 노고를 고려해서 나누기 12를 하는 것인가요?

이 박사: 좋은 아이디어인데요? 그렇게 생각하면 까먹지도 않겠네요. 예를 들어서 연 상여를 12만위안을 받았다고 합시다. 그냥 대입하면 8만위안보다 크니까 45%의 세율이 적용될 텐데 그렇게 하지 않아요. '12만위안 / 12 = 1만위안'이라는 나누기 계산을 통해서 1만위안이라는 숫자를 구합니다. 그다음 1만위안이 해당하는 소득구간을 살펴보니 9,000위안 초과 35,000위안 이하에 해당하고 그 구간의 세율과 속산공제수는 각각 25%와 1,005위안입니다. 자 이제 모든 숫자가 다 나왔네요. 개인 소득세액은 위의 공식을 이용해서 120,000 × 25% − 1,005 = 28,995입니다.

로이: 흠……. 그런데 좀 이상해요.

로이가 고민을 시작한 것을 보니 과연 여기서 또 무엇을 발견할 것이 있는지 궁금해졌다.

로이: 연 상여 계산할 때 편하다고 하신 속산공제수 말이에요. 그걸 한 번만 차감하는 것이 맞나요?

이 박사: 네. 맞습니다.

로이: 어? 잘못 적으신 것이 아니고 식이 맞는다는 말씀이세요?

이 박사는 다시 고개를 끄덕여 맞는다는 것을 다시 대답해 주었다. 웃는 것을 보니 로이가 무엇을 찾아냈는지 알고 있었다.

제이: 로이, 무슨 말을 하는 거야?

로이: 그게 연 상여의 개인소득세는 나누기 12를 한 다음에 나온 금액으로 적용세율을 정하게 되어 있잖아. 그런데 속산공제수를 한 번만 빼게 되면 그 세율이 바뀌는 구간 앞뒤로 계산이 안 맞는 것 같아. 그게 적용세율은 나누기 12를 한 금액을 기준으로 정하지만 상여금 계산을 할 때는 원래 상여 금액으로 하지, 나누기 12를 한 금액을 적용하는 것이 아니잖아?

제이: 그러니까 그게 무슨 차이가.

로이: 예를 들어 세율이 바뀌는 구간의 접점에 있는 아무 금액을 고르는 거야. 9,000위안을 고르면 그 12배인 108,000위안으로 따져 보자고. 만일 108,000위안을 연 상여금으로 받았다고 해봐. 세금을 계산하면 적용하는 세율과 속산공제수는 9,000위안에 해당하는 것을 고르면 되니까 각각 20%와 555야. 그러면 108,000 × 20% − 555 = 21,600 − 555 = 21,045잖아.

제이: 그렇지.

로이: 그럼 더 큰 금액인 114,000을 상여로 받았다고 해 봐. 나누기 12를 하면 9,500이니까 적용세율은 25%이고 속산공제수는 1,005야. 그럼 세금은 114,000 × 25% − 1,005 = 27,495야.

제이: 그래. 그래서 그게 무슨 차이가 있단 말이야.

로이: 지금 말한 것은 세금이야. 원래 세전소득에서 방금 계산한 세금을 빼면 세후소득이 되잖아. 그럼 108,000 − 21,045 = 86,955위안이고, 114,000 − 27,495 = 86,505위안이야. 즉, 보너스로 6,000위안이나 더 받았는데 세금을 내고 나니까 오히려 소득이 더 적어지는 결과가 된 것이잖아. 회사에서도 그러면 왜 더 많이 주겠어? 직

원 입장에서는 세후에 실질적으로 받는 금액이 더 중요할 텐데 말이야. 늘어난 6,000위안이 다 세금으로 나간 것밖에 안 되잖아?

제이: 아!

로이: 이게 그 속산공제수를 한 번만 빼서 그런 것 같은데.

공학도 출신인 제이는 당연히 로이보다 숫자에 더 밝다고 생각했는데 기분이 나빠졌다. 사실 이건 숫자 문제가 아니라는 건 알지만 머리가 좋다고 생각했고 이해도 빠르다고 생각했는데 왜 매번 이런 일이 발생하는지 알 수가 없었다.

심 대리: 자책하지 마. 우리가 정상이고 쟤가 이상한 것이지. 나도 정말 생각도 못 했어.

심 대리가 제이를 달랬다. 제이는 겉으로는 말 못 했지만 정말 사고력이 부족한 것은 아닌지 자꾸 자신을 돌아봤다.

심 대리: 로이가 있으니까 정말 좋구나. 이번 기회에 로이랑 같이 하니까 나도 여러 가지 측면에서 자꾸 생각해 보는 연습을 하게 돼. 비록 지금은 연습이 부족해서 사고의 폭이 모자라지만 로이랑 같이 연습하면 정말 좋을 것 같아.

심 대리가 로이에게 하는 이야기는 사실 제이에게 하는 이야기였다.

'그래, 이런 자극이 없었더라면 난 우물 안 개구리였을지도 몰라. 이 박사님과 로이. 난 정말 행운아야!'

이 박사: 산식에 문제가 있는 것이 맞습니다. 그러니까 세후소득을 Y축, 세전소득을 X축으로 해서 그래프를 그려 본다면 직선으로 비례해서 상승하는 것이 아니고 톱니바퀴처럼 뚝 떨어졌다가 올라가

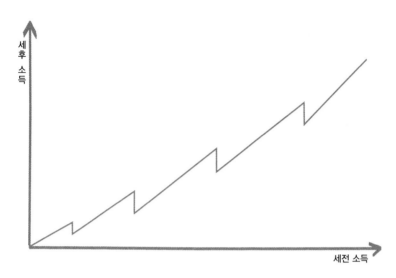

[그림 21] 세후 소득 그래프

는 모양을 반복할 것이에요. 어쨌거나 규정이 그러하니 겹치는 구간
을 피하도록 조절하면 되겠습니다.

12 / 연도신고

이 박사: 자, 이제 연도신고에 관해서만 설명하고 개인소득세에 대한 설명은 이만 마칠까 합니다.

로이: 이야, 시작할 때는 정말 막막하더니 그래도 끝이 보이네요?

이 박사: 이해합니다. 여러 가지 개념도 나오고 쉽지 않았는데 잘 따라와 줘서 고마워요. 중요한 개념도 많이 나오고 각각 개개인에 관련된 것이니만큼 비단 중국뿐 아니라 앞으로 세계 어디에 가서 일하더라도 관심을 가졌으면 좋겠습니다. 기본 개념은 다 이해한 셈이니까 어느 나라에 가더라도 그 나라의 세율이 어떠한지, 공제항목은 무엇이 있는지, 신고 상 특이한 점은 없는지 확인해 본다면 문제없을 것입니다. 가장 중요한 것은 개념과 기본 로직(logic)입니다.

이 박사의 이런 말들은 정말 자신감을 불어넣어 주었다. 지금 세계 어느 나라를 가더라도 통하는 내용을 숙지하고 있는 것이니까 힘이 솟았다.

이 박사: 연도신고는 말 그대로 1년에 한 번 하는 신고입니다. 차이는 있습니다만 굳이 한국에서 비슷한 것을 찾는다면 연말정산이라고 해야 할까요?

심 대리: 연말정산에 따라서 정말 웃기도 하고 울기도 하는 것 같아요.

이 박사: 중국의 연도신고는 다릅니다. 정산 개념이 없어요. 매월 신고하는 것으로 신고는 마친 것입니다. 설령 잘못된 내용을 수정신고를 할지는 몰라도 정산을 하는 것은 없습니다. 그래서 이것도 연도신고라고 이야기를 한 것입니다.

심 대리: 정산할 필요가 없으니 어떤 면에서는 오히려 편할 수 있겠어요.

이 박사: 네. 그리고 이것은 연 소득 120,000위안 이상의 고소득자만 해당이 됩니다. 그리고 중국 경내에 거주 기간이 만 1년이 되지 않는 개인은 포함하지 않습니다.

로이: 어? 그 말씀은 연속해서 30일을 초과하여 나가 있으면 연도신고를 안 해도 된다는 것인가요?

이 박사: 네. 그렇습니다. 연도신고는 자진신고입니다. 내가 이야기하고자 하는 것은 바로 그 자진신고라는 부분입니다.

제이: 자진신고가 복잡한가요?

이 박사: 아니요. 신고야 많은 지역이 온라인으로 개설되어 있어서 세무국 사이트에 접속해서 신고하면 됩니다. 그런데 자진신고라는 것은 신고 의무가 개인에게 있다는 말입니다.

'무슨 말씀을 하시려고 그러는 것이지?' 심 대리는 궁금했다.

이 박사: 급여의 납세 의무자는 개인이지만 원천징수 의무자는 급여를 지급하는 회사라고 이야기했습니다. 그런데 이 신고는 개인이 신고 의무자고 내용에 틀림없이 성실히 신고했음에 확인하게 되어 있습니다. 거짓 신고가 있으면 개인도 책임 소재가 있을 수 있다는 말입니다. 아직 이와 관련하여 개인에게 불이익이 돌아가거나 벌금, 처벌이 있었다는 이야기는 들은 바 없습니다만 그 구조가 이렇다는 것은 알고 넘어가는 것이 좋을 것 같습니다. 외국이기 때문에 외국에 있는 개인은 그 나라의 법규와 규정을 잘 준수해야 하고, 또한 정말 개인과 관련된 부분은 자세한 사항까지도 신경 쓸 필요가 있다는 이야기를 하고 싶었습니다.

심 대리: 네. 박사님 말씀 명심하도록 하겠습니다.

이 박사: 그리고 개인소득세는 세무 문제이기도 하지만 급여와 관련된 것이니 인사 문제이기도 합니다. 인사팀에게는 세금 이슈가 어렵고 세무팀에서는 인사팀의 자료 접근이 쉽지 않습니다. 즉, 혼자서 할 수 있는 일이 제한된 것이지요. 가치사슬에서도 살펴보았지만 현재는 혼자서 독단적으로 할 수 있는 일이 없습니다. 항상 연결되어 있습니다. 그러므로 서로 잘 협조를 구하고 상생하여야 한다는 것을 항상 기억해 주었으면 합니다.

일동: 네!

이 박사: 개념 정의만 해서 지루했을 수 있는데 주말 휴식하는 동안 인터넷에서 봉제왕, 구리왕, 선박왕 등 거주자 문제가 있었던 기사들을 한번 검색해 보기 바랍니다. 그리고 전에 세금은 국적을 바꾸기도 한다고 이야기한 적이 있었지요? 개인소득세 문제로 국적을

바꾼 여러 유명인사도 한번 검색해 보세요. 그럼 거주자 등의 개념들이 좀 더 현실로 다가올 것입니다. 일단 흥미가 있어야 지루하지 않고 지루하지 않아야 배움의 효과가 좋겠지요. 이번 주는 개인소득세로 마무리하고 다음 주는 또 새로운 개념을 알아보도록 합시다. 수고 많았습니다.

로이의 노트

중요한 개념 정의

- 거주자: 주소가 있는 개인, 혹은 주소는 없으나 만 1년 이상 거주한 개인
- 주소: 주거등록, 가족, 경제적 이익으로 인해서 습관적으로 중국 내에 거주하는 경우의 등록지
- 습관적 거주: 해외에 나가 있더라도 해외거주 목적을 마치면 종국적으로 중국으로 돌아와야 하는 경우도 습관적 거주로 인정. 즉, 외국인은 중국 내에 주소가 없는 것으로 생각하면 된다.
- 만 1년 거주: 1년에 한 차례 30일을 초과하거나 또는 누적하여 90일을 초과하여 출국하지 않으면 해당
- 일수 계산: 납세의무 유무 판단 시에는 입출국일도 중국 내 거주일로 판단하고, 개인소득세 산정 시에는 입출국일은 반일씩 계산

개인소득세 납세 의무

한중조세협정에 의하면 한국인이 중국에 어느 당해 12월 기간 중 총 183일 이내 근무하고, 한국 회사가 급여를 지급하며, 그에 대해 중국에 비용전가를 하지 않으면 중국에서 개인소득세를 납부하지 않아도 된다.

- 어느 당해 12월: 현재를 기준으로 과거 12개월간 (그러나, 미국의 경우는 '한 회계연도 안에 183일을 초과하여'로 규정하며, 이처럼 국가별 조세협정 규정에 차이가 있다.)
- 중국원천소득: 중국에서 하고 있는 일이 원천이 되어 발생하는 소득(china sourced income). 단, 연속해서 만 5년을 거주하는 경우, 해외원천소득에 대해서도 신고 의무가 발생

[거주 기간에 따른 과세표]

거주 기간		183일 이하	183일 초과 ~1년 미만	1년 이상 ~5년 미만	5년 이상
중국원천소득	중국 내 지급	과세	과세	과세	과세
	해외 지급	비과세	과세	과세	과세
해외원천소득	중국 내 지급	비과세	비과세	과세	과세
	해외 지급	비과세	비과세	비과세	과세

(출처: 개인소득세법 및 실시조례)

250

개인소득세 납세 관련

- 세무 평형: 세율이 다른 해외국가에서 일을 하더라도 세후소득이 일정하게 유지될 수 있도록 조정해 주는 것
- 개인소득세 잠정 면세 항목: 이사비용, 주택임대료, 자녀교육비, 언어훈련비, 식대, 세탁비, 고국방문비 (비현금형식 또는 실비보상형식)
- 잠정 면세되는 항목들에 대하여 면세혜택을 누리기 위해서는 이를 반영할 수 있도록 계약서를 작성하고 관련 증빙 또한 잘 갖춰야 한다.

케이스

장기출장자의 개인소득세 납부 의무 (김 부장)

- 중국에 183일 이내로 머물고, JK본사가 급여를 지급하며, 이미 지급한 급여에 대해 다시 JK북경법인 등 중국 내에 있는 법인으로 비용전가를 하지 않으면 한국에서 과세 (세가지 모두 만족 조건)

개인소득세 계산공식

1) 임의의 12개월 내에 183일 이하 중국거주

$$\text{납부세액} = \left(\begin{array}{c} \text{당월 중국} \\ \text{경내외} \\ \text{과세소득 총액} \end{array} \times \text{적용세율} - \text{속산공제수} \right) \times \dfrac{\text{중국 경내}}{\text{월급여총액}} \times \dfrac{\text{당월 중국}}{\text{해당월 일수}}$$

2) 임의의 12개월 동안 183일을 초과하고 1년 미만 중국거주

$$\text{납부세액} = \left(\begin{array}{c} \text{당월 중국} \\ \text{경내외} \\ \text{과세소득 총액} \end{array} \times \text{적용세율} - \text{속산공제수} \right) \times \dfrac{\text{당월 중국}}{\text{해당월 일수}}$$

3) 1년 이상 5년 미만 기간 중국거주

$$\text{납부세액} = \left(\begin{array}{c} \text{당월 중국} \\ \text{경내외} \\ \text{과세소득 총액} \end{array} \times \text{적용세율} - \text{속산공제수} \right) \times \left(1 - \dfrac{\text{중국 경외 지급급여}}{\text{월급여총액}} \right) \times \dfrac{\text{당월 해외 근무일수}}{\text{해당월 일수}}$$

(출처: 국세발(1994) 148호, 국세발(2004) 97호)

4장_

고정사업장

1 / 고정사업장 이슈

현 과장: 최근에 우리 사업부가 중국 내 대형 프로젝트를 수주했습니다.

이 박사: 오! 축하할 일이네요. 축하합니다.

이 박사는 환하게 웃으면서 축하를 건넨다. 심 대리, 로이와 제이도 함께 기뻐하고 있는데 이 박사가 담당자의 표정을 잠시 살펴보더니 물었다.

이 박사: 좋은 일이 있는데 정작 말하는 사람의 표정이 그다지 좋은 것 같지 않네요?

현 과장: 그러게 말입니다.

프로젝트 담당 현 과장은 덤덤한 표정으로 말을 이었다.

현 과장: 아시다시피 JK그룹 내의 우리 사업분야도 중국에 설립한 자회사가 있어요. 그런데 이 자회사가 설립된 지 그리 오래되지 않다보니 한국 본사 수준의 기술용역을 제공하기는 힘들어요. 그래서

고난도 기술이라는 서비스 특성상 한국 본사가 서비스를 하는 것으로 계약을 체결했어요.

이 박사: 계약 주체가 한국 본사라는 이야긴가요?

현 과장: 계약 주체가 중국 자회사인지 한국 본사인지는 아직 잘 모르겠습니다. 그러나 수주 시 약속한 계약에 따라서 한국에서 기술자를 직접 파견 보내려고 하고 있는데 고정사업장 문제가 있다는 말을 하더라고요.

현 과장도 한국 본사의 프로젝트팀에 속해 있는데, 마침 이번 출장 중에 중국에 있는 이 박사를 만나 고정사업장에 관한 조언을 들으라는 이야기를 듣고 이 박사를 찾아온 터였다.

이 박사: 음, 그렇네요. 고정사업장 문제가 있을 수 있네요.

현 과장: 전혀 생소한 말이라, 고정사업장을 구성한다는 것이 도대체 무슨 의미인지, 또 고정사업장을 구성한다는 것에 무슨 문제점이 있는지 사실 잘 모릅니다. 그러나 무엇보다 세금을 많이 내야 한다는 이야기를 하니 그것이 걱정이에요. 특히 이번 프로젝트를 수주하는 과정에서 경쟁이 치열하다 보니 가격경쟁력을 높이기 위하여 마진을 많이 잡지 않았습니다. 그런데 세금까지 예상보다 많이 내면 프로젝트 자체가 적자 프로젝트가 될 것이거든요.

이 박사: 흠, 프로젝트 가격 입찰을 진행할 때 내부적으로 관리부서와 프로젝트 입찰 전략과 가격에 관한 이야기는 나누었나요?

현 과장: 아니요. 저희 업무는 기술적인 면이 많아서 관리 부문이 알 수 있는 것이 아닙니다. 입찰에 참여하는 업체들은 보통 유사한 기술 수준을 보이므로 다른 경쟁사의 가격을 어떻게 맞추느냐가 가

장 관건이거든요. 따라서 영업과 기술부서에서 결정할 일이지 관리부서와 상의할 이유가 없죠.

갑자기 심 대리의 눈빛이 반짝거린다. 아마 '상의할 이유가 없다'는 표현이 심 대리의 귀에 거슬렸기 때문이리라.

'상의를 안 하면 안 하는 거지 상의할 이유가 없다는 것은 도대체 뭐야? 이게 부서 전체의 보편적인 태도라면 문제가 될 수 있겠어.'

현 과장의 어투에서도 관리부서를 얕보는 듯한 느낌이 묻어났기에 심 대리는 이 사업부가 각 부서와 의사소통을 어떻게 하고 있는지 궁금해졌다.

이 박사: 세금을 많이 내야 한다면서요? 그런데 관리부서랑 상의할 필요가 없어요?

이 박사는 특유의 긴 여운을 남기는 어투로 다시 한번 확인을 하는 듯했다.

현 과장: 프로젝트를 따내고 진행하려는 과정에서 듣게 된 이야기입니다. 프로젝트 수주 전까지도 몰랐고 사실 아직도 왜 세금을 많이 내야 하는지 이해를 못 한 상황입니다.

로이와 제이는 숨을 죽이고 이 박사의 설명을 기다렸다. 무슨 내용인지 아직 알기는 어려웠으나 이 박사의 확인 질문으로 유추해 볼 때 과정상 문제가 발생한 것은 분명해 보였다. 이 박사는 침착한 어조로 설명을 이어갔다.

이 박사: 조세협정에 따르면 '고정사업장'이란 '기업의 사업이 전적으로 또는 부분적으로 영위되는 고정된 사업장소'입니다. 중국어로는 '상설기구(常设机构)'라고 하고 영어로는 'Permanent Establishment'

라고 하는데요, 일단 어려운 표현은 배제하고 '고정사업장'이란 말 그대로 '고정된 사업장'이라고 생각하고 이야기를 해 보죠. 프로젝트 관련하여 고정사업장 이슈가 있다는 말은 한국 본사가 중국 내에 고정된 사업장을 가지고 있다고 판정될 수 있다는 말이죠.

현 과장: 네, 고정된 사업장은 이미 가지고 있습니다. 아까 말씀드린 것처럼 중국에 설립한 자회사가 있어요.

이 박사: 이 건은 이미 설립된 자회사와는 관련이 없습니다.

관련 없다고 말을 한 이 박사는 멀찍이에서 귀를 쫑긋거리며 듣고 있는 제이와 로이도 앞으로 불렀다.

이 박사: 개인소득세를 설명하면서 고정사업장에 대하여 나중에 따로 설명하겠다고 했지요? 마침 현 과장의 실제 케이스도 있으니 이번 기회에 고정사업장에 대하여 같이 알아보고 가도록 하겠습니다. 찬찬히 들으면 다 알 수 있는 내용이니 어렵다고 지레 선입견 갖지 말고 잘 들어 주세요.

실제 케이스를 접한다고 생각하니 제이와 로이는 한편으로는 신이 나면서도 긴장감이 밀려왔다.

이 박사: 현 과장도 일단 중국 내에 JK그룹이 설립해 놓은 자회사는 잠시 잊었으면 좋겠습니다. 제가 이야기하는 내용만 이해하시면 됩니다. 예를 들어서 A라는 외국 회사는 중국 비즈니스의 중요성을 실감하고 일찍이 중국에 자회사 a를 설립해서 운영하고 있다고 합시다. a는 중국법에 따라 중국 내에 설립된 회사이므로 중국에서 사업하며 벌어들인 소득에 대하여 중국에서 기업소득세를 납부할 의무가 있겠죠?

현 과장: 네. 그렇죠.

현 과장은 다 아는 내용을 왜 설명하냐는 듯 심드렁하게 대답했다.

이 박사: 그런데 해외에 또 다른 B라는 외국 회사가 있는데 이 회사는 설립된 지 얼마 되지 않은 회사라서 아직 중국에까지 자회사를 설립하지는 않았다고 합시다. 그리고 B회사는 중국 내 프로젝트에서 A회사와 서로 경쟁하는 관계라고 해 보죠. A회사는 중국 시장을 중요시하는 만큼 중국시장 점유율을 높이기 위하여 자회사 a에 대한 투자를 아끼지 않았고 a회사가 독립적으로 프로젝트를 수행할 능력이 있다고 가정합시다. 그렇다면 중국 내 프로젝트 기회가 있을 때 a와 B가 서로 경쟁 상대가 되는 것이겠죠?

현 과장: 네. 그렇죠.

현 과장은 다시 심드렁하게 대답했다.

이 박사는 특유의 웃음을 짓더니 현 과장을 향해 소리쳤다.

이 박사: 여기서 질문!

제이는 매번 듣는 것이지만 이 '여기서 질문!'을 외칠 때 이 박사의 목소리는 너무 크다고 생각했다. 또한 벌써 '여기서 질문!'이 나온 것을 보니까 이 박사가 현 과장의 태도를 좋지 않게 생각한 것이 분명했다. 사실 제이가 보기에도 태도가 삐딱해 보였는데 앞으로 질문을 통해서 좀 고통을 받겠군 싶었다.

이 박사: 중국에서 같은 프로젝트를 진행하는 데 있어서 a회사가 프로젝트를 수주하는 것과 B회사가 수주하는 것이 세금이 다른가요?

현 과장: 당연히 다르죠.

이 박사: 왜 다르고 왜 그게 당연하죠?

'드디어 이 박사의 질문에 걸려들었군.'

심 대리, 제이와 로이는 모두 속으로 큭큭 대며 웃었다. 저 함정에 빠져서 아는 척하면 뼈도 못 추리는데…….

현 과장: 그거야 a는 중국에 설립된 법인이니까 기업소득세를 내고 B는 중국에 설립된 법인이 아니니까 기업소득세를 안 내는 것 아닙니까? 당연한 것 아닙니까?

이 박사: 그게 공평합니까?

현 과장: 공평하지 않겠죠.

이 박사: 그런데 왜 그게 당연하다고 생각하죠?

현 과장: 아, 그거야 a는 중국법인이니까 기업소득세를 내는 것이고 B는 중국법인이 아니잖아요. 기업소득세를 내는 것을 알고서도 이미 a라는 회사를 설립한 것 아닙니까?

현 과장은 궁금한 것은 가르쳐 주지 않고 귀찮게 아는 것을 질문해서 약간 신경질이 난 투였다.

이 박사: 그럼 현 과장은 공평하지 않다고 대답한 것이 누구의 관점에서 공평하지 않다는 말인가요? 현 과장에 따르면 세금을 내지 않는 B가 공평하지 않다고 생각할 리 없고 A는 그걸 알고도 기업소득세를 내겠다며 a회사를 설립했는데 누구 입장에서 공평하지 않죠?

현 과장은 아무 말도 하지 못하고 가만히 있었다.

이 박사: 참, 그럼 중국 세무당국에서는 무조건 a회사가 프로젝트 하기를 바라겠네요? B회사가 프로젝트를 수주하면 중국 세무당국

입장에서는 손해잖습니까? 알게 모르게 a를 밀어야 되겠군요. 그렇지 않나요?

이미 말을 못 하고 가만히 있는데 이 박사가 다시 더해서 질문 공세를 가했다.

'이상하다. 보통 질문은 하셔도 저렇게 자근자근 압박은 하지 않으시는데.'

현 과장이 대답하지 않자 이 박사도 아무런 말을 하지 않고 계속 가만히 있었다. 현 과장이 대답할 때까지 기다리겠다는 모양새였다. 한참의 시간이 지났다.

현 과장: 그래서 답이 뭡니까?

침묵이 불편한 현 과장이 입을 열었다.

옆에서 봐도 예의가 없다. 그런데 이 박사는 화내지 않고 오히려 씨익 웃으며 다시 질문했다.

이 박사: 당연히 공평하지 않다면 이를 개선할 조치가 있을 것이라는 생각도 해 볼 수 있겠네요. 세무당국이 그렇게 허술하지는 않으니까요.

현 과장은 고개를 끄덕일 수밖에 없었다.

이 박사: 한 국가로서는 조세 형평성을 확보하는 것이 매우 중요한 일입니다. 조세 형평성은 쉽게 이야기해서 세금을 공정하게 내도록 하는 것을 의미합니다. 위에 설명한 케이스에서도 만일 B회사가 중국에 자회사를 설립하지 않고 해외에서 직접 들어와 프로젝트를 수행하고 중국에는 세금을 한 푼도 납부하지 않고 이익만 가져간다면 문제가 있겠죠. 그래서 이런 경우, B회사에 비록 중국 내에 설립한

법인 실체가 없더라도 가상의 고정된 사업장이 있다고 봅니다. 그리고 중국에 설립되어 사업을 하는 중국 내 법인과 마찬가지로 간주하겠다는 것이 고정사업장입니다.

로이: 중국 내 법인과 동일하게 간주하겠다는 뜻은 모든 납세 의무를 동일하게 부담해야 한다는 뜻이 되겠네요.

로이의 혼잣말에 이 박사와 심 대리는 로이가 현 과장보다 훨씬 이해가 빠르다는 생각이 들었다.

현 과장: 아니 그러니까 앞서 말씀드린 것처럼 우리 사업부는 이미 중국에 자회사가 있다니까요. 그리고 자회사가 법인세도 성실히 납부하고 있습니다. 그러면 이미 법인 실체가 있는데 또 법인으로 간주하겠다는 것이 무슨 말씀입니까?

'에구, 현 과장님보다 로이가 훨씬 낫네요. 저도 이미 이해했습니다.'

제이도 속으로 중얼거렸다.

이 박사: 현 과장, 아까 그 중국 내에 설립한 JK의 자회사는 잠시 잊고서 이야기하자고 말씀드렸지요? 일단 JK그룹의 경우는 뒤에 이야기하고 제가 예시를 들고 있는 A회사와 B회사의 경우부터 마무리 짓도록 하죠. 지금 케이스에서 고정사업장이 있다고 보는 것은 B회사입니다. B회사는 A회사처럼 a라는 중국 내 자회사는 없지만 B회사 역시 중국 내에 고정된 사업장이 있다고 본다는 것은 이해했습니까? [그림 22]

현 과장: 그러니까 도대체 어느 누가 고정사업장이냐고요?

'중국에 설립된 법인의 실체가 없더라도 가상의 고정된 사업장이 있다고 말씀하셨는데 당연히 B에 가상의 고정사업장이 있는 것이지요, 답답한 현 과장님! 말귀도 못 알아들으면서 되레 성을 내고 그러세요.'

제이는 답답했지만 끼어들 경우 현 과장이 난처해질까 봐 가만히 있었다. 다들 표정에서 현 과장에게 상당히 불쾌해하고 있음을 알 수 있었다.

이 박사: 현 과장. 그렇게 조급해하지 말고 찬찬히 이야기를 들어 주면 좋겠네요. 지금 고정사업장을 구성한다고 계속 논의하고 있는 것은 중국 밖 해외에 있는 본사를 의미하는 것입니다. 해외에 있는 회사가 중국 내에 자회사가 없더라도 해외 회사에 중국 내 자회사와

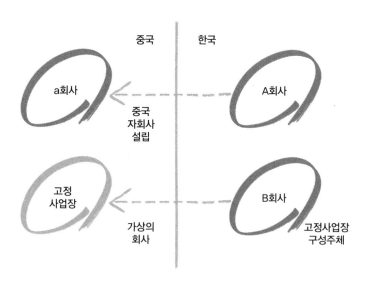

[그림 22] B의 중국 내 고정사업장

같은 고정된 사업장이 있다고 본다는 것을 말하고 있습니다. 다시 말하지만 이미 중국 내 설립된 자회사와 혼동하지 마세요. JK그룹처럼 중국 내에 자회사가 있다고 해서 사실관계가 달라지는 것은 아니에요. 복잡해 보이지만 내용은 같은 것이죠.

조금은 시건방진 현 과장 태도에 화가 날 만도 한데 이 박사는 표정 변화도 없이 차분히 현 과장의 질문에 다 대답해 주고 있었다. 심 대리는 아이러니하게도, 친절하게 대응해 주는 이 박사의 모습을 보면서 도리어 정말 이 박사가 만만한 사람이 아니라는 생각이 들었다.

이 박사: 위 케이스에서 B회사가 b라는 중국 내 자회사가 있다고 하나를 더 추가해 봅시다. 그렇지만 여전히 b라는 자회사가 아닌 B라는 해외 본사가 중국 내 프로젝트를 땄다고 가정하면 현 과장이 이야기하는 JK그룹의 상황이랑 유사하겠군요. 즉 b의 해외 모회사인 B회사와 A회사의 중국 내 자회사인 a회사가 경쟁했고 B회사가 수주했다고 합시다.

현 과장: 참 상황 복잡하군요.

투덜대는 현 과장을 향해서 이 박사가 다시 외쳤다.

이 박사: 여기서 질문!

'큭큭큭. 또 나왔다. 친절하게 화도 내지 않고 잘 설명하고 계시면서 저건 꼭 하시네. 현 과장 오늘 체면 많이 상할 것 같아.'

심 대리는 하마터면 웃음이 터져 나올 뻔했다. 대충하시지 이 박사도 어지간하다는 생각이 들었다.

이 박사: 중국 내 자회사인 b회사가 아니라 바로 해외 본사 B회사

가 프로젝트를 수임하면 돈은 B회사가 받아가나요, 아니면 중국 내 자회사 b회사가 받아가나요?

현 과장: 당연히 B회사가 받아가겠죠.

이 박사: 그럼 그 말은 중국 내 자회사인 b회사의 매출로 잡히지 않는다는 이야기인가요?

현 과장: 그럼요. 당연히 B회사의 해외 매출이 되겠죠.

이 박사: 좋습니다. 그렇다면 중국 내 자회사 b회사가 있든 말든 이번 케이스에서는 B회사에 아무 상관도 없겠네요? 업무도 B회사가 하고 그 대가로 매출도 B회사가 가져가니까요.

현 과장: 그, 그렇겠죠.

이 박사: 역시 현 과장입니다. 그럼 이제 다 이해하셨네요. 현 과장이 이야기하는 실제 경우로 돌아와서도 JK 한국 본사 사업부에서 프로젝트를 진행하고 돈을 받아간다면 JK의 중국 내 자회사와는 아무 관련이 없겠네요.

현 과장: 네……. 그, 그렇다고 할 수 있겠네요.

현 과장은 마른기침을 하며 겸연쩍은 듯 대답했다. 역시 현 과장이라고 이 박사가 치켜세워 놨는데 거기서 다시 모른다고 대답할 수는 없었겠지만 사실 JK의 중국 자회사나 이 박사가 예를 든 B회사나 케이스는 완전히 일치했다.

이 박사: 그리고 JK 중국 자회사는 이번 건과 아무런 관련이 없으니 제외하고 JK 한국 본사의 중국 내 고정사업장 판단 문제만 남겠군요?

현 과장: 한국 본사에서 프로젝트를 수주한다고 다 고정사업장입

니까? 여태까지 이런 경우가 없었습니다.

현 과장이 다시 하는 질문을 들은 심 대리, 제이와 로이는 현 과장의 태도에 정말 문제가 있다는 생각이 들었다. 이해를 위한 머리의 문제가 아니었다. 순서대로 설명한 내용을 조금만 생각해 봐도 되는데 왜 저렇게 같은 이야기를 반복할까 싶었다.

이 박사: 판단 문제가 남았다고 했지 고정사업장이라고는 하지 않았지요. 고정사업장을 구성하는지는 상황을 자세히 판단해 봐야 알 수 있습니다. 여러 기준을 봐야 하겠으나 현 과장이 과거에 이슈가 된 적이 없다고 말하는 것을 들으니, 과거에는 3~4개월 정도의 단기 프로젝트가 아니었나 싶습니다. 그리고 이번에는 대형 프로젝트이다 보니 처음 하는 장기 프로젝트가 된 것이고요.

현 과장: 맞습니다. 모두 단기 프로젝트였습니다. 어떻게 아셨죠?

이 박사: 고정사업장에 관해서 이해하면 바로 알 수 있는 상황이죠.

바로를 강조하면서 이 박사가 다시 웃는다.

이 박사: 그리고 과거에는 고정사업장 문제가 없었다고 단언하기도 어려워요. 그 똑똑하다는 현 과장도 이렇게 이해하기가 쉽지 않은데 과거에 다른 프로젝트팀에서는 고정사업장인지조차도 몰랐을 가능성이 있지 않겠어요?

똑똑하다는 것인지 쉽게 이해를 못 한다는 것인지 어째 어투가 모호해서 비꼬는 듯한데 이 박사는 표정도 변하지 않고 웃고 있으니 의도를 모르겠다.

현 과장: 네? 저희는 모든 것을 법에 맞게 진행했고 한 점 부끄럼 없다고 자부합니다. 과거에 이런 이야기는 들어보지도 못했고요.

현 과장은 준법을 하지 않았을 가능성이라는 것에 대하여 동의할 수 없었다.

이 박사: 그러니까요. 알지도 못하면 문제가 있는지도 모르는 것 아니겠어요? 만일 현 과장이 준법에 문제가 있는지 알았더라면 그렇게 처리하지 않았으리라고 당연히 믿습니다. 하지만 다른 사람이 처리한 것까지 현 과장이 보증할 수는 없겠지요.

현 과장: 그거야 그렇지만.

이 박사: 모르는 게 잘못이지 회사가 의도적으로 위법행위를 저질렀다고 하지는 않았습니다. 그러나 아무도 몰라서 챙기지 못한 사이에 발생할 수도 있다는 것을 부정할 수는 없지 않을까요?

심 대리가 보기에, 현 과장은 간과할 수 있다는 사실도 받아들일 수 없다는 표정이었다. 본인의 업무 능력에 대한 도발이라고 느끼는 듯했다.

그것보다 오히려 '알지도 못하면 문제가 있는지도 모른다'는 말은 심 대리를 오싹하게 하기에 충분했다. 그리고 정말 중요한 이야기인데도 자존심만 세우려고 하는 현 과장이 안타까웠다. 하여간 현 과장은 자존심 강한 사람이라면 나타낼 수 있는 반응을 했으나 이 박사는 개의치 않았다. 오히려 말을 돌려가면서 현 과장의 무지를 타박하고 있었는데 현 과장은 자신의 자존심을 지키려는 방어만 할 뿐 타박을 당하고 있다는 것도 모르는 듯했다. 이 박사가 웃으며 말하고는 있어도 눈과 눈썹을 위로 천천히 크게 치켜뜨며 말하는 모양새가 이를 증명이라도 하는 듯했다. 자격지심인지는 몰라도 이 박사의 제스처가 심 대리의 눈에는 '이렇게 쉽게 말해 줘도 몰라?'라는 느낌으로 다가왔다.

'아냐 아냐. 괜히 그렇게 넘겨짚을 필요 없어. 잘 설명해 주고 계시잖아.'

혼자서 머리를 좌우로 흔들었다가 이내 아래위로 끄덕였다가 평소와 달리 혼자 원맨쇼를 하고 있었다. 심 대리가 고개를 흔드는 모습을 보았는지 이 박사가 웃으며 말했다.

이 박사: 어려운 내용 설명 듣느라 머리 아플텐데 점심 먹고 쉬었다가 합시다. 마침 점심때이기도 하고요. 점심 후에는 고정사업장의 정의와 구성효과 등을 좀 더 자세히 알아보도록 합시다. 그럼 모든 것이 명확해지겠죠.

심 대리: 그러고 보니 배가 무척 고프군요.

자신이 고개를 흔든 바람에 일어난 일이라는 것을 느끼고 어색한 분위기를 타파해 보고자 심 대리가 대답했는데 이 박사는 듣는 둥 마는 둥 식사 후 보자며 밝은 목소리로 인사하고 이내 자리를 떴다.

현 과장: 우리는 진짜 위법으로 일을 진행한 것이 하나도 없다고!

현 과장은 계속 혼자 중얼거렸다. 현 과장도 점심에 약속이 있다며 황급히 자리에서 일어났다. 심 대리가 보기에는 점심 약속이 있는 것 같지는 않았다. 적어도 오늘 처음 만나서 나눈 대화 분위기를 보자면 그랬다. 그사이에 전화나 메시지가 온 것도 없으니 약속이 없는 것이 분명하다고 생각했다. 그러나 기분이 상해 있는데 신입사원들과 밥 먹으면서 무슨 하소연을 하겠는가 싶어서 더는 묻지 않았다. 점심식사 잘하시고 다시 뵙자는 가벼운 인사만 한 채 제이와 로이를 데리고 나왔다.

심 대리: 오늘 점심은 쌀국수 어때?

제이: 좋아요! 그런데 심 대리님은 기분이 좋아 보이네요? 왠지 현 과장님이 계속 혼나니까 기분 좋으신 거 아니세요?

심 대리: 무슨 소리야? 내가 보니 제이가 그런 것 같던데. 회사 선배인데 그렇게 생각하면 안 된다고! 그리고 현 과장님이 언제 혼났다고 그래? 이 박사님께서 웃으시면서 잘만 설명해 주시던데.

제이: 네.

심 대리: 네라니?

제이: 네라고요. 회사 선배에 대해 그렇게 생각하지 않았고 현 과장님도 혼나지 않은 것 맞는다고요.

심 대리: 어째 반항하는 분위기네?

제이: 제가 그럴 리가 있겠어요? 하지만 현 과장이 조금 답답하기는 했어요. 프로젝트팀에서 당연히 모를 수 있는 내용이고 현재 현 과장에게 제일 중요한 이슈 같은데 이 박사님께서 자세히 설명하셔도 이해하려고 하는 것 같지 않아서요. 그리고 분위기를 보니까 업무를 진행할 때 관리팀과 협의를 해 가면서 하면 좋을 텐데 그런 태도도 아닌 것 같고요. 정말 모르면서 모른다는 사실조차 모르는 것 같아 걱정되기는 했습니다.

심 대리: 음…….

심 대리는 제이에게 더 이상 이야기할 필요는 없다고 생각했지만 회사 내부의 부서 간 협력에 문제가 있다는 걱정이 들었다. 하지만 제이와 로이가 이렇게 회사 일에 관심을 가지고 적극적으로 몰입하고 있다고 생각하니 한편으로는 안심이 되었는지 심 대리 얼굴에 미소가 번졌다.

'모두 열심이군. 좋은 성과가 있을 것 같아.'

2 / 고정사업장의 정의

이 박사: 자, 점심들 맛있게 했나요?

로이: 정말 맛있었는데 이 박사님 같이 못한 것이 너무 아쉽네요. 저희랑 같이 식사하지 않으시고 왜 갑자기 그렇게 자리를 뜨셨어요?

로이가 높은 톤으로 약간 서운하다는 듯이 말했지만 제이는 로이가 너무 오버하는 것 아닌가 생각했다.

'밥이야 급하면 대충 먹으면 되고 일 있으면 따로 먹는 거지 그걸 꼭 같이해야 하나?'

이 박사: 미안 미안, 전화 회의가 하나 있어서 말이야. 점심시간 말고는 시간이 따로 나지 않아서 간단히 샌드위치로 때우면서 회의를 해야 했네요.

'저렇게 자상하게 대꾸해 주는 것도 이해가 가지 않아. 바쁘면 당연히 그럴 수도 있는 거잖아. 윗사람이 아랫사람한테 매사를 꼭 보고해야 하는 것도 아니고 말이야.'

심 대리는 이런 제이와 달리 로이의 사려 깊음에 또 한 번 감동하고 있었다. 현 과장의 무례한 태도에도 불구하고 끝까지 성의껏 가르쳐 주신 이 박사와 현 과장이 같이 자리를 잘 마무리할 수 있도록 부드러운 분위기를 만들려고 노력하는 것이 느껴졌다. 사실 점심을 다 같이 했더라면 지금의 분위기가 좀 더 나아졌을 것 같다.

로이: 오후에는 고정사업장의 구성요건과 그 효과에 관해서 이야기해 주시기로 했습니다.

로이가 씩씩하게 큰 소리로 말했다.

이 박사: 네, 그렇죠. 먼저 고정사업장에는 다양한 정의가 있을 수 있는데 한중조세협정에 따르면……

제이: 또 조세협정이에요?

제이가 땅이 꺼질 듯이 한숨을 쉬었다.

이 박사: 후후후, 조세협정이 우리 제이한테는 큰 스트레스인가 보군요.

심 대리: 제이, 힘내! 이렇게 조세협정, 조세협정 자주 거론이 되니 그만큼 중요하다는 얘기 아니겠어? 우리는 지금 굉장히 중요한 것을 배우고 있는 거라고.

역시 긍정적인 심 대리였다.

이 박사: 각 나라 간 조세협정은 OECD 모델 택스 컨벤션(OECD Model Tax Convention)과 UN 모델 택스 컨벤션(UN Model Tax Convention)을 기본으로 하고 이를 참조하여 유사하게 작성되어 있습니다. 우리의 이해를 위해, 계속해서 한국과 중국 간의 한중조세협정을 가지고 확인해 보도록 하겠습니다. 현 과장 케이스에도 바로

적용할 수 있으니 좀 더 와 닿지 않겠습니까?

한중조세협정 제5조

1항
'고정사업장'이란 '기업의 사업이 전적으로 또는 부분적으로 영위되는 고정된 사업장소'를 의미한다.

2항
'고정사업장'이란 특히 다음을 포함한다.
(가) 관리장소
(나) 지점
(다) 사무소
(라) 공장
(마) 작업장
(바) 광산, 유전, 가스전, 채석장 또는 기타 천연자원의 채취장소

3항
(가) 건축장소, 건설, 조립, 설치공사 또는 이상의 장소나 공사와 관련된 감독 활동을 포함하되 그러한 장소, 공사 또는 활동이 6개월을 초과하여 존속하는 경우
(나) 일방체약국의 기업의 타방체약국에서의 피고용인 또는 여타 종사자를 통한 용역(자문용역을 포함)의 제공을 포함하되 그러한 활동이 동일한 사업 또는 연관된 사업에 대하여 어느 12개월 이내의 기간 동안 총 6개월을 초과하는 단일기간 또는 제기간 동안 존속하는 경우

로이: 역시나 조세협정에 있는 말은 어렵군요.

로이가 엄살을 떨었다.

이 박사: 예를 들어 2항 (바)를 보면 한국 거주자기업인 회사가 중국에서 광산을 개발한다면 비록 중국에 법인을 설립한 것이 아니더라도 중국에 고정사업장을 구성한다고 판단한다는 것이죠. 말이 어

렵기는 하지만 찬찬히 읽어보면 뜻을 알 수 있어요. 그만큼 인내와 끈기를 갖기가 어려울 따름이죠.

현 과장: 그렇다면 고정사업장을 구성한다는 것에는 어떠한 영향이 있는 것이죠?

이 박사: 현 과장은 성격이 급하군요. 아직 고정사업장의 정의와 판단에 대한 설명이 한참 남아 있습니다. 구성효과를 먼저 간단히 이야기하자면 로이가 말한 것과 같습니다. 그 국가에 법인이 설립된 것과 동일하게 납세 의무를 진다고 보면 됩니다. 사실 어떤 경우에 고정사업장이 구성되는지를 아는 것이 훨씬 중요합니다. 그러나 현 과장이 구성효과를 궁금해하니까 그럼 고정사업장의 구성효과 먼저 이야기하고 어떤 경우에 고정사업장을 구성하는지 알아보도록 할까요?

이 박사는 심호흡한 뒤에 목이 말랐는지 물을 한 모금을 마셨다.

제이: 이야~, 현 과장님이 궁금해하니까 이 박사님께서 그냥 주제 순서도 바꿔서 이야기해 주시네.

로이: 제이 넌 그게 그렇게 들리니? 고정사업장에 대한 판단이 중요하다고 말씀하셔도 현 과장이 하도 효과를 물어보니까 떼쓰는 어린이 대하듯 '너 원하는 대로 해 줄께'라고 이야기하는 것처럼 들리는데.

제이: 그러고 보니 말씀하신 다음에 심호흡하시는 게 감정 조절하시는 것 같기도 하다.

로이와 제이의 소곤거림이 현 과장에게 들렸는지 현 과장도 이 박사가 설명하려던 순서대로 이야기를 듣겠다며 한발 물러섰다.

이 박사: 그럼 건축, 조립, 설치 프로젝트에 관한 한중조세협정 제
5조 3항의 첫 문단을 살펴봅시다.

한중조세협정 제5조 3항

(가) 건축장소, 건설, 조립, 설치공사 또는 이상의 장소나 공사와 관련된 감
독 활동을 포함하되 그러한 장소, 공사 또는 활동이 6개월을 초과하여
존속하는 경우

이 박사: 예를 들어 생산설비를 설치하는 프로젝트가 있습니다. 그
리고 이 프로젝트가 1년 정도 예상됩니다. 그러면 위 제5조 3항의
조건에 해당할까요?

제이: 네. 1년은 6개월을 초과하니까요.

이 박사: 그럼 이 경우에 고정사업장을 구성하게 되겠네요. 조세협
정 제5조 3항에 규정된 내용이 바로 그것입니다. 현 과장이 소속된
JK 한국 본사 사업부가 중국에서 대형 프로젝트를 수주했습니다.
장기간이 될 것 같다고 하니 협정에서 이야기하는 6개월이라는 기
간을 초과하는 활동이 되겠습니다. 그럼 고정사업장을 구성하네요.

'이 박사님께서 현 과장의 말에 대해 과거에는 3~4개월의 단기
프로젝트였을 거라고 추측하신 것이 이 6개월 기준 때문이었어. 고
정사업장에 관해서 조금만 이해하면 바로 추측 가능하다고 하신 것
도 이 6개월 때문인 것이지. 그런데 정말 6개월 기준이라면 현 과장
이 자신하는 것처럼 과거에도 문제가 없었다고 100% 단정 짓기는
쉽지 않겠는걸. 의도치 않게 정말 규정을 몰라서 넘어갔을 수도 있
잖아.'

심 대리는 이 점도 주요하게 점검해 봐야겠다고 메모했다.

이 박사: 우리 여기서 문제를 좀 더 넓혀 볼까요?

제이: 네? 지금도 어려운데 어떻게 더 넓히시게요?

이 박사: 후후후. 이번 현 과장이 참여하는 JK 한국 본사의 설치 프로젝트는 중국 내에 있는 기업에 서비스를 제공하는 것이지만 김 부장이 주도하는 JK북경법인의 라인 증설 프로젝트 같은 경우에는 반대로 JK의 중국 프로젝트에 JK 한국 본사와 더불어 중국 밖의 해외업체들도 협력업체로 참가하고 있잖습니까. 그러니 이왕이면 상반된 두 가지 입장 모두를 살펴보는 것이 중요할 것 같고 또 여러분의 이해를 도와줄 것 같아서요.

심 대리는 순간 본인에 대한 배려라고 생각했다. 지금 여러 가지 사안을 정리해서 본사에 보고해야 하는데 이 두 가지 프로젝트가 연관이 있을 수도 있다는 생각조차 못 했다.

'감사합니다, 박사님.'

이 박사: 입찰에 참여하면서 고정사업장에 대하여 미리 인지하지 않았기 때문에 현 과장과 같은 고민이 있는 것입니다. 그런데 반대로 이야기하면 JK북경법인의 라인 증설에 참여하는 협력업체들도 고정사업장 이슈에 대하여 크게 생각해 보지 않았을 것입니다. 특히나 라인 증설에 참여하는 업체들은 JK그룹보다는 작고 영세한 곳들도 많으니 아무래도 인력이나 정보 측면에서 열세일 수밖에 없습니다. 또한 JK북경법인에서도 북경법인이야 프로젝트를 발주하는 입장이고 중국에 소재한 기업이기 때문에 고정사업장 이슈에 대하여는 신경을 쓰지 않았을 가능성이 큽니다.

심 대리: 어, 그렇네요. 우리 회사 같은 경우는 한국 본사가 협력업체로 참여도 하지만 중국 법인은 반대로 발주를 내는 입장에 놓이기도 하니까 양면을 다 살펴보아야겠네요.

제이: 그런데 고정사업장이라는 것은 해외에 있는 업체가 중국 내에 법인을 설립하지 않고 업무를 진행할 경우 발생할 수 있는 문제니까 JK북경법인처럼 중국에 있고 발주하는 입장에서는 고정사업장 이슈가 없는 것 아닌가요?

제이가 심 대리의 말에 끼어들며 물었다.

이 박사: 양면을 다 살펴본다는 것은 전면적으로 이해하게 된다는 것이니 장점이 많습니다. 예상할 수 있는 문제점에 대하여 미리 고민해 볼 수 있지 않겠습니까? 후후후.

이 박사는 여느 때처럼 커피잔을 들고 천천히 한 모금 들이마셨다. 심 대리가 보기에는 이것 역시 중요한 것을 말하려고 할 때 나타나는 이 박사의 특징 중 하나였다.

3

고정사업장을
알아야 하는 이유

이 박사: 이야기를 더 진행하기 전에 한 가지 여러분에게 상기시키고자 하는 중요한 것이 있습니다.

이 박사의 근엄한 목소리에 모두 긴장하고 이 박사를 바라보았다.

이 박사: 지금 우리의 모든 토론이 세법 규정이라는 지식을 쌓기 위해서가 아니라는 것입니다.

'어? 그럼 뭐지?'

모두는 자연스럽게 그 답이 궁금했다.

이 박사: 거주자나 고정사업장 등 여러 가지 꼭 알아야 할 개념과 지식에 대하여 이야기를 나누고 있습니다. 이것은 분명 세법상의 용어와 개념이기는 합니다. 하지만 우리가 논의하는 목적은 세법상의 전문지식을 배우려는 것이 아니고 이것들이 비즈니스 수행과정에서 꼭 알아야 하는 필수사항이기 때문입니다. 입찰에 참여하려면 원가를 추산해야 하고 적정마진을 합산하여 제안해야 하겠죠. 고정사업

장의 구성으로 인한 세 부담은 세법 이슈가 아니라 사실은 원가를 추산할 때에 꼭 참고해야 하는 원가항목이라고 생각해 보면 어떨까요. 그런데 이것을 몰라서 원가 산정 시 고려하지 않았다면 당연히 회사의 수익에 영향을 끼치게 됩니다.

이 박사의 말은 현 과장을 겨냥한 것은 아니었다. 관리팀에서는 세법으로 접근하겠지만 다른 부서에서는 정말 세법 이슈라기보다는 입찰 참가 시 원가에 반영하여야 하는 가격 요소이기도 했고 회사의 수익성과 리스크에 관한 문제이기도 했다. 하지만 현 과장은 이 박사의 말에 스스로 부끄러워지면서 얼굴이 화끈 달아오르는 것을 느꼈다.

이 박사: 또한 회사의 위험관리라는 측면에서 본다면 이 역시 비즈니스의 문제입니다. 단순히 세법 이슈라고 치부해 버린다면 관리팀에서 해결하겠지라고 생각하고 본인의 문제가 아닌 것이 되어 버립니다. 그러나 현장에 있는 생산팀이나 프로젝트를 수주하는 영업팀에서 고정사업장이 무엇인지도 모르고 입찰을 진행하는 동안 관리팀과 공유하지 않는다면 관리팀에서도 위험을 인지하기 어렵습니다. 즉 거주자, 고정사업장 등에 관하여 이해해야 하는 것은 원활히 의사소통하기 위함입니다. 미국으로 여행 가서 영어를 쓰지 않으면 어떻게 말이 통하겠습니까? 의사소통하려면 말이 통해야 하는데 비즈니스를 수행하는 직장인에게는 규정에 대한 이해가 바로 의사소통의 언어이자 수단입니다. 난해한 경영용어이고 관리팀에서만 알면 되는 것이 아닙니다. 생산라인에서도 영업에서도 꼭 알아야 하는 공식으로 통용되는 언어이자 기본지식입니다.

이 박사는 목을 축이고 다시 말을 이었다.

이 박사: 세무 이슈라고 생각하고 그냥 그 이슈 하나 해결하려고 매달리면 절대 큰 그림을 보지 못합니다. 회사 전체의 비즈니스를 수행하고 위험을 관리한다는 차원으로 이해하고 열심히 공부해 주십시오. 이렇게 같이 공부하니 사실 생각보다 어렵지도 않잖습니까?

너무 분위기를 잡았다고 생각했는지 마지막은 부드러운 어조로 어렵지 않다는 것을 여러 번 강조했다.

이 박사: 그럼 앞서 이야기한 대로 왜 단순히 세법에 대한 이해의 문제가 아니고 비즈니스의 문제인지 같이 살펴봅시다. 제이는 JK북경법인처럼 발주를 하는 입장에서는 고정사업장 이슈가 없다고 했지요?

제이: 네. 그렇게 말했습니다만……

이 박사: 그런데 JK북경법인의 라인 증설에 참여하는 협력업체들도 고정사업장 이슈에 대하여 미처 생각하지 못했을 것 같지요? 현과장도 JK 한국 본사처럼 큰 기업에 다니면서도 입찰 시에는 모르고 있었으니까요.

제이: 네, 그럴 것 같습니다.

굳이 다시 현 과장을 들먹거릴 필요는 없어 보였지만 이 박사는 아주 환하게 웃으면서 현 과장이 모르고 있었다는 것을 다시 상기시켰다.

이 박사: 그럼 고정사업장에 대한 추가 세 부담은 JK북경법인이나 협력업체들 양측 어느 누구도 고려하지 않았을 가능성이 큽니다. 그

런데 만일 정말 문제가 있어 세금을 납부해야 한다면 JK북경법인은 나 몰라라 하고 협력업체의 문제로 치부해 버릴 수 있을까요?

제이: 하지만…….

제이는 이 박사의 말에 대답하려다가 말을 멈췄다. 사실 계약관계로만 따지자면 JK북경법인 입장에서는 위험이 아닐 수 있었다. 고정사업장 이슈는 해외에서 중국으로 와서 서비스를 제공하는 협력업체들의 문제일 테니까. 규정을 알고 모르고도 전적으로 협력업체의 책임이었다. 그리고 협력업체에서 요청한 금액만큼 다 지급하는데 협력업체에서 무슨 항의를 할 수 있을 것인가 생각했다. JK북경법인의 위험요소가 아니니까 상관할 바 아니라고 할 수 있겠지만 그럼에도 불구하고 비즈니스적인 관점에서는 조심스러울 수밖에 없었다.

이 박사: 나중에 분쟁 거리가 될 사항은 미리 확인해서 잘 처리해 놓는 것이 맞습니다. 설령 JK북경법인은 한 푼도 부담하지 않게 되었더라도 상처뿐인 영광이 될 수 있지 않겠어요? 협력업체들은 통상 발주업체보다 영세하기 때문에 관리 면에서 인력이 많이 부족합니다. 여러 경우에 약자로서 당했다고 생각하는 경우들이 있어서 방어적이며 피해의식이 상대적으로 큽니다. 이 피해의식과 방어적인 태도는 나중에 다시 이야기합시다. 하여간 그래서 사실은 협력업체 자신들의 문제이고 책임도 자신들에게 있음에도 불구하고 발주업체에 굉장히 서운해할 것입니다. 큰 회사가 작은 회사에 책임을 모두 전가한다고 생각할 수도 있어요. 그게 사실이 아니더라도 말이지요.

제이: 그렇지만 규정을 보면 분명히 자신들의 문제인데 책임을 전가한다고 말할 수 있나요?

이 박사: 말했지만 감정적인 문제지요. 예를 들어 발주업체는 이런 규정을 다 알고 있으면서도 원가를 절약하려고 말해 주지 않았다고 주장할 수도 있잖아요? 발주업체는 중국에 위치한 회사이고 오래 경영을 해 오면서 이런 이슈 사항은 당연히 알았을 텐데, 왜 중국에서 처음 프로젝트를 진행하는 협력업체에게 말해 주지 않았냐고 하는 업체도 분명 있을 수 있습니다.

'그래. 충분히 그럴 수 있겠어.'

심 대리는 비록 회사의 문제는 아니지만 협력업체의 문제도 간과할 수 없다는 생각에 따로 메모하고 빨간 펜으로 동그라미를 치며 강조해 놓았다.

이 박사: 한국의 소위 갑을(甲乙) 문화가 이슈가 되고 있습니다. 결국 상생을 위한 상호 배려가 장기적 비즈니스 관계를 위해서 중요하다고 생각합니다. 갑의 위치에 있을 때 을을 배려하는 갑이 되면 어떨까요?

제이: 을을 배려하는 갑이요?

이 박사: 네. 을을 배려하는 갑. 이 배려라는 것은 큰돈을 들이지 않고도 실천할 방법이 여러 가지 있다고 생각합니다. 예를 들어 인력이나 정보력 면에서 열세일 수밖에 없는 협력업체에 이러한 규정이 있음을 미리 알려주는 것이지요. 그다음 입찰을 위해서 어떠한 가격을 적어 넣을지는 각 업체가 결정할 문제지만 인지를 도운 것만으로도 큰 배려 아닐까요? 발생 가능한 위험도 알려주었고 비용산정 시 고려하지 못해서 손실을 볼 상황도 막아 주었으니 말입니다.

'이 박사님은 이런 부분까지도 고려하고 계시는구나. 해외에서 비즈니스를 하려면 협력업체와의 유기적인 협조도 필수인데 신경을 많이 써야겠구나. 각 사업장의 상황은 어떤지 확인해 볼 필요가 있겠어.'

모두 말없이 고개를 끄덕였는데 심 대리에게는 정말 가슴에 와 닿는 이야기였다.

이 박사: 또 하나는 그냥 협력업체의 일이라고 치부할 수 없는 부분이 있습니다. 고정사업장을 구성한다면 바로 협력업체가 납세 의무자가 된다는 것은 이미 확인했습니다. 그런데 JK북경법인에 원천징수 의무가 있을 수 있습니다.

심 대리: 원천징수 의무요?

이 박사: 원천징수라는 것은 원천이 되는 곳에서 세금을 원천적으로 징수하는 것이지요. 여러분이 나중에 월급을 받을 때 각자 세무서를 찾아가서 개인소득세를 내지 않습니다. 회사에서 개인소득세를 원천징수하고 세금을 제한 급여를 여러분의 통장에 보내줍니다. 왜 그럴까요? 앞서 말했지만 회사에 개인소득세 원천징수 의무가 있기 때문이지요.

로이: 하지만 이 경우는 다를 것 같은데요. 고정사업장을 구성할지 안할지의 판단도 쉽지 않고 사전적이라기보다는 사후적 판단이 이루어지는 것 아닌가요?

이 박사: 로이 질문이 맞습니다. 그러나 중국의 규정에 의해서 중국 세무당국은 원천징수 의무자를 지정할 권한이 있는데 이런 경우에 세무당국에서 JK북경법인을 원천징수 의무자로 지정할 수도 있지요. 협력업체들이 많은데 세무당국에서 일일이 확인이 쉽지 않은

상황이라면 프로젝트를 발주하는 JK북경법인에 협조 요청을 할 수 있지 않겠어요?

로이: 아! 그건 미처 생각해 보지 못했어요.

이 박사: 로이가 사후적 판단이라고 이야기를 했는데 또 예를 들어 라인 증설 프로젝트 진행 시에는 고정사업장이 문제 되지 않았는데 향후에 문제점이 발견되었다고 해 봅시다. 그런데 협력업체에는 이미 모든 대금을 다 지급했다고 합시다. 이 경우 논리대로라면 세무당국이 협력업체에 통보하고 다시 세 부담액을 회수해 와야 합니다. 협력업체가 납세 의무자이니까요. 그런데 각 협력업체가 이미 받은 대금을 다음 공사의 재료 구입으로 다 지출을 했다고 합시다. 아니 지출 여부를 떠나서 세금 납부를 위해서 반환할 경우 바로 적자이기 때문에 강하게 반발하면서 반환을 꺼린다고 합시다. 그럴 경우 어떻게 해야 할까요?

일동: …….

이 박사: 또 고정사업장을 구성한다는 것은 일반적으로 고려할 때 중국 내에 자회사가 없다는 것이겠지요. 특히 영세 협력업체 입장에서는요. 그 말은 프로젝트를 끝낸 상황에서는 중국에서 이미 협력업체가 철수한 다음이라는 이야기입니다. 그런데 프로젝트를 발주한 JK북경법인은 계속 중국에 있습니다. 세무당국 입장에서는 찾을 수 없는 협력업체보다는 JK북경법인에 압박을 가할 수도 있습니다.

로이: 아!

이 박사: 여러분. 실제 비즈니스 상황을 따지고 들어가면 여러 가지 경우가 존재합니다. 이러한 상황을 모두 고려하기도 쉽지 않습니

다. 그렇다 보니 초기에 가장 원칙적인 것이 무엇인지 이해하고 시작하는 것이 중요합니다. 향후 있을 수 있는 논쟁을 초기에 해결해서 향후 이러한 문제에 시간과 정력을 낭비하는 것도 막을 수 있습니다. 시간은 돈인데 피할 수 있는 문제로 추가 시간을 투입해야 한다면 이것도 문제 아니겠습니까?

심 대리는 바로 본인이 고민해야 할 사항을 알려준 이 박사가 너무 고마웠다. 한편으로는 이 박사에게 업무를 맡겼더라면 훨씬 수월했을 텐데 왜 본사의 김 실장은 자신에게 이런 책무를 맡겨서 마음을 무겁게 하는지 깊은 한숨이 나왔다. 이슈를 알면서 모른 척할 수도 없고 결코 가벼워 보이지도 않으니 본사에 보고해야 할 내용은 한없이 많아지기만 했다.

4

현 과장은
어떻게 해야 할까

이 박사: 자, 이제 반대로 현 과장 사업부의 프로젝트에 관해서 이야기해 볼까요? 남이 보기에는 대형 프로젝트를 수주했는데 고정사업장 문제로 정작 남는 것이 없을 것 같아서 속앓이하고 있습니다. 빛 좋은 개살구가 될 상황에 처한 것이지요. 어떻게 해야 할까요?

현 과장은 적자 프로젝트니 개살구니 하는 표현이 달갑지는 않았지만 지금 이 문제가 고민의 중심이니 할 말이 없었다.

이 박사: JK 한국 본사 관리팀과 입찰에 참여하는 과정에서 의사소통이 있었더라면 이 문제를 이미 감지할 수 있었을 텐데 사업부에서만 입찰에 대하여 알고 있다 보니 예상을 못 했고요.

현 과장: 꼭 저희가 먼저 의사소통해야 합니까? 관리부서가 먼저 말해 줄 수도 있잖습니까?

이 박사: 지원부서(back office)에 있는 사람들은 앞단에 있는 사람들이 잘 뛸 수 있도록 도와주는 사람들입니다. 발목을 잡는다고 치

부하고 미리 제치려 하지 말고 도움을 받는 것이 맞다고 생각합니다. 현 과장이 말한 것으로 짐작건대 관리팀에서는 프로젝트가 있는지, 입찰에 참여하는지 여부도 모르는 것 같습니다. 현 과장에게 세무 규정을 정기적으로 보내준다면 그것을 과연 정독할까요? 어느 나라에 어떤 조건으로 프로젝트 입찰 중인지를 모르는데 무조건 정보만 다 쏟아 넣어 준다고 될 일은 아니라고 생각합니다. 그리고 이런 규정을 보내줘도 사실 혼자서는 이해하기 어려울 것이고 당장 관련이 없으면 관심조차 두지 않을 것입니다. 규정과 실사례가 어떻게 결합할지를 아는 것은 더 어려운 일이고 말입니다. 사업부에서 모두 기억했다가 나중에 관련 상황이 발생할 때 다 알아서 챙긴다는 것은 쉽지 않다고 생각합니다만······.

현 과장은 아무런 대답 없이 얼굴만 붉히고 있었다.

제이: 그러니까 결국 현 과장님은 원가에 영향이 큰 이런 중대한 규정도 모르고 입찰 단가를 산정한 것이네요?

제이가 심 대리의 귓가에 소곤거렸다.

심 대리: 쉿! 들겠어. 말 좀 조심해서 해. 다른 배경이 있는지도 모르잖아. 아까 말씀하신 것처럼 치열한 경쟁 속에서 결국 가격이 관건이라 규정을 알았어도 지금 이상의 가격으로 내기 어려웠을지도 몰라.

심 대리는 제이가 입방정 떤다고 생각하고 바로 진화했다.

이 박사: 규정을 잘 알아야 하는 이유는 규정을 활용하여 의무를 피해 나가기보다는 규정을 몰라서 있을 수 있는 피해를 방지하고 얻을 수 있는 혜택을 누리기 위함입니다. 방지한다는 것은 미리미리

준비한다는 것이니 업무 계획 시 참고하면 여러 아이디어를 얻을 수도 있고 시간도 줄일 수 있죠. 그리고 주어지는 혜택도 챙기지 못한다면 기업인으로서는 미달이니 좀 더 분발해야 하지 않겠어요?

제이: 이 말씀은 분명히 현 과장을 겨냥해서 하신 말이지?

로이: 쉿! 조용히 좀 해.

제이의 속삭임에 로이가 놀라면서 눈짓까지 주었다.

이 박사: 이번에 수주한 프로젝트를 좀 더 면밀히 살펴보아야 하겠지만 현 과장 이야기를 종합하면 핵심 부분에 있어서만 JK 한국 본사가 관여하면 어떨까 하는 생각이 듭니다. 이 핵심 부분은 6개월 내에 충분히 처리할 수 있어 보이고요. 그리고 계약 주체를 그 사업부의 중국 내 자회사로 하면 어떨까요? 자회사가 총괄계약자가 되고 JK 한국 본사의 사업부가 수행할 부분만 한국 본사에 하도급을 주는 것이죠. 북경의 자회사 입장에서는 계속 실적이 있어야 크리덴셜(credentials)이 쌓여서 향후 중국 내 비즈니스에 도움이 될 것이고 공교롭게도 작년에 적자를 기록했다고 하니 기업소득세 측면에서도 차기 이월을 통한 감세가 가능하겠네요. 핵심 부분은 JK 한국 본사에서 처리할 것이고 JK그룹 입장에서는 동일 수준으로 품질과 관리를 유지할 것이라고 이야기한다면 크게 무리는 없을 것입니다. 다만 프로젝트와 관련하여 고객과 어떻게 의사소통했는지도 살펴봐야겠습니다.

이제서야 현 과장도 고개를 끄덕이면서 동의했다. 현 과장은 이 박사가 말한 것처럼 계약 대상자를 바꿀 수 있을지 본사에 문의해 보겠다고 했다. 빨리 전화 한 통화 하고 오겠다면서 양해를 구하고 급히 자리를 떴다.

천천히 커피 한 모금을 들이키는 이 박사에게 심 대리가 물었다.

심 대리: 박사님 이럴 것을 예상하신 것이죠? 초반에 현 과장이 고정사업장 걱정을 할 때 계약 주체가 한국 본사인지 확인 질문하신 것이 생각나서요.

이 박사: 그럼 현 과장이 돌아올 때까지 우리도 조금 쉴까요. 잠시 쉬었다가 용역 프로젝트도 논의하고 오늘 이야기를 마무리합시다.

격려의 의미인지 인정의 의미인지 이 박사는 대답 대신 웃으며 심 대리의 어깨를 두드려주고 이내 밖으로 나갔다.

심 대리는 이 박사가 이야기한 것처럼 JK북경법인도 같은 문제가 있을 것이라 확신했다. 김 부장이 차 대리에게 신경질을 내서 한바탕 소동이 나기는 했지만 당시에도 183일을 계속 점검한 것으로 보아 다행히 프로젝트 기간이 길어 보이지는 않았다. 하지만 참여하는 협력업체마다 다를 수 있으니 이 사항은 빨리 JK 한국 본사에 보고해서 시간이 흐르기 전에 처리해야겠다고 생각했다. 협력업체들과 상생하는 것은 정말 중요한 일이고 미리 공지해 준다면 이 역시 신뢰관계를 구축하는 데 도움이 될 것이라고 생각했다.

'응? 그런데 차 대리는 183일이라고 했는데 지금은 왜 6개월이라고 한 것이지?'

183일이나 6개월이나 마찬가지이긴 하지만 표현이 왜 다른지 궁금하기는 했다.

현 과장이 본사와 전화 회의를 마치고 돌아왔고 밖에 나간 김에 샀다며 콜라를 사 와서 먼저 와 있던 이 박사에게 주었다.

이 박사는 마침 시원한 음료수가 마시고 싶었는데 어떻게 알았냐며 콜라 캔의 옆구리를 땅땅 소리가 나도록 펜으로 몇 번 두드리더니 캔을 열었다.

잘 마시고 있는 이 박사를 보고 현 과장이 약간 당황한 표정을 보이자 이 박사가 웃으며 말했다.

이 박사: 어……. 이게 캔을 흔들고 오면 열 때 기포가 확 나오잖아요? 그건 캔의 내부 벽면에 기포들이 달라붙어서 그런 것이거든. 그때 이렇게 몇 번 쳐서 캔 벽면과 기포를 분리하면 뚜껑을 딸 때 탄산 기포가 터지듯이 나오지 않습니다.

현 과장: 아, 아닙니다. 흐……흔……, 흔들고 오지 않았습니다.

제이: 크크크. 현 과장이 캔을 일부러 흔들어서 가져온 거야.

당황하면서도 굳이 대답하는 것을 보고 제이는 확신했다.

로이: 쉿! 듣겠어. 그런데 이 박사님은 어째 저런 이상한 것도 아시냐? 크크크.

제이: 그러게. 하여간 박사님 것 하나만 사 오고 말이야. 우리 것도 좀 사 오면 어디 덧나나?

로이: 터뜨리려고 했는데 다 흔들며 와서 우리가 먼저 캔을 따 버리면 이 박사님이 주의할까 봐 안 사온 것이겠지.

심 대리: 이 박사님이 계속 설명하셨으니까 목마르실까 봐 사 온 것이잖아. 왜 자꾸 삐딱하게 생각해?

심 대리는 제이와 로이의 쓸데없는 대화를 거들지는 않았지만 입가에 엷은 미소를 지었다.

'하여간 이래저래 연구할 가치가 있는 분 같아.'

이 박사: 아, 좋다! 참 시원하고 좋네. 이거 나만 마셔서 미안한 걸요? 그래도 내가 말을 제일 많이 하고 있으니까 이해들 하시고. 자, 이제 조세협정 제5조 3항의 두 번째 문단을 살펴보도록 하겠습니다.

이 박사는 모두의 표정을 살피더니 오늘은 여기까지만 하자고 했다.

이 박사: 어차피 오늘 다 할 수 있는 이야기도 아니고 계속 규정을 봐야 하니까 여러분 안색이 많은 안 좋은 것 같아서요. 나머지는 내일 합시다.

조금 이르긴 했지만 이렇게 마쳐주는 이 박사의 센스에 모두 감사한 마음이 들었다.

'정리할 것이 많았는데 시간을 번 느낌이네.'

심 대리는 오늘 일정이 조금 일찍 끝나서 다행이라고 생각했다.

고정사업장의 구성요건 \5

이 박사: 좋은 아침! 우리 오늘 조세협정 제5조 3항 두 번째 문단부터 보면 되지요?

이 박사는 인사도 받지 않고 칠판에 규정을 적으며 바로 본론으로 들어갔다.

한중조세협정 제5조 3항

(나) 일방체약국의 기업의 타방체약국에서의 피고용인 또는 여타 종사자를 통한 용역(자문용역을 포함)의 제공을 포함하되 그러한 활동이 동일한 사업 또는 연관된 사업에 대하여 어느 12개월 이내의 기간 동안 총 6개월을 초과하는 단일기간 또는 제기간 동안 존속하는 경우

이 박사: 이것도 말이 좀 어렵게 느껴질지 모르겠는데 예를 들면 한국기업의 직원(기타 계약된 인력)이 중국에서 동일하거나 관련된 프로젝트의 컨설팅을 어느 12개월 내에 6개월을 초과하는 기간 동안

제공하는 경우 등을 의미합니다. 이러한 용역 서비스는 빈번히 발생하므로 잘 관리할 필요가 있습니다. 중국 내 자회사가 업무를 수행하기 위하여 기본 분야별로 주재원이 파견되어 있기는 합니다. 하지만 기술적인 면에서의 도움이 필요하여 한국 본사와 중국 자회사가 기술지원계약을 맺고 출장을 통해서 기술지원 업무를 수행하는 경우가 있습니다.

로이: 박사님, 프로젝트면 프로젝트지 동일한 또는 연관된 사업이라는 것이 무엇을 의미하나요? 그리고 아까 설치 프로젝트를 말씀하실 때부터 궁금했는데 개인소득세 규정 시 설명해 주셨던 183일 초과 기준과 여기서 이야기하는 6개월은 같은 뜻인가요? 기간은 같은데 표현이 달라서요.

제이: 같은 말이겠지. 183일이나 6개월이나 마찬가지잖아.

제이는 로이가 쓸데없이 문제를 찾아낸다고 생각했다.

이 박사: 후후후. 아주 예리합니다. 그럼 기간 규정 먼저 이야기해 보도록 하죠.

어느 12개월의 의미는 잘 기억하고 있겠죠? 고정사업장 관련 조항을 해석할 때에도 어느 12개월은 개인소득세와 동일하게 해석합니다. 6개월의 의미에 대해서는 명확한 규정이 없습니다. 그러나 183일로 규정된 경우가 아니면 중국과 홍콩 간에 체결한 조세협정의 관련 조항 및 세칙에 관해 설명한 규정을 원용해서 해석하도록 했었습니다.

국세함(2007) 403호

제4조 2항(조항 실효)

(생략) '일방기업이 그 직원을 타 일방에 파견하여 노무활동에 종사하여 임의의 12개월 내에 연속 혹은 누적하여 6개월을 초과'의 규정 중 '월'을 계산 단위로 하며 집행과정에서 구체적인 날수는 고려하지 않는다. 업무의 편의를 위하여 상술한 월의 계산은 잠정적으로 아래 방법에 따른다: 즉 홍콩기업이 중국 내에 프로젝트를 위하여 서비스(자문서비스 포함)를 제공할 때 그 기업이 파견한 직원이 실제 서비스 프로젝트를 위하여 중국에 도착한 달부터 기산하여 서비스 프로젝트를 완성하는 직원이 최후 중국을 벗어나는 달까지를 계산 기간으로 한다. 이 기간 동안 연속해서 30일을 직원이 중국 경내에서 서비스 활동에 종사하지 않는 경우 1개월을 차감할 수 있다. 이 계산에 근거하여 6개월을 초과하는 경우 중국에 고정사업장을 구성한다. 12개월을 초과하는 서비스 프로젝트는 직원이 그 프로젝트의 총 연속기간 중 임의의 도착한 달 혹은 중국 경내를 벗어난 달로 추산한 12개월을 하나의 계산기간으로 본다.

이 박사: 이게 어떤 의미냐 하면 쉽게 이야기해서 그 달에 하루만 와도 1개월로 친다는 것이지.

제이: 네?

이 박사: 극단적으로 표현하면 2016년 2월 1일부터 14일까지 2주일간 중국을 방문했으면 이것은 14일을 있었던 것인데 2016년 2월부터 8월까지 매달 이틀씩 왔다고 하면 14일 와 있는 것이 아니고 7개월 와 있었다고 한다는 것입니다. 물론 같은 논리로 2월 1일부터 14일까지 2주일 있었던 것은 1개월 있었다고 보는 것이고요. [그림 23]

모두 할 말을 잃고 어안이 벙벙해 있었다.

1일~14일

[2월 1일부터 14일까지 방문한 경우 → 1개월]

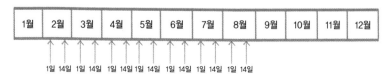

1일 14일 1일 14일 1일 14일1일 14일 1일 14일 1일 14일 1일 14일

[2월부터 8월까지 각 달 1일과 14일에 방문한 경우 → 7개월]

[그림 23] 고정사업장 구성요건 기간 계산방법 1

이 박사: 연속해서 30일 이상을 벗어난 경우는 6개월 기산에서 차
감 가능하다고 하는데 이것은 예를 들어 1월에는 1일과 14일에 왔는
데 2월에는 설 연휴가 있어서 연휴 보내고 출장 가능한 일자를 맞추
다 보니까 2월 말인 25일과 26일에 걸쳐 이틀을 방문했다고 합시다.
그러면 1월 14일과 2월 25일 사이에 41일의 간격이 있었으니까 30일
이상에 해당하는 것이지요. 그럼 이 경우는 1월과 2월을 2개월로 안
치고 1개월을 차감하여 1개월로만 봐 주겠다는 것입니다. [그림 24]

제이: 에이. 그게 무슨 봐 주는 것이에요. 굉장히 불합리한데요?

제이는 말도 안 되는 이야기라며 신경질까지 냈다. 왜 로이 눈에
는 183일과 6개월이 다르게 보이는데 본인 눈에는 이런 것들이 안
들어왔는지에 대한 자책도 포함된 신경질로 보였다.

'역시 183일과 6개월은 다른 것이었어.'

심 대리도 다른 것이 이상하다고는 생각했으나 이내 같은 내용일

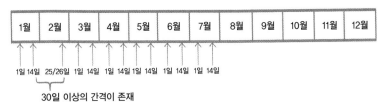

[1월부터 7월까지 각 달에 2일씩 방문하였으나 1월과 2월 사이 30일이상 미방문
→ 7개월 − 1개월 = 6개월]

[그림 24] 고정사업장 구성요건 기간 계산방법 2

것이라고 치부해 버린 자신이 부끄러웠다. 로이처럼 조금이라도 이상한 것은 고민과 질문을 하고 확실히 해야 했다는 생각이 다시금 뇌리에 박혔다. 다 찾아 놓고서도 확인하지 못한 것이니까.

로이: 박사님, 말씀하실 때 이것은 183일로 규정된 경우가 아니면 적용되는 해석이라고 하셨는데 그럼 조세협정의 고정사업장 구성요건을 183일로 규정한 나라들도 있다는 말씀이신 것이지요? 그리고 해석하도록 했었다니요? 과거형으로 말씀하신 이유가 따로 있나요?

이 박사: 그렇습니다. 홍콩과 싱가포르 등은 183일로 규정되어 있지요. 정확히 이야기하면 6개월로 되어 있었는데 협정 개정을 통하여 183일로 바꾸었지요. 사실 협정 개정을 통하여 홍콩이 6개월에서 183일로 바뀌면서, 노무 제공 활동이 이루어질 때 고정사업장을 판단하는 기준에 관해 해석한 국세함(2007) 403호의 관련 조항이 폐기되었습니다. 그래서 과거형으로 이야기한 것이고요. 제가 바로 조항에 대하여 설명하였기에 여러분들이 규정을 자세히 읽어 보지 못했지만 규정 옆에 조항이 실효되었다고도 적어 놓았습니다. 후후후.

제이: 박사님~.

이 박사: 하지만 과거 이렇게 해석하였다는 것을 참고할 의미가 있기에 적어 보았습니다. 아직도 이 조항을 들어서 이야기하는 경우가 있다면 이미 실효된 조항이므로 적극적으로 대응할 필요도 있지 않겠습니까? 어쨌거나 한중조세협정은 아직 6개월로 규정하고 있으니까요.

제이: 아!

이 박사: 분위기도 좋고 하니 퀴즈 하나 풀고 이어 갈까요?

제이: 분위기 좋은 것하고 퀴즈하고 무슨 관계예요. 가져다 붙이시는 데 하여간 도사세요.

이 박사는 대답 대신 제이를 향해 특유의 미소를 지어 보였다.

이 박사: 아래 여러 경우를 말할 테니 이것이 고정사업장을 구성하는지 맞춰 보면 되겠습니다. 이것도 각자에게 내는 퀴즈니까 각자 적어주세요. 남의 답 보지 말고 혼자 생각해 보세요.

<1: 단일한 주계약에 의한 프로젝트들>
<2: 계약들이 동일한 혹은 관련된 사람에 의해 성립된 것>
<3: 한 프로젝트의 실행이 다른 프로젝트의 선행조건>
<4: 다른 프로젝트임에도 업무의 성격이 동일한 것>
<5: 다른 프로젝트 하에 서비스들이 동일한 그룹의 인력에 의해 제공되는 것>

심 대리: 이야, 이거 아리송한데요.

이 박사는 심 대리, 제이와 로이가 어려워하거나 난처해 할 때마다 표정이 밝아졌다. 그리고 자신이 지금 기쁘다는 것을 모두 봐 주었으면 좋겠다는 식으로 앞에서 대놓고 환한 표정을 지었다.

현 과장은 대리와 신입사원과 같이 이런 것을 하는 것 자체가 마음에 들지 않았지만 일단 분위기상 동참하지 않을 수 없었다. 내키지는 않았지만 대수롭지 않은 듯 적어 놓고 세 명이 마무리하기를 기다렸다.

이 박사: 자, 다들 적었으면 답을 들어 주세요.

일제히 정답을 적은 종이를 들어 올렸다.

이 박사: 어디 보자. 이번에는 모두 답이 다르군요. 현 과장은 1, 2가 고정사업장이라고 했군요. 심 대리는 1, 2, 4가 고정사업장이라고 적었고. 제이는 1, 2, 5, 로이는 다섯 개 모두 고정사업장이라고 했군요. 누구의 생각부터 먼저 들어 볼까요. 일단 1과 2는 모두 다 고정사업장이라고 했으니 이유야 어쨌든 의견이 일치하니 심 대리가 4, 제이가 5, 로이가 3을 고정사업장이라고 생각하는 이유를 말해 볼까요?

심 대리: 저는 업무 성격이 동일하다면 고정사업장을 구성한다고 보았습니다. 예를 들어 북경, 상해, 천진의 공장들의 ERP를 보수하는 용역이라고 한다면 프로젝트는 각 지역의 법인들과 하는 것이라서 서로 다른 프로젝트이지만 ERP라는 동일한 성격의 업무를 수행한다면 같다고 보는 것이 아닐까 했습니다.

제이: 저는 5번과 관련해서 동일한 인력이 제공한다면 연속성이 있다고 생각했습니다. 심 대리님의 예시를 다시 쓰면 업무 내용은

다르더라도 같은 사람이 북경에서 작업한 뒤에 상해로 가서 작업하고 다시 천진에 와서 작업한다면 동일한 성격의 프로젝트로 봐야 하지 않나 싶었어요.

심 대리의 뒤를 이어서 제이가 말했다.

이윽고 로이가 입을 열었다.

로이: 한 프로젝트의 성격이 선행이라는 것은 선행되는 프로젝트 없이는 후속 프로젝트도 없다는 말이잖아요. 그럼 그것은 불가분의 관계가 아닌가 싶었죠. 그래서 사실은 큰 틀에서 하나의 프로젝트라고 생각할 수 있다고 봤습니다.

이 박사: 자, 모두의 의견을 들어봤는데 들어 본 뒤에 다시 한번 바꿀 기회를 주도록 하죠. 다시 적어서 들어주세요. 물론 안 바꿔도 상관없습니다.

다시 일제히 올린 답은 로이와 같이 5개 모두 고정사업장을 구성한다고 적혀 있었다.

이 박사: 로이는 왜 5개 모두 고정사업장을 구성한다고 생각했는지 말해 보겠습니까?

로이: 사실 저도 매 질문이 확실하지는 않고 아리송했어요. 그런데 제가 동일한 또는 연관된 사업의 의미에 대하여 질문 드렸을 때 기간 규정부터 설명해 주시고 이야기하신다고 하셨어요. 그래서 저희가 이해할 수 있도록 동일한 또는 연관된 사업을 설명하시려나 했죠. 그래서 질문을 '고정사업장인가?'가 아닌 '동일한 또는 연관된 사업인가?'라고 바꿔서 생각해 보니, 모두 정답처럼 보이더라고요. 그리고 제가 출제자라면 이 모든 것을 다 포괄해서 동일한 혹은 연관

된 사업이라고 강조할 것 같았어요. 그래서 모두 다 정답이라고 했습니다.

제이: 이건 이해를 했다기보다는 잔머리 같은데?

제이가 큰 소리로 투덜거렸다. 투덜거리기는 했지만 질문을 고정사업장이 아닌 동일 또는 연관의 개념으로 바꾸어서 생각한 로이의 방법이 멋졌다는 생각이 들었다.

이 박사: 로이가 질문의 의미를 잘 이해하고 적절히 바꾸었네요. 여러분, 질문을 잘하는 것은 아주 중요합니다. 질문에 따라 답이 바뀌는 것이고 질문을 통하여 답을 얻을 수 있는 단서를 얻게 됩니다. 문제 해결을 위해서는 아무리 급하더라도 적절한 질문을 위하여 시간을 들여 고민하는 것이 중요하다는 것을 꼭 기억해 주셨으면 합니다.

모두 말없이 고개를 끄덕였다.

이 박사: 여러분이 다시 적은 답을 보니 제가 굳이 설명할 필요가 없을 것 같군요. 여러분이 말한 것처럼 이건 모두 중국 규정에서 동일한 또는 연관된 사업의 의미에 대한 해석과 가이드라인을 준 내용입니다. 즉, 연관된 사업의 의미에 대하여 판단 기준을 예시해 놓은 것입니다. 많들 혼동하는데 예를 들어 A, B, C 세 명의 본사 직원이 사람을 바꿔가면서 각각 3개월씩 JK북경법인에 파견 와서 프로젝트를 이어서 했다고 합시다. 이 경우 A는 3개월 있었으니까 고정사업장의 조건인 6개월을 만족하지 않았고 B와 C도 동일하니 고정사업장을 구성하지 않는다고 판단하는 것이 아닙니다. 이 일련의 프로젝트를 이어서 보아야 하는 것이죠. 그렇기 때문에 총 9개월의 프

로젝트이고 따라서 고정사업장을 구성하는 것입니다.

현 과장: 그렇게 따지자면 웬만한 경우 다 고정사업장에 해당할 것 같은데요?

이 박사: 그런가요? 중요한 것은 언제라도 고정사업장 이슈가 있을 수 있다는 것을 인지하고 관리팀과 협의하는 것입니다. 그것이면 충분합니다. 지금은 이해를 위해서 설명한 것뿐이니 세부사항이 기억나지 않아도 상관 없습니다. 고정사업장이라는 이슈가 있다는 것만 기억하고 사업부에서 프로젝트 진행 시 반드시 관리팀과 상의한다면 충분합니다.

심 대리: 네. 알겠습니다.

이 박사: 계약 사례를 좀 더 알아보도록 할까요?

제이: 세부 내용은 알 필요 없다고 하셨잖아요?

이 박사: 후후후. 맞습니다. 세부 내용은 알 필요가 없습니다. 지금은 전형적인 사례를 통하여 많은 기업이 간과하는 부분을 이야기하고자 하는 것입니다.

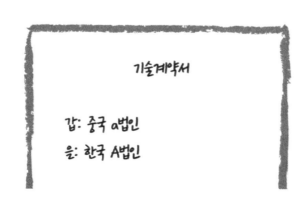

... 을은 갑에게 기술을 지원하는 계약을 체결한다. 체결기간은 2년으로 하며, 계약만료 1개월 전까지 서면으로 상대 방에게 통지하지 않는 한 계약은 1년씩 자동 연장된다...

기술지원 내역:
1) ......
2) ......
3) ......

이 박사: 계약서 예시를 보면 기술지원 내역 중에서 1), 2), 3) 각각의 기술 내용이 전혀 다르고 팀도 전혀 다른 프로젝트인 경우인데 하나의 계약서로 구성한 것입니다. 많은 경우 이렇게 서로 다른 팀에서 서로 다른 프로젝트를 진행하면서도, 모든 것을 포함하면서 '기술지원 서비스 기간을 2년으로 한다'는 식으로 프로젝트 내용이나 기간 면에서 포괄적인 계약을 맺고 있습니다. 하나의 계약서로 한꺼번에 계약하면, 작성하기는 편할지 모르겠지만 사실 고정사업장에 대한 이해가 부족하여 점검하지 않았던 부분입니다.

제이: 하나의 계약서로 작성된 것이 왜 특별히 문제가 되는 것이지요? 기술지원 내역이 구분되어 정리되어 있잖습니까?

이 박사: 이것이 바로 첫 번째로 말한, 여러 프로젝트가 단일한 계약으로 작성된 경우입니다.

제이: 아! 그럼 고정사업장이 구성된다고 보는 것인가요?

이 박사: 먼저 기간을 살펴보겠습니다. 계약 기간을 2년으로 했기 때문에 6개월 이상에 해당하겠지요. 2년의 계약 기간 중 처음 2개월에 기술지원을 하고 2년의 마지막 2개월에 기술지원 했다고 합시다. 그럼 2년이라는 계약 기간에서 중간 20개월은 아무런 지원이 없었던 것이지요. 그러나 중간에 지원이 있었든 없었든 이것이 중요한 것이 아니고 계약서상 기간이 2년으로 되어 있으니 2년으로 간주되기 쉽습니다.

심 대리: 그렇군요.

이 박사: 기술 내용이 다르고 지원하는 팀도 다른 경우 각각 계약서를 구비한다면 프로젝트마다 계산할 경우 모두 6개월씩 걸리지 않을 수 있습니다. 그러나 하나의 계약서에 포괄하여 계약하였기 때문에 문제인 것이지요.

로이: 이건 마치 전에 말씀하신 '그렇게 보이는 것도 중요하다'라는 말씀하고도 관련이 있는 것 같아요.

제이: 그건 무슨 말이야?

로이: 사실 기술지원 내역을 나눠 적긴 했지만 유사 프로젝트로 오인되는 것이고, 처음 2개월, 마지막 2개월씩 총 4개월만 중국에 와서 기술지원을 했지만 2년간 기술지원을 한 것으로 오인되는 것이잖아. 즉, 그렇게 보이는 것이지. 그래서 실제가 어떤지를 떠나서 그렇게 오해를 사지 않도록 계약서를 통해서 명확히 하라는 말씀 아니겠

어?

이 박사: 후후후. 그렇게도 해석이 되겠군요.

심 대리: 음. 제가 신입사원 연수 지원을 나오기 얼마 전에도 인도에 있는 자회사와 계약할 일이 있었는데 지금 말씀하신 것과 유사하게 포괄하여 계약서를 작성한 것 같습니다.

이 박사: 인도가 되었든 중국이 되었든 마찬가지입니다. 대부분 유사할 테니까요. 여러분이 중국에서의 비즈니스를 이해하면서 알게 된 고정사업장 등과 같은 개념은 전 세계 어디에서 비즈니스를 하더라도 공통으로 확인해야 할 사항입니다. 물론 나라마다 문화와 역사에 의해서 차이가 있는 규정들은 있을 것입니다. 그러나 주요 개념들은 세계에서 통용되는 내용입니다. 얼마나 좋습니까? 여기서 배워 전 세계에서 써먹을 수 있으니까요.

일동: 네!

제이와 로이는 연수 기회를 통해 좋은 내용을 많이 배울 수 있어서 좋았는데 이렇게 알게 되는 것이 다른 글로벌 환경에서도 유용한 것이라 생각하니 더욱 기뻤다. 심 대리 역시 마찬가지였다.

이 박사: 이야기를 이어 갑시다. 이렇게 포괄적인 계약서를 작성한 경우 프로젝트들이 얼마나 다양하고 성격이 다른지를 떠나서 계약서만 본다면 단일 계약으로 2년의 서비스 약정을 한 것입니다. 계약서가 그렇게 말하고 있잖습니까? 프로젝트들이 서로 다르다는 것은 계약서에 있는 내용이 아니니 따로 보충 설명을 해야 하지만 그 설명과 증명이 과연 쉬울까요? 그렇다면 '기술지원'의 수행으로 6개월을 초과한다고 간주되기 십상일 것입니다.

심 대리: 그렇네요. 바로 고정사업장 구성이라고 이야기할 것 같아요.

이 박사: 문서로 남는 것은 항상 신중을 기해서 작성해야 합니다. 사실 여부를 떠나서 입증할 수 있는 자료가 항상 우선합니다. 따라서 정확하고 사실에 근거한 내용으로 서류를 작성하는 것이 중요합니다. 계약서는 가장 중요한 서류 중 하나이지 않습니까? 좀 귀찮더라도 서로 다른 프로젝트의 경우 프로젝트별로 계약서를 작성하는 것이 바람직합니다.

계약서의 중요성은 아무리 강조해도 지나치지 않은 것 같았다. 그리고 이 박사가 말한 대로 고정사업장의 구체적인 것을 더 많이 알도록 추가했다기보다는 비즈니스가 이루어질 경우의 유의사항들에 대하여 꾸준히 단련시키고 있다는 생각이 들었다.

비구성요건

심 대리: 박사님, 그럼 한국에서 중국으로 파견 보내지 않고 중국 업체를 고용해서 업무를 하면 되지 않을까요?

이 박사: 좋은 질문입니다. 미처 이야기해 줄 생각은 못 했는데 같이 봅시다. 한중조세협정 제5조의 6항을 살펴보겠습니다.

한중조세협정 제5조 6항

일방체약국의 기업이 타방체약국 안에서 중개인, 일반 위탁매매인 또는 독립적 지위를 가진 기타 대리인을 통하여 사업을 경영한다는 이유만으로, 동 인들이 사업을 통상적으로 수행하는 한, 동 기업이 동 일방체약국에 고정사업장을 가지는 것으로 보지 아니한다. 그러나, 그러한 대리인의 활동이 동 기업을 위해 전적으로 또는 거의 전적으로 수행될 경우 그는 이 항에서 말하는 독립적 지위를 가진 대리인으로 보지 아니한다.

이 박사: 또한 한중조세협정 제5조 5항은 다음과 같이 기술되어

있습니다.

한중조세협정 제5조 5항

제1항 및 제2항의 규정에도 불구하고 제6항이 적용되는 독립적 지위를 가지는 대리인 이외의 인이 일방체약국 안에서 타방체약국의 기업을 위하여 활동하며 그 기업 명의의 계약체결권을 상시 행사하는 경우에는, 그 기업은 동인이 그 기업을 위하여 수행하는 활동에 대하여 동 일방체약국 안에 고정사업장을 가지는 것으로 본다. 단, 동인의 활동이 사업상 고정된 장소에서 행하여진다 할지라도 사업상 고정된 장소가 고정사업장으로 간주되지 아니하는 제4항에 언급된 활동에 한정되지 아니하는 경우이어야 한다.

이 박사: 내가 설명해 줄 테니 협정의 표현에 관해서는 일단 신경 쓰지 마세요. 설명 후에 다시 본다면 이해가 갈 것입니다. 예를 들어 중국내 대리인이 대리활동을 함에 있어서 다른 고객 없이 JK 한국 본사만을 대표하는 업무를 하거나 혹은 JK 한국 본사를 대리하여 JK 한국 본사 명의로 계약체결권을 행사하는 정도로 대표하는 경우라면 고정사업장을 구성한다고 보는 것입니다.

심 대리: 하지만 사실 우리 법인에는 잘 적용되지 않는 경우라고 생각되는데요. 우리는 중국 내 자회사들이 있으므로 대리인이 업무를 진행하는 것이 없다고 알고 있습니다.

이 박사: 쉽게 와 닿지 않다 보니 충분히 그렇게 생각할 수 있습니다.

제이: 그럼 우리 회사도 해당 사항이 있단 말이시네요?

심 대리가 하려는 질문을 제이가 대신했고 제이는 우리 회사라는

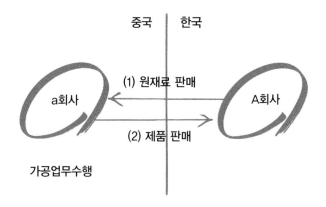

중국 | 한국

(1) 원재료 판매

a회사 → A회사

(2) 제품 판매

가공업무수행

[그림 25] 진료가공(进料加工)

말로 JK그룹의 일원이라는 것을 확실하게 이야기했다.

이 박사: 예를 들어 설명해 보죠. 현재 해외판매의 경우에는 중국 내 자회사가 진료가공(进料加工)한 제품을 JK 한국 본사로 회수하였다가 다시 전 세계 고객들에게 판매하고 있죠? 진료가공은 말 그대로 재료를 중국 자회사로 들여와서 가공한 다음에 다시 수출하는 것을 말합니다. [그림 25]

심 대리: 네, 아무래도 본사가 일괄하여 관리하는 것이 낫다고 생각해 현재는 그렇게 진행하고 있습니다.

이 박사: 그렇다면 중국 내 고객에게는 어떤 판로를 이용하고 있는지 혹시 압니까?

심 대리: 영업팀에 있었다 보니 대략은 알고 있습니다. 두 가지 경우인데 중국 내 자회사에서 직접 판매하는 것과 한국 본사로 판매하였다가 한국 본사에서 다시 중국 내 고객에게 판매하는 방법입

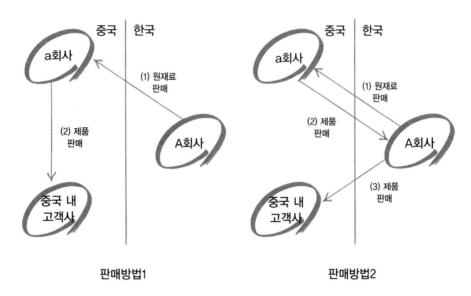

중국 | 한국

a회사

(1) 원재료
판매

(2) 제품
판매

A회사

중국 내
고객사

판매방법1

중국 | 한국

a회사

(1) 원재료
판매

(2) 제품
판매

A회사

(3) 제품
판매

중국 내
고객사

판매방법2

[그림 26] 두 가지 판매방법

니다. [그림 26]

이 박사: 그렇다면 위 그림에서 한국 본사로 판매가 이루어지는 '판매방법2'의 경우에는 물리적으로 한국으로 돌아갔다가 다시 중국으로 돌아오나요? 즉, a회사에서 만든 제품을 배에 실어서 한국의 A회사로 운송했다가 다시 A회사에서 제품을 배에 싣고 중국으로 들어와서 중국 내 고객사에 전달하는 것입니까?

심 대리: 아니요. 그러면 비용과 시간이 많이 드니까 보세구역 내 창고를 이용해서 창고에 저장해 놓았다가 다시 중국으로 수입하도록 하죠. [그림 27]

이 박사: 그 창고는 누구 명의로 되어 있습니까?

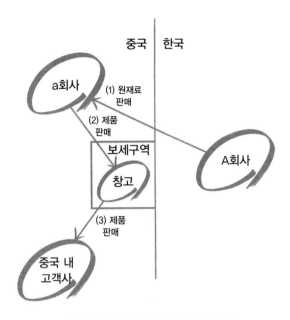

[그림 27] 판매방법2의 실질적 물류 흐름

심 대리: 글쎄요. 잘은 모르겠습니다만 아마도 한국 본사가 창고를 운영하지 않을까 싶기는 합니다. 죄송합니다. 제가 거기까지는 확인해 보지 못해서요.

심 대리의 대답에 이 박사는 아무 말도 하지 않고 가만히 있었다. 잠시의 어색한 정적은 네 명에게 던지는 질문과도 같았다. 로이가 작은 목소리로 말했다.

로이: 한국 본사가 창고를 운영하거나 혹은 그 창고가 전적으로 JK 한국 본사 제품만 취급한다면 중국 내 고정사업장 이슈가 있을 것 같습니다.

심 대리: 거기까지는 생각을 못 해 보았는데 그럴 수도 있겠군요.

그럼 이 위험을 어떻게 회피해야 하나요?

이 박사: 만일 창고업을 전문으로 하는 중국 내 업체에 위탁하고 한국 본사의 출고 지시에 의해서 고객에게 배송이 이루어진다면 고정사업장 문제를 피할 수 있을 것입니다. 독립적이고 주체적으로 창고업을 하면서 여러 업체의 제품을 취급한다면 종속적이지 않은 것이지요. 그러나 비즈니스가 한 업체에만 의지한다면 종속적이 되는 것입니다.

심 대리: 하지만 우리 회사 제품을 다른 여러 회사 제품들도 동시에 다루는 위탁업체에 전적으로 맡기는 것은 관리 측면에서 문제가 있을 것 같습니다. 출고 지시 같은 것은 시스템으로 이루어져야 할 텐데 이 부분도 쉽지 않을 것 같습니다.

이 박사: 심 대리가 말하는 모델이 맞는다면 본사의 관리팀에서 충분히 검토했을 테니 걱정하지 마세요. 이야기하고 싶은 것은 모르는 사이에 위험에 노출될 수 있으니 작은 사항이라도 의심되면 상의하라는 것입니다.

심 대리: 네.

로이: 그런데 '판매방법 1'의 경우처럼 중국 내 자회사인 a회사에서 '중국 내 고객사'로 바로 판매하면 될 텐데 왜 군이 '판매방법 2'의 방법도 택하나요?

이 박사: 그럼 보세창고를 이용한 거래의 대금지급 흐름을 같이 넣어서 보도록 할까요? [그림 28]

이 박사: A회사에서 a회사로 원재료가 판매되면 그 대금이 a회사에서 A회사로 지급됩니다. 그런데 이후 a회사가 제품을 보세창고

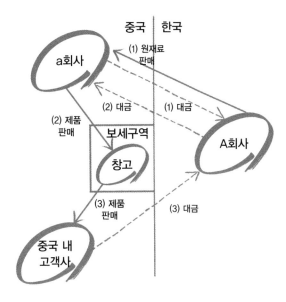

[그림 28] 판매방법2의 실질적 물류 및 대금 흐름

로 보낼 때 그 대금은 A회사가 a회사에 지급합니다. 실질은 A회사가 a회사로부터 다시 구매하는 것이니까요. 이 부분이 진료가공(進料加工)에 해당합니다. 말 그대로 풀어서 이야기하면 재료를 들여와서 가공한다는 말입니다. 나중에 세관(海关, customs) 부분을 설명할 때 자세히 보겠지만, 일단 단순화해서 설명하겠습니다. 원재료를 수입하여 가공한 뒤에 다시 수출하는 것을 진료가공이라고 합니다. 이 경우 원재료가 들어올 때도 면세로 들어오고 수출을 할 때 수출에 따른 세 환급을 받게 되는 것이지요. 비록 한국의 A회사로 보내지 않고 보세창고로 입고하더라도 수출로 간주됩니다. 그리고 중국내 고객사 입장에서는 수입에 해당하겠네요. 그래서 대금도 A회사에 지급하고요.

로이: 네, 그렇군요.

이 박사: 그리고 무엇보다 그렇게 한다는 것은 그렇게 할 실익이 있다는 것이겠지요? 전에 내 어떤 질문에 로이가 이렇게 대답했던 것 같은데? 여기까지만 설명합시다. 세관 관련 문제는 차차 알게 될 것이니 너무 앞서 고민할 필요는 없습니다. 후후후.

로이: 알겠습니다. 그럼 다시 고정사업장으로 돌아와서 궁금한 것이 있어요. 해외기업의 중국 내 활동이 6개월만 넘게 되면 고정사업장을 구성하는 것인가요?

이 박사: 꼭 그런 것만은 아닙니다. 그럼 고정사업장을 구성하지 않는 경우를 살펴볼까요? 한중조세협정 제5조 4항의 내용을 봅시다.

한중조세협정 제5조 4항

제1항 내지 제3항의 규정에도 불구하고 '고정사업장'은 다음을 포함하지 아니하는 것으로 본다.

(가) 기업에 속하는 재화나 상품의 저장, 전시 또는 인도의 목적만을 위한 시설의 사용

(나) 저장, 전시 또는 인도의 목적만을 위한 기업 소유의 재화 또는 상품의 재고 보유

(다) 다른 기업에 의한 가공의 목적만을 위한 기업 소유의 재화 또는 상품의 재고 보유

(라) 기업을 위한 재화나 상품의 구입 또는 정보 수집의 목적만을 위한 사업상 고정된 장소의 유지

(마) 기업을 위한 예비적이고 보조적인 성격의 활동만을 위한 사업상 고정된 장소의 유지

(바) 위 활동의 복합적 활동만을 위한 사업상 고정된 장소의 유지(단, 동 복합적 활동으로부터 초래되는 사업상 고정된 장소의 전반적인 활동이 예비적이거나 보조적인 성격의 것이어야 한다)

이 박사: 거듭 말합니다. 규정은 필요상 말해 주기는 하지만 이해하느라 진 빼지 않아도 됩니다. 내 이야기만 들으면 됩니다. 나중에 자연스레 이해가 갈 것입니다.

일동: 네.

자세히 보지 않아도 된다는 말처럼 마음 놓이는 것도 없었다. 나중에 다 이해도 간다고 하니 말이다.

이 박사: 간단히 이야기해서 중국 내에서의 활동이 준비성, 보조성 활동인 경우 고정사업장을 구성하지 않는다고 이해하면 되겠습니다.

로이: 준비성, 보조성 활동의 경우에는 고정사업장을 구성하지 않는다고 한다면 과연 무엇이 준비성, 보조성 활동에 해당하는지가 굉장히 중요하겠네요. 어떠한 비즈니스 활동을 준비성으로 정의하느냐에 따라서 고정사업장 구성 여부, 나아가 납세 의무 여부가 확정되는 것이니 논쟁이 있을 수도 있을 것 같습니다.

이 박사: 그렇죠!

제이: 어? 그런데 이것은 대표처를 볼 때도 말씀하셨던 내용인데요?

이 박사: 네! 그래서 개념을 이해하는 것이 중요합니다. 후후후.

이 박사의 목소리가 커졌다.

이 박사: 고정사업장이라는 것은 여러분이 생각하는 것보다 그 영향이 큽니다. 여러분이 지금까지는 주의 깊게 살펴보지 않았지만 사실 경제신문에서도 고정사업장 관련된 기사가 종종 나오고 있습니다. 나중에 한번 검색해 보시기 바랍니다.

현 과장: 네. 알겠습니다. 그리고 지금 이 이슈는 관리팀과 상의하면 되겠지만 항상 어떠한 사안을 진행할 때 유관 부서와 긴밀하게 상의하고 협조해야 한다는 것을 명심하겠습니다.

이 박사: 그렇습니다. 별거 아닌 것으로 치부했다가 막대한 손실을 가져오는 상황을 많이 목격합니다. 조금만 신경 쓰면 막을 수 있는 것을 놓친다면 안타깝겠지요. 여러분들이 이렇게 잘 이해해 줘서 고맙습니다.

심 대리: 잘 가르쳐 주셔서 제가 감사합니다. 박사님께서 도리어 고맙다고 하시다니요.

쑥스러워지는 네 명이었다.

7

고정사업장의 구성효과
– 개인소득세

오늘은 현 과장도 심 대리 일행과 함께 점심식사를 했다. 사실 어제까지만 해도 신입사원과 함께 고정사업장에 대한 조언을 받아야 하는 상황이 영 마음에 들지 않았다. 아무리 고정사업장에 대한 문외한이라 해도 신입사원 대우를 하는 회사의 조치에 다른 숨은 뜻이 있는 건 아닌가 꼬인 생각도 했었다. 그러나 이 박사의 지도 아래 이들과 토론하다 보니 회사의 의도와 상관없이 이 기회가 고마웠다. 매일매일 일에 치여, 이렇게 새로운 것을 알고 토론하고 내 것으로 만드는 즐거움을 잊고 있었다. 아무것도 모르는 것이 당연해 창피할 것 없이 뭐든지 하나라도 더 배우고자 열심인 신입사원들이 부럽고 그 시절이 그리웠다. 이런 현 과장의 심리 변화가 겉으로도 드러나는지 심 대리, 제이, 로이와 담소를 나누며 다시 회의실로 들어서는 그를 바라보는 이 박사의 표정도 전보다 가벼워졌다.

이 박사: 자, 그렇게도 궁금해하는 내용입니다.

이 박사는 현 과장에게 찡긋 윙크한 후 이야기를 시작했다.

이 박사: 고정사업장을 구성한다고 하면 과연 어떠한 영향이 있을까요? 앞서 고정사업장을 구성하면 중국 내 법인이 있는 경우와 마찬가지로 납세 의무가 존재한다고 말했습니다. 이 말은 중국 내 설립된 법인이 내야 하는 세금은 모두 납부한다는 것입니다. 예를 들어 직원의 개인소득세를 납부해야 하고 수익에 대한 기업소득세를 납부해야 합니다. 물론 성전토지사용세(城鎭土地使用稅) 등을 내지는 않겠지만 이것은 고정사업장은 가상의 법인이라는 특성상 중국에 부동산이 없어서 토지를 사용하지 않으므로 내지 않는 것이지 고정사업장이라서 내지 않는 것은 아닙니다.

심 대리: 고정사업장을 구성하는 비즈니스 행위와 관련하여 부과 대상이 되는 모든 납세 의무를 동일하게 지켜야 한다고 보면 되겠습니까?

이 박사: 그렇죠. 먼저 기억해야 할 것은 개인소득세입니다. 마침 여러분이 개인소득세에 대하여 토의를 했었으니 이것 먼저 이야기합시다. 먼저 JK 한국 본사의 현 과장이 소속된 사업부가 중국 내 프로젝트를 수주했잖습니까? 그러면 프로젝트팀에서 중국을 방문해서 업무 진행을 하겠죠. 이렇게 프로젝트를 위하여 중국을 방문하는 팀원 각 개인은 중국 내 개인소득세 납부 의무가 있는데, 중국을 방문하는 첫날부터 납부 의무를 지게 됩니다.

제이: 첫날부터라는 말이 무슨 말씀이신가요?

이상하다고 여긴 제이가 질문을 했다. 183일을 넘을지를 봐야지 왜 첫날부터 내라고 하는 것인지 의아했다.

이 박사: 말 그대로 프로젝트 수행을 위하여 중국 땅을 방문하는 첫날부터라는 의미입니다.

제이: 어? 박사님께서 개인소득세 때 말씀해 주신 것과 다른데요. 183일을 초과하는지 살펴서 상주 기간을 잘 관리하기만 하면 개인소득세를 납부하지 않을 수 있는 것 아닌가요? 프로젝트를 위한 출장자들은 소속도 한국 본사이고 급여가 한국에서 지급될 것인데 왜 중국에 납세 의무가 있습니까?

이 박사: 그렇습니다. 그렇더라도 중국에 납세 의무가 있습니다. 고정사업장을 구성할 경우에는 입국일부터 개인소득세 신고와 납부의 의무가 있고 급여를 지급하는 장소는 중요하지 않습니다.

제이: 아아~. 헷갈립니다. 갑자기 지난주 말씀하셨던 개인소득세와 충돌되니 머리가 복잡해요. 잠시 커피 브레이크 갖고 하시면 어떨까요? 제가 준비하겠습니다.

'역시 제이와 로이가 옥신각신하는 것 같아도 호흡이 잘 맞는걸.'

제이가 커피를 준비하는 사이 로이는 현 과장에게 개인소득세와 관련하여 논의했던 내용을 다시 설명해 주었다. 심 대리가 보아도 개인소득세에 대한 기본지식 없이는 이해가 어렵겠다고 생각하던 차에 제이와 로이가 현 과장을 배려해서 행동하니 기특해 보였다. 더 재미있는 것은 이 박사는 제이와 로이의 의도를 이미 간파한 것처럼 보였다는 것이다. 이 박사도 휴식을 갖지 않고 사무실 화이트보드에 한중조세협정을 미리 적어 놓았다. 보드 앞에서 한참을 보내 놓고도 의자에 앉아서 천천히 커피를 음미했다. 시간을 주려는 것이었다. 사실 듣는 것보다 직접 설명해 보는 것이 기억에는 훨씬 잘 남는다고 믿는 이 박사였기 때문에 제이와 로이가 현 과장에게 설명하는 것 자체가 아주 좋은 교육이라고 생각하고 있었다.

다시 커피 향을 맡고 마지막 한 모금을 들이킨 이 박사는 제이와 로이에게 눈을 동그랗게 뜨고 눈썹을 치켜올리며 엄지손가락을 세워 보였다. 이제 시작해도 되겠냐는 뜻이었다.

이 박사: 개인소득세 논의 시 말했던 한중조세협정 제15조를 다시 살펴보겠습니다.

한중조세협정 제15조

1항
(중간 생략) 고용과 관련하여 일방체약국의 거주자가 취득하는 급료, 임금 및 기타 유사한 보수에 대하여는 그 고용이 타방체약국에서 수행되지 아니하는 한, 동 일방체약국에서만 과세한다. 단, 고용이 타방체약국에서 수행되는 경우 동 고용으로부터 발생하는 보수에 대하여는 동 타방체약국에서 과세할 수 있다.

2항
제1항의 규정에도 불구하고 타방체약국 안에서 수행된 고용과 관련하여 일방체약국의 거주자가 취득하는 보수에 대하여는 다음의 경우 일방체약국에서만 과세한다.
(가) 수취인이 어느 당해 12월 기간 중 총 183일을 초과하지 아니하는 단일 기간 또는 제 기간 동안 타방체약국 안에 체제하고;
(나) 그 보수가 타방체약국의 거주자가 아닌 고용주에 의하여 또는 그를 대신하여 지급되며;
(다) <u>그 보수가 타방체약국 안에 고용주가 가지고 있는 고정사업장 또는 고정시설에 의하여 부담되지 아니하는 경우</u>(the remuneration is not borne by a permanent establishment or a fixed base which the employer has in the other Contracting State);

이 박사: 위 규정에 따르면, 한국 직원이 중국에 출장 와서 어느 12개월 동안 183일을 초과하지 않고, 그 급여가 중국 내 법인이 아닌 한국 본사에 의하여 지급되고, 그 지급된 보수를 중국 내 법인에 다시 전가하지 않으면, 중국 내 개인소득세 납부 의무 없이 한국에서 개인소득세를 과세하는 것으로 설명하고 있지요.

일동: 네.

이 박사: 그런데 제2항 (다)에 따르면 고정사업장을 구성하는 경우는 적용되지 않는다고 명시하고 있기 때문에 중국에서 납부해야 하는 것이지요.

이 박사는 (다)항에 관하여는 영문도 함께 적어서 의미를 좀 더 명확히 하는 데 도움을 주려는 듯했다.

갑자기 제이가 골똘히 생각에 잠겼다. 턱을 괴고 생각에 잠긴 제이는 본 적이 없는지라 다른 사람들도 아무 말 없이 물끄러미 제이를 지켜봤다. 한참을 생각하던 제이는 엉뚱한 이야기를 했다.

제이: 이 고정사업장 관련 규정은 개인소득세 관련 규정을 무력화시키는 것 같아서 수정이 필요할 것 같습니다.

이 박사: 무력화는 무엇이고 수정이 필요하다는 것은 또 무슨 말인가요?

제이: 고정사업장을 구성하면 과세권이 한국에서 중국으로 넘어간다는 것은 이해할 수 있어요. 하지만 고정사업장 규정의 해석을 따르면 6개월이 넘는 몇 달 동안 매달 꾸준히 며칠씩 방문한다면 방문일수는 며칠 안 되더라도 고정사업장이 구성될 수 있는 여지가 있잖습니까?

이 박사: 그렇지요.

제이: 적어도 기준은 동일하거나 합리적이어야 하지 않을까요? 그 며칠 방문한 것 때문에 고정사업장을 구성하게 되었고 그렇다면 첫 날부터 개인소득세를 내야 하는 상황이 발생하는 것이니까 183일이 라는 것이 아무 의미가 없어져 버리잖아요.

이 박사: 그게 고정사업장을 구성한 효과인데 어떻게 하겠습니까?

제이: 그러니까 말이에요. 바로 그 고정사업장 구성효과에 대한 부분에서 수정이 필요한 것이 아닌가 하는 것이죠. 박사님 말씀대로 라면 조세협정에 원래는 6개월로 규정했다가 183일로 바꾼 경우가 있다고 하셨잖아요. 홍콩과 싱가포르처럼 말이죠. 그렇다면 이러한 규정의 문제점 때문에 바꾼 것이 아닌가 싶은 생각이 듭니다.

'제이도 점점 탄력을 받고 있어. 아주 좋은데.'

심 대리는 제이가 단기간에 성장하는 모습을 보며 흐뭇했다. 동시 에 알면서도 꼬치꼬치 묻는 이 박사의 모습이 악동 같아 보였다.

제이: 만일 고정사업장 구성 요건이 6개월이 아닌 183일이라면 개 인소득세 규정과도 조화를 이루고 합리적일 것 같아요.

이 박사: 협정은 국가 간 약속이다 보니 상호적입니다. 한국인에게 적용이 된다면 동시에 중국인에게도 같은 조건이 적용됩니다. 어쨌 거나 문제점을 발견하고 분석한 것은 아주 훌륭했습니다. 충분히 고 민해 볼 가치가 있어요.

이 박사도 칭찬을 아끼지 않았다.

제이: 상호 적용이라 하더라도 중국에서 한국으로 투자한 제조 업체는 거의 없잖아요? 무조건 문자상으로 평등하다고 평등한 것

은 아닌 것 같습니다. 실제를 반영한 평등이 진정한 호혜평등 아닐까요? 우대 혜택을 달라는 것도 아니고 홍콩과 싱가포르처럼 좀 더 합리적으로 바꾸자는 것이지요. 이 역시 양국에 동일하게 적용되는 규정일 것이고요.

이 박사: 후후후. 어려운 주제입니다. 나중에 좀 더 토론하기로 합시다.

현 과장도 심 대리, 제이, 로이 세 사람과 일련의 토론에 참여하면서 이들의 날카로운 분석에 놀라지 않을 수 없었다. 자존심 때문에 내색은 할 수 없었지만 그동안 안이했던 자신의 모습을 반성했다.

8 / 고정사업장의 구성효과
– 기업소득세

이 박사: 개인소득세 문제도 있지만 사실 가장 주요한 변화는 기업소득세 납세 의무일 것입니다. 중국 내 설립된 법인들에 기업소득세 납부 의무가 있는 것과 마찬가지로 고정사업장에는 기업소득세 납부 의무가 존재합니다. 그래서 사업소득에 대하여 중국의 기업소득세율 25%를 적용하여 기업소득세를 부과하게 됩니다.

제이: 만일 사업소득이 없으면요? 예를 들어 한국 본사에서 중국 자회사를 지원하기 위해서 기술자가 와서 6개월 이상 체류하지만 서비스 수수료는 받지 않고 무료로 지원할 수도 있잖습니까?

이 박사: 제이가 좋은 질문을 했군요. 바꾸어 말하면 고정사업장은 개념상의 정의인데 도대체 무엇을 기준으로 세금을 내도록 과세표준을 정하게 되는지 확인해 보면 되겠네요. 과세표준을 확정하는 방법은 여러 가지가 있는데 간주이익률법이 그 중 하나입니다. 간주이익률은 서비스의 종류에 따라서 다른데 15~50% 사이가 됩니다.

현 과장: 간주이익률이라는 것이 무엇인가요?

점점 대화에 몰입하던 현 과장은 모르는 단어가 나오자 순간 무의식적으로 질문이 튀어나왔다. 현 과장의 참여가 놀라운 듯 이 박사는 천천히 설명했다.

이 박사: 간주라는 말은 여러 번 언급되는데 우리가 일상생활에서 '무엇으로 간주하겠다'로 쓸 때와 같은 의미입니다. 영어로는 deemed 인데 쉽게 말해 '그렇게 봐 버리겠다'는 것입니다. 즉, 이익률이 얼마일 것이라고 봐 버리는 것이죠. 예를 들어, 프로젝트 진행과 관련하여 맺은 계약이 있으면 업종에 따라서 계약된 금액의 15~50%를 이익률로 확정해 버리는 것입니다. 만일 프로젝트로 10억원을 계약했는데 세무당국이 30%의 이익률을 책정하였다고 한다면 3억원을 이익으로 봐서 이 금액이 과표 기준이 될 것이고 이에 기업소득세율 25%를 곱한 7천5백만원이 납부하여야 할 기업소득세가 되겠습니다.

현 과장: 하지만 무료로 지원하면은요? 계약금액이 있으면 계약금액의 일정 비율만큼을 이익으로 간주하겠지만 수수료가 아예 없다면 0을 곱하나 마나 0이 나오잖아요?

이 박사: 맞습니다. 음…….

고민하는 이 박사를 보면서 자기 질문이 그렇게 날카로웠나 현 과장은 갑자기 으쓱하는 기분이 들었다.

이 박사: 현 과장에게는 설명못한 부분인데……. 여러분, 중국의 기업소득세 신고양식을 같이 볼 때 뒤에 별첨으로 붙는 양식들도 있다는 말을 했지요?

이 박사가 심 대리, 제이와 로이를 바라보며 말했다.

일동: 네.

이 박사: 그 중에 관계사 간 거래에 대하여 기재하는 표가 있었습니다. 중국 내 관계사로의 매출액과 관계사로부터의 매입액, 그리고 해외 관계사로의 매출액과 해외 관계사로부터의 매입액을 기록하도록 되어 있었지요. 혹시 기억나는지요?

제이: 네. 기억납니다.

이 박사: 그리고 투자구조를 이야기할 때 국가마다 세율이 다르므로 소득이 동일하더라도 납부세액이 다를 것이라는 이야기도 했습니다.

제이: 네. 그것도 기억납니다.

이 박사: 좋습니다. 이미 이야기한 내용이 있지만 현 과장도 있으니 필요한 것은 간단히 다시 이야기하겠습니다. 방금 관계사라고 이야기를 했는데 이를 좀 더 정확히 표현하면 특수관계자(related party)라고 부릅니다.

심 대리: 네, 압니다. 특수관계자. 뉴스에도 많이 나오잖습니까?

이 박사: 우리가 이전가격이라는 것을 아직 토의하지 않아서 수수료가 없는 무료의 기술 지원에 관해 설명할까 고민한 것인데요.

'뭐야. 내 질문이 날카로워서 고민하신 것이 아니었잖아? 하긴 그럴 리가, 김칫국부터 마신 내가 웃긴 거지.'

현 과장의 실망이 표정에 드러났다.

이 박사: 이전가격이라는 것도 나중에 토의하겠습니다만 일단 이전가격은 이전하는 가격이라고 기억하십시오. 영어로는 Transfer

Pricing인데 단어 그대로 '옮기는 가격'입니다. 그런데 세무당국은 특수관계자 간의 이전가격에 대해 특별히 관심을 가지고 주목하고 있습니다.

제이: 왜요?

이 박사: 지금 특수관계자의 여러 정의를 설명하는 것은 어렵고 JK그룹의 자회사 간 거래를 예로 들어 이야기하겠습니다. 앞서 말했듯이 다국적기업의 경우 절세를 위하여 인위적으로 조작할 유인이 존재한다고 각 세무당국은 생각합니다. 세율이 40%인 국가에 있는 JK그룹의 A사가 원재료를 아주 싼 값으로 세율이 12.5%인 국가에 있는 JK그룹의 B사에 판매합니다. B사에는 일반적으로 관계가 없는 다른 구매자에게 파는 것보다 더 싼 값으로 원재료를 넘기는 것이지요. B사는 이 원재료를 이용하여 제품을 만든 다음 여러 곳에 팔게 되는데 A사에는 비싼 값으로 제품을 넘깁니다. 역시 다른 구매자에게 파는 것보다 비싼 값으로 파는 것이지요. 그럼 상대적으로 A사는 싸게 팔고 비싸게 사니까 이익이 줄어들고 그 줄어든 이익만큼은 B사에 남게 됩니다. 이런 경우를 규제하고자 정상 거래의 원칙을 적용하는 것입니다. 아무 관계가 없는 다른 이에게 파는 가격과 같이 정상적인 가격을 유지하라는 것이지요. 정상 거래 원칙은 영어로 Arm's Length Basis라고 표현하는데, 이 역시 친하다고 어깨동무하지 말고 팔 길이만큼 떨어져서 남들처럼 지내라는 것입니다.

제이: 그것과 무상 서비스 제공이 무슨 관계가 있지요?

이 박사: 두 가지 측면으로 생각해 볼 수 있습니다. 첫 번째는 본사와 자회사는 특수관계자라고 할 수 있는데 왜 무상으로 서비스를

제공하느냐고 생각할 수 있습니다. 관계가 없는 다른 회사에 서비스를 제공하면 당연히 수수료를 받을 것이므로 정상 거래의 원칙에 따라 역시 공평하게 수수료 수취를 해야 하는 것 아니냐는 것이지요. 두 번째는 서비스를 무료로 제공했다 하더라도 이런 경우 으레 다른 종류의 거래가 있다고 봅니다. 지금 예를 든 원자재를 팔고 다시 제품을 사 가는 그런 거래 말입니다. 그렇다면 비록 눈에 보이는 수수료가 없다고 주장하더라도 원재료 값이나 제품 값에 이미 수수료가 녹아 있다고 보는 것이지요. 따라서 수수료가 없다고 주장하기도 쉽지 않고 상당히 복잡한 과정을 통해서 입증이 필요할 것입니다.

심 대리: 오히려 객관적인 근거를 가지고 용역 수수료를 계산하는 것이 불필요한 일을 줄일 수도 있겠네요.

로이: 정말 쉽지 않네요.

이 박사: 말씀드렸지요. 비즈니스가 쉬운 것이 어디 있습니까? 그걸 알고 한번에 급하게 하려고 하지 말고 조금씩 조금씩 그렇지만 멈추지 말고 꾸준히 실천하세요. 회사도 개인도 마찬가지입니다.

명심하려고 해도 사실 마음이 그렇지가 못했다.

'꿈이라도 크게 꾸어야 하잖아.'

제이는 멈추지 않고 꾸준히 정진하면 자신의 꿈이 언젠가는 이루어질 것이라고 다시 다짐했다.

이 박사: 자, 이제 부가가치세(Value Added Tax) 납부 의무를 이야기하겠습니다. 과거 중국에서는 부가가치세(증치세)와 영업세로 분리되어 있었으나 부가가치세 개혁(VAT reform)을 통하여 현재 두 세제의

통합이 진행되었습니다.

일동: 네.

이 박사: 용역 등의 서비스 제공에 대하여 과거에는 영업세 납부 의무가 있었는데 이제는 부가가치세 납부 의무로 전환되었습니다.

로이: 하지만 한국 회사가 중국 내에 제공하는 서비스인데도 납세 의무가 있나요?

제이: 고정사업장을 구성하면 당연히 납세 의무가 있겠지.

이 박사: 이건 그렇지 않습니다. 변화를 설명하면 과거에는 중국 밖의 해외에 있는 업체가 중국 경내에 서비스를 제공할 경우에는 영업세의 과세 대상에서 제외하였었습니다. 그런데 2009년부터 시행된 개정된 영업세는 서비스를 제공하거나 제공받는 어느 일방이 중국 경내에 있을 경우 과세 대상이 된다고 규정하였습니다.

심 대리: 해외업체로서는 불리해진 것이네요?

이 박사: 따라서 사실 영업세는 고정사업장 구성 여부와 상관없이 중국 내 법인이 서비스를 제공받는 수혜자인 경우 납세 의무가 발생하는 것입니다. 즉, 고정사업장을 구성하지 않았더라도 서비스 제공이 있었다면 납부하는 세금입니다. 그리고 지금은 용역에 대하여 부가가치세를 납부합니다. 결론적으로, 고정사업장 구성효과는 중국에 법인이 설립된 것과 마찬가지로 관련된 세금을 납부하는 것이라고 기억해 주세요.

9 / 그럼 그 대책은?

현 과장: 말씀을 들으니 가능한 선에서 대책을 세우는 것이 중요할 것 같습니다. 정말 조금만 신경 쓰면 막을 수 있는 것을 놓치는 우를 범하고 싶지는 않습니다.

이 박사: 그러려면 결국은 원론적인 이야기로 들리겠지만 규정을 정확히 아는 것이 중요합니다. 아는 주체가 관리팀인지 사업부인지는 중요하지 않아요. 서로 협조해서 신규 업무가 있을 때 가능한 문제들을 미리 점검하고 주의하는 것이죠. 그렇게 되면 앞서 이야기한 대로 계약서를 준비하더라도, 귀찮다고 포괄적인 계약서 하나로 작성하는 일은 없겠지요. 프로젝트를 정확히 구분하여 동일 프로젝트가 아닌 경우 적극적으로 분리하여 관리해야 합니다. 동일 또는 관련 프로젝트인지도 심사할 테고 출장자 별로 관리도 하게 될 것 아닙니까? 현재의 고정사업장 계산 방법을 고려하여 프로젝트를 월초에 시작하여 월말까지를 한 유닛으로 하여 유닛별로 진행하고 유닛

을 체크하는 방법도 고려할 수 있습니다. 그러나 업무라는 것이 딱 그렇게 되는 것은 아니고 비즈니스가 우선이기에 주객이 전도되는 상황이 되어서도 안 될 것입니다. 일단 현재 존재하는 위험을 줄이기 위해서 현행 계약서에 대한 명확한 검토가 필요합니다. 잘못 작성된 계약서들을 파악하고 향후 계약서의 준비에 관해서 담당자들에 대한 교육이 이루어져야 합니다.

이 박사는 잠시 말을 멈추었다가 다시 이야기를 이어갔다.

이 박사: 아까 이야기한 것과 같이 고정사업장을 단순 세무 이슈라고 보지 말고 회사의 이익을 확보하고 위험을 관리하는 주요 도구로서 인식하여야 합니다. 그렇게 사내에서 서로 협조만 잘 해도 아주 큰 성과가 있을 것으로 생각합니다.

로이: 그럼 앞으로의 계약서는 업무별로 나누어 작성한다고 하더라도 현재 이미 두리뭉실하게 작성된 장기계약은 단계별로 나눌 수 있는지 확인해 보면 어떨까요?

제이: 단계별로 나눈다고?

로이: 응. 계약서나 관련 서류들이 세무당국의 질의가 있을 경우 이를 명확히 설명할 수 있는 근거자료가 된다고 하셨으니까 비록 두리뭉실한 마스터 계약 같은 것이 있더라도 이것의 세부사항들을 보충하자는 것이지. 당연히 실제와 맞도록 하는 것이 전제조건이겠지만 말이야.

제이: 무슨 말인지 자세히 해 봐. 잘 이해가 안 간다고.

로이: 생각해 봐. 만일 계약서는 2년 동안 기술 지도라고 되어 있는데 사실상은 초반에 와서 많이 봐 줄 것이잖아. 그다음에는 문제

가 있는지 정기적으로 점검하고 필요시에 요청이 있으면 와서 지원해 줄 것이고.

제이: 그래서?

로이: 그래서 2년을, 예를 들어 5개월, 14개월, 5개월로 나누는 거야. 초반 5개월은 현장을 방문해서 지원하고 셋업과 필요한 교육을 하는 것이지. 그다음 14개월은 전화, 이메일 등 밖에서 지원하는 거야. 다시 마지막 5개월 동안은 잘 진행이 되는지 방문하여 점검하고 추가 교육과 지원을 해 주는 것이고. 가정이지만 만일 계약서 세부 사항도 자세히 보충하고 실제로 이렇게 진행해서 입증할 수 있다면 고정사업장을 구성하지 않으니까 관련 문제로부터 벗어날 수 있지 않을까? 6개월이 되었든 183일이 되었든 어느 것에도 해당되지 않을 수 있을 테니 말이야.

제이: 에이, 그게 말대로 그렇게 되겠어?

로이: 나도 그래서 가능하면 그렇게 관리할 수 있는지 확인해 보자는 거잖아. 명확히 구분할 수 있고 그렇게 관리할 수 있으면 안 할 이유는 없다고 생각해. 물론 이건 이미 2년 약정으로 잘못되어 있는 경우에 보완하자는 것이고 향후에는 결국은 박사님 말씀처럼 관련 규정을 이해하고 잘 준수해야겠지.

심 대리도 거들었다.

심 대리: 무엇보다 계약관계를 명확히 하는 자체가 해외에서 비즈니스를 진행하는 데 필수불가결한 일이라고 생각하니까 점검 자체와 기회 분석은 의미가 있을 것 같네. 이 박사님 말씀처럼 이미 세무 이슈를 넘어선 비즈니스의 문제니까 말이야.

로이: 네. 그러고 보니 공통점이야 있겠지만 법률이라는 것, 규정이라는 것은 정말 나라별로 다른 것 같아요. 그리고 그 다른 점을 파악하지 못하면 문제가 될 것 같고요. 그래서 모든 계약서는 작성과 검토에 있어서 현지 변호사의 자문을 받는 것이 필요할 것 같습니다. 계약서라는 것이 작성할 때에 표현하는 단어 하나하나가 아주 중요해 보이거든요.

10 주재원의
고정사업장 구성

   이 박사: 자, 이제 고정사업장에 관한 이야기도 거의 끝나 가는군요.

   제이: 네? 다 끝난 것이 아니었어요? 더 있단 말이에요?

   이 박사: 후후후. 대부분 마쳤습니다. 주재원의 고정사업장 구성에 대하여만 더 알아보도록 하겠습니다.

   심 대리: 주재원의 고정사업장이요?

   이건 도무지 이해가 가지 않았다. 주재원이란 현지 중국 자회사의 직원이라는 말인데 도대체 무슨 고정사업장 이슈가 있다는 것인지 다들 의아해 했다.

   이 박사: 중국국가세무총국의 규정에 따라 주재원이 사실상 외국 기업의 고정사업장으로 간주되지 않도록 주의할 필요가 있습니다. 이미 개인소득세 부분을 살펴보았으니 좀 더 자세히 이야기하도록 하겠습니다.

   '정말 이야기라는 것이 순서가 있고 기초가 중요하구나.'

개인소득세와 관련된 여러 규정과 개념을 살펴보지 않았더라면 지금 설명도 이해 못 할 터였다. 마음이 급해도 차근차근 해나가야 한다는 생각이 새삼 심 대리의 뇌리를 파고들었다. 그리고 이렇게 하나씩 접근하다 보니 처음에는 그렇게 어렵던 개념과 용어들도 이제는 자연스레 받아들일 수 있다는 자신이 생겼다.

이 박사: 우리가 JK그룹 사례를 들었을 때 중국 내에 자회사가 있지만 이것과 상관없이 한국 본사의 중국 내 고정사업장 유무에 대하여 판단한다고 이야기했었지요? 마찬가지로 주재원은 중국 자회사에 소속된 직원이지만 소속과 무관하게 한국 본사의 업무를 수행한다면 한국 본사의 고정사업장을 구성할 수 있다고 일단 기억해 주십시오. 자세한 내용은 지금부터 차근차근 설명할 테니까요.

제이, 로이: 주재원이 한국 본사의 업무를 수행하게 된다면 한국 본사의 고정사업장을 구성할 수 있다!

제이와 로이가 큰 소리로 따라 외쳤다.

이 박사: 개인소득세를 살펴볼 때 주재원의 고정사업장 이야기를 잠시 언급하고 지나간 적이 있습니다. 혹시 기억나나요?

로이: 네. 고정사업장에 관해서는 나중에 설명해 주신다고 하셨었지요. 일부 기업의 경우에는 급여를 중국과 해외 본국에서 나누어 지급하는 경우가 있는데 해외에서 지급하는 급여를 차지백(charge back) 하지 않고 해외 본사에서 부담할 경우 고정사업장 이슈가 있다고 하셨어요.

제이: 로이 기억력은 진짜 끝내줘!

로이: 아니야. 나 기억력이 안 좋아서 다 적어 놓은 거야. 특히 나

중에 말씀해 주신다고 한 것은 따로 적어 놓았는데 거기 있는 거야.

제이는 이렇게까지 필기가 습관으로 몸에 배어 있지 않았던 터라 로이가 어디까지 적어 놓았는지 너무 궁금했다.

이 박사: 좋습니다. 여기서 질문!

현 과장에게 가던 질문이 오랜만에 제이에게 돌아왔다.

제이: 저 좀 이상해진 것 같아요. 오랜만에 질문을 받으니 왜 이렇게 반갑지요?

일동: 크하하하.

모두 한바탕 웃지 않을 수 없었다.

이 박사: 해외 본사가 지급한 일부 급여를 차지백 하지 않고 그냥 해외 본사가 부담할 경우 왜 중국에서 고정사업장 이슈가 있을 수 있을까요?

제이: ……

한중조세협정 제15조 2항이 기억났다. 이 경우 고정사업장을 구성한다는 것도 알겠다. 그런데 왜 구성하는지 '도대체 왜?'라는 것에 관해서는 생각해 보지 않았다.

로이: 잘 생각해 봐. 이 박사님께서 방금 말씀해 주신 힌트를 참고하라고!

로이가 제이에게 속삭였다.

'방금 말씀해 주신 힌트? 잘 생각해 보자. 아!'

제이: 주재원이 한국 본사 업무를 수행하고 있다고 생각해서 그런 것 아닐까요? 그럼 고정사업장을 구성한다고 방금 말씀해 주셨잖아요? 아무 일도 안 하는 사람에게 급여를 줄 리는 없다고 생각해 보

면, 한국 본사에서 급여를 부담한다는 것은 혹시 본사를 위해서 일한다는 것으로 비춰지는 것이 아닌가 싶어요.

이 박사: 중국 자회사에서 일하는 원천으로 주는 것이잖습니까?

제이: 음, 하지만…… 그렇지! 박사님께서 한국 과세당국 입장에서는 한국 본사를 위해서 일하지도 않은 사람의 급여를 지급하고 이를 법인세 비용으로 차감하는 것이 부당하다고 하셨잖아요? 반대로 생각하면 중국 세무당국 입장에서는 한국에서 급여를 부담하는 것 자체가 자회사가 아닌 한국 본사를 위해서 일하는 것으로 보일 것이라는 겁니다. 그리고 원천소득의 의미는 중국원천소득이면 지급지에 관계없이 소득을 합산한다는 뜻이었지 이런 경우를 의미한 건 아닌 것 같네요.

심 대리: 오홋, 많이 늘었는데?

웃고 있는 이 박사 옆에서 심 대리도 제이를 한껏 칭찬해 주었다.

이 박사: 관련 중국 규정을 두어 개 살펴보겠습니다. 원문을 간단히 몇 개의 항목으로 요약했습니다.

국세발(2010) 75호

파견행위가 아래 사항을 모두 만족하면, 중국 내 고정사업장을 구성하지 아니한다.
1) 자회사의 요청에 의하여, 인력을 자회사에 파견하여 자회사를 위하여 업무를 진행하도록 하고,
2) 그러한 인력이 자회사에 의하여 고용되며,
3) 자회사가 업무지휘권이 있고,
4) 업무 책임이나 위험이 모회사에 속하지 않고 자회사에 속할 때,

이 박사: 한마디로 해외 본사가 아닌 자회사 직원으로 고용되어서 자회사를 위해 일하는 경우는 해당되지 않는다는 것이지요. 우리가 방금 한 이야기와 같습니다. 그럼 반대로 뒤집어서 생각해 보면 어떻게 될까요?

제이: 반대로요?

이 박사: 네. 난 청개구리 같은 면이 있어서 말입니다. 같은 말이어도 반대로 뒤집어서 보면 더 보이는 것이 있다고 생각하거든요. 잘 보세요. 규정에도 아래 사항을 '모두 만족하면'이라고 되어 있습니다. 즉 하나라도 만족하지 못한다면 고정사업장을 구성한다는 이야기지요.

국세발(2010) 75호

파견 행위가 아래 조건 중 하나에 해당되면 모회사를 위하여 근무한다고 판단할 수 있다.
1) 모회사가 파견한 인력의 업무를 지휘하고, 그에 따른 위험과 책임을 부담하는 경우
2) 자회사로 파견되는 인력의 수와 적격성을 모회사가 결정하는 경우
3) 파견인력의 급여를 모회사가 부담하는 경우
4) 모회사가 인력을 자회사에 파견하여 업무를 수행하도록 하고 자회사로부터 이익을 수취하는 경우

이 박사: 이렇게 반대로 본 것이 실제로 규정에 적혀 있는 내용이기도 합니다.

심 대리는 이 박사의 반대로 본다는 말이 로이가 쓰는 단계부정법과 유사하다는 생각이 들었다. 재무상태표에서 수학 공식의 치환

도 마찬가지라는 생각도 들었다. 등식의 좌, 우를 옮길 뿐인데 느낌이 달랐다.

'쉽다고, 이해했다고 그냥 거기서 멈춰 버릴 일이 아니야. 바꿔보고 돌려보고 고민하고 분석해야 해.'

이 박사: 자, 여기서 멈추면 안 되겠지요? 고정사업장의 구성요건을 안다는 것은 반대로 이야기하면 그 요건을 만족하지 않으면 고정사업장을 구성하지 않도록 할 수 있다는 이야기가 됩니다.

심 대리: 오늘은 계속 반대로 반대로 청개구리의 시각을 강조하시네요.

이 박사: 현 과장이 어떻게 준비하면 좋을지 한번 이야기해 볼까요?

현 과장: 그게, 전…… 조금…….

이야기할 만큼 준비가 안 되었다며 현 과장은 양해를 구했다.

이 박사: 그럼 심 대리가 한번 이야기해 볼까요?

심 대리: 네. 저는 박사님과 반대로 고정사업장을 구성하지 않는 요건을 하나하나 나열하고 그 조건을 만족할 수 있도록 꾸며 보면 어떨까 합니다. 구성요건을 회피하는 것도 좋은데 지금은 준비하는 것이니까 두 번 꼬는 것보다 구성하지 않는 요건을 충실히 맞추는 것이 저한테 더 쉬울 것 같아서요.

제이: 그것도 좋네요. 어째 심 대리님도 박사님과 '반대로' 접근하려고 하는 느낌이 좀 들긴 하지만.

심 대리: 아니야. 나한테는 이게 덜 복잡할 것 같아서 그래. 그리고 제일 중요한 것은 그렇게 준비한 것에 대한 증빙 자료를 보완하는

것인데 그런 면에선 단순한 것이 내가 확인하기에 더 명료하고 좋을 것 같아.

이 박사: 하여간 좋습니다. 한번 이야기해 보세요.

심 대리는 이 박사가 보여준 규정을 하나씩 뜯어서 분석하기 시작했다. 구성하지 않는 요건으로 자회사의 요청으로 인력을 파견한다는 것, 자회사가 고용하여 자회사를 위하여 업무를 진행하고 그 지휘권이 자회사에 있다는 것, 마지막으로 업무책임이나 위험도 자회사가 진다는 것 이렇게 세 가지로 나누어 적었다.

심 대리: 그런데 막상 적어 놓으니, 이것을 명확히 이해는 하겠는데 준비를 어떻게 해야 할지 막막합니다. 이왕이면 문서로 명확히 해 놓는 것이 향후 문젯거리를 없애는 길로 보입니다. 아까 로이가 설명한 것처럼 계약서를 이용해 해결하는 것이 어떨까 생각합니다.

이 박사: 계약서?

심 대리: 네. 그게 어찌 보면 가장 확실한 문서화니까요. 지금까지 계속 구두로 된 것은 불충분하다는 이야기를 했었잖아요? 그런데 어떻게 계약서를 꾸밀지도 좀 막막하네요. 법률적인 지식이 부족해서요.

이 박사: 그렇게 생각했으면 충분합니다. 법률적인 지식 너무 걱정하지 마세요. 법무팀과 상의하면 됩니다. 이런 계약관계가 생소할 테니 내가 간단히 보충하고 마무리하겠습니다.

제이: 드디어 마무리되는군요. 흐흐흐.

심 대리: 제이, 너무 좋아하는 거 아냐? 하긴 개인소득세와 고정사업장은 박사님께서 처음에 경고하신 것처럼 정말 쉽지 않았던 거

338

같아.

이 박사: 첫째, 인력 파견 요청에 관하여는 인력파견요청서를 한국 본사에 보내는 것입니다. 자회사에서 어떠어떠한 인력을 보내주었으면 좋겠다는 필요에 의해서 요청합니다. 당연히 필요한 사람이 와야 하니까요. 그런데 일부 회사들은 이러한 요청 기록은 없고 소위 '발령장' 혹은 '임명장'이라는 것만 있어요. 본사에서 중국 자회사로 발령을 낸다는 것이죠. 이것만 있으면 자회사 요청이 아니고 본사에서 마치 밀어내는 것처럼 비칠 수 있겠지요. 따라서 어떤 업무, 직급으로 어떤 경력을 가진 사람을 요청한다는 내용이 담긴 요청서를 구두가 아닌 서면으로 작성하면 좋겠습니다.

심 대리: 파견요청서는 정말 좋은 아이디어네요. 요청은 했는데 기록은 없고 발령장만 있어 나중에 문제가 된다면 정말 답답할 일이죠.

이 박사: 둘째, 자회사가 고용하여 자회사를 위하여 업무를 진행하고 그 지휘권이 자회사에 있다는 것을 고용계약서에 명시하는 것입니다. 주재원이 파견되어 자회사에 고용되면 당연히 고용계약서가 있어야겠지요. 취업허가(working visa) 이야기를 하면서 자회사 직원이라는 것을 분명히 했었죠? 고용계약서에 담당 업무, 직급, 지위, 업무평가 등이 기술되어 있으면 됩니다. 업무평가 담당자와 프로세스가 있으면 지휘권을 의미하는 것이니까요. 셋째로 업무 책임이나 위험을 자회사가 진다는 것은 보고라인 및 책임에 대하여 고용계약서와 내부문서로 보충하면 됩니다. 한국 본사로 보고하는지에 대한 부분이 관건이 될 텐데 본사와 업무 협의는 당연히 필요하지만 정상적인 비즈니스를 위한 협의 차원이고, 보고는 중국 내에서 이루어지

는 것을 명확히 해 놓아야 할 것입니다. 실제로 인도에서 주재원 고정사업장을 크게 문제 삼아서 한국계 기업과 다른 외국계 기업에 대해 조사가 있었습니다.

제이: 아 정말요?

설마 했던 이런 일들이 진짜로 벌어진다는 것에 모두들 놀란 눈치였다.

이 박사: 주의해서 나쁠 것은 없습니다. 더 세부적으로 판단할 사항이 있겠지만 이 정도로 하면 어떨까 합니다.

심 대리: 감사합니다.

현 과장: 계속 계약을 강조하시니 중요성은 알겠습니다만 너무 이박사님 전공의 중요성만 말씀하시는 것 같네요.

조용히 마무리하면 좋으련만 현 과장이 마지막에 이 박사를 향해서 한마디 했다.

이 박사: 아? 네. 계약이, 그리고 문서화가 정말 중요하니까요. 그리고 고정사업장과 관련된 기사가 많으니 한번 검색해 보기 바랍니다. 주로 투자펀드와 관련되어 투자 회수 시에 나타나는 과세에 대한 분쟁들인데 전 세계에 걸쳐 공통으로 이슈가 되고 있으니 비단 한국 신문기사뿐만 아니라 일본을 비롯한 다른 나라 기사들도 살펴보면 좋겠네요. 그러면 개념이 어떻게 현실적으로 중요하게 사용되고 있는지 알 수 있을 것입니다.

이 박사는 씨익 웃으며 현 과장에게 대답했고 여러 차례 수고 많았다는 격려인사를 하고 먼저 사무실을 빠져나갔다.

심 대리: 현 과장님.

현 과장: 응. 왜?

심 대리: 이 박사님 법학 전공도 아니고 변호사도 아니세요. 경영학 전공에 회계사세요.

현 과장: 그래? 그런데 왜…….

심 대리: 정말 중요하다고 생각을 하셨겠지요.

현 과장: 아니 그게 아니고. 왜, 왜, 그런데 왜 내가 질문할 때 경영학 전공이라고 안 하시냐고!

심 대리, 제이와 로이는 서로 눈길을 마주치고 양어깨를 위로 들썩거리며 그걸 어찌 알겠냐는 제스처로 현 과장에게 대답했다. 머쓱한 현 과장은 꺼져가는 목소리로 인사도 하는 둥 마는 둥 하며 나가버렸다.

남은 세 사람은 한바탕 웃었고 갑자기 허기가 몰려왔다.

심 대리: 배가 엄청 고픈데?

로이: 네. 머리를 너무 써서 그런지 굉장히 힘드네요. 맛있는 것 먹어요.

심 대리, 제이와 로이는 저녁식사를 위해 밖으로 향했다.

로이의 노트

'고정사업장'이란 '기업의 사업이 전적으로 또는 부분적으로 영위되는 고정된 사업장소'

고정사업장 이슈
- 외국의 회사가 중국 내에 설립해 놓은 법인 실체가 없더라도 가상의 고정된 사업장이 있다고 보고, 중국에 설립되어 사업을 하고 있는 중국 내 법인과 마찬가지로 간주하겠다는 것.
- 고정사업장의 구성으로 인한 세 부담은 세법 이슈가 아니라 원가를 추산할 때에 꼭 참고해야 하는 원가항목, 회사의 수익성에 관한 문제이므로 위험관리 측면에서 접근해야 함.
- 규정을 잘 알아야 하는 이유는 규정을 활용하여 의무를 피해 나가기 보다는 규정을 몰라서 있을 수 있는 피해를 방지하고 얻을 수 있는 혜택을 누리기 위함임.
- 비즈니스를 수행하는 직장인에게는 규정에 대한 이해가 바로 의사소통의 언어이자 수단

고정사업장의 구성 [한중조세협정 제5조]
- 장소, 공사, 또는 용역의 제공 등 활동이 동일한 사업 또는 연관된 사업에 대하여
- 어느 12개월 이내의 기간 동안 총 6개월을 초과하는 단일기간 또는 제기간 동안 존속하는 경우 고정사업장을 구성 (개인소득세 183일 규정과 구분)
- 단, 중국 내에서의 활동이 준비성, 보조성 활동인 경우, 고정사업장을 구성하지 않는다.

고정사업장의 구성효과
- 고정사업장을 구성하게 되면 중국 내 설립된 법인과 동일한 개인소득세, 기업소득세(법인세) 납부의무를 부담.

대책: "그렇게 보이는 것이 중요하다."
- 무엇보다 규정을 정확히 아는 것이 중요
- 포괄적인 하나의 계약서로 작성하지 말고, 프로젝트를 정확히 구분하여 동일 프로젝트가 아닌 경우 적극적으로 분리하여 독립된 계약서 작성
- 동일 또는 관련된 프로젝트인지 주의. 출장자별로 체류 기간 및 시기도 관리

주재원의 고정사업장 구성 - 중국 국가세무총국의 규정에 의해 주재원이 사실상 외국기업의 고정사업장으로 간주되지 않도록 주의 필요
1) 자회사에서 먼저 '인력파견요청서'를 작성하여 본사에 발송

2) 자회사가 고용하여 자회사를 위하여 업무를 진행하고 그 지휘권이 자회사에 있음을 고용계약서에 명시
3) 보고라인 및 책임에 관해서도 고용계약서와 내부문서로 보충

5장_

협력업체

1 / 선배의 탄식

로이: 어? 저기 박 차장님이신 거 같은데요?

심 대리: 그러네. 어쩐 일이시지?

가까운 식당에 들어와 자리를 잡은 심 대리 일행은 무심코 주위를 둘러보다가 박 차장을 발견했다. 박 차장은 후임이 올 때까지 공석인 오 차장의 업무를 맡아서 처리하고 있는 사람이다. 본 업무는 자금 담당인데 지금 관리 업무까지 겸하고 있는 셈이었다. 한국에서 관리팀에도 있었기 때문에 급한 대로 박 차장에게 대리를 시키고 있었다. 오 차장의 공석이 사고 때문이다 보니 누구도 선뜻 오 차장 후임으로 나가겠다는 사람이 없었다. 어느 정도 시간이 흐른 다음이면 몰라도 아직 범인이 잡히지도 않았고 정확한 상황도 파악되지 않은 상태에서 회사로서도 누구를 지정하여 내보내기에는 부담스러웠다. 상황이 이렇다 보니 제일 고생하는 사람은 박 차장이었다.

오 차장 상황도 물을 겸 인사를 하려고 자리에서 일어서는데 박 차장 앞으로 누군가가 다가와 인사를 하고 앉았다.

심 대리: 에구, 미팅이 있으셨구나. 하긴 음식점에 혼자 앉아 있을 일이 없지. 오 차장님 어떠신지 궁금해서 좀 여쭤보려 했더니.

심 대리가 다시 자리에 털썩 주저앉으며 말했다.

제이: 그러게요. 어떠신지 진짜 궁금한데.

심 대리: 자, 음식 식겠어. 빨리 저녁이나 먹자고. 미팅 끝날 때 가서 인사드리고 여쭤보면 되지, 뭐.

심 대리는 박 차장이 이 늦은 시각에 무슨 미팅을 하는지 은근히 신경이 쓰였다. 자세히 볼 수는 없었지만 박 차장 표정이 상당히 심각해 보였고 잘 보이지는 않았으나 상대방 표정도 많이 굳어 있었다. 최근에 오 차장 사건이 있었던지라 저런 심각한 표정을 보면 신경쓰이지 않을 수 없었다. 혹시 오 차장이 많이 안 좋은가라는 불길한 생각도 들었다.

로이: 어? 박 차장님이 자리에서 일어나는데요?

심 대리: 그러게? 금방 일어나시네? 같이 식사하시는 것 아니었나?

식당에 와서 식사도 하지 않고 그냥 먼저 일어서 버리는 것도 이상했다. 아무래도 자연스럽게 물어보는 편이 낫다고 생각한 심 대리는 식당에서 나가는 박 차장을 쫓아가며 조용히 불렀다.

심 대리: 박 차장님, 박 차장님.

박 차장: 어? 어. 심 대리.

심 대리: 안녕하세요? 왜 식사도 안 하시고 금방 가세요? 우연히 박 차장님 앉아 계신 것을 봤는데 차장님 안색이 안 좋아 보이셔서

무슨 일이 있나 걱정이 되더라고요.

박 차장: 아니야. 무슨 일은. 아무 일 없어.

심 대리: 저희와 같이 저녁 하실래요?

박 차장: 다음 기회에 하자. 다른 약속이 있어서 말이야.

심 대리: 네. 알겠습니다. 참, 혹시 오 차장님 소식은 들으신 것 있으세요?

박 차장: 일단 한국으로 들어가셨는데 잘 치료 받고 계시다고 들었어. 다행히 빨리 조치해서 큰 위험은 피한 것 같은데 정신적으로 굉장히 힘들어하시는 거 같네.

심 대리: 아무래도 그런 일 당하면 충격이 클 수밖에 없을 것 같아요.

박 차장: 그러게.

박 차장은 갑자기 한숨을 쉬고 말했다.

박 차장: 나도 지금 오 차장님 업무까지 대행하느라 정신이 없고 직원들도 상당히 어수선해 하고 있어. 빨리 일상으로 돌아와야 하는데 혹시 내부의 누군가가 관련 있는 것은 아닌지 말은 안 해도 서로 조심들 하고 있어. 일하기가 쉽지 않네.

박 차장은 부담이 이만저만이 아닌 듯했다. 서로 무거운 마음으로 이야기하니 대화도 너무나 어색했다. 내부에 관련자가 있는 것은 아닌지 관리팀의 중국 직원들이 조심한다는 이야기를 들으니 이 박사와 로이가 내부자 관련 가능성을 조심스럽게 제기한 것이 다시 떠올랐다. 본사 김 실장에게도 좀 더 상황을 파악하고 보고하려 했는데 현재로서는 보고를 할 수 있을지조차 우려되었다.

박 차장: 한참 손 놓았던 관리 업무를, 그것도 중국에서 하려니 쉽지 않은데 이런 일까지 나한테 떠넘겨 버리니 참 답답하네. 답답해.

순간 심 대리의 눈빛이 반짝 빛났다.

심 대리: 이런 일이라뇨?

박 차장: 아, 아냐. 내가 말실수했네. 하여간 다음에 시간 내서 같이 식사하자고. 내가 지금은 가 봐야 해서.

박 차장은 급히 인사하고 총총걸음으로 사라졌다. '이런 일'이라는 것이 마음에 걸린 심 대리는 식당으로 들어오면서 박 차장과 같이 앉아 있던 사람을 본능적으로 쳐다보았다. 혼자 술잔을 기울이고 있는 모습을 보다가 깜짝 놀랐다.

이게 몇 년 만이던가. 너무 반가웠다. 학교 다닐 때 잘 챙겨준 선배인데 취직 후 직장에 적응하느라 오랫동안 연락도 못 했었다. 이렇게 우연히 마주치니 그간 연락을 못 해서 미안한 마음과 함께 반가움이 밀려왔다.

심 대리: 로이, 제이. 미안한데 둘이 저녁식사 해. 내가 오랜만에 정말 반가운 사람을 만나서 말이야. 계산은 이것으로 하고.

심 대리는 허둥지둥 지갑에서 몇백 위안을 꺼내 테이블 위에 올려놓고는 박 차장이 앉아 있던 테이블로 달려갔다.

심 대리: 기환이형!

술잔을 기울이던 남자도 심 대리의 얼굴을 보고 깜짝 놀랐다가 이내 얼굴에 미소가 번졌다.

이기환: 신중아~!

심 대리: 형! 이렇게 중국에서 뵙게 되다니 정말 의외인데요?

이기환: 그러게 말이야. 이야, 신중이 얼굴은 입학했을 때랑 똑같이 앳돼 보이는데 모양새가 직장인 다 됐네. 양복 입은 모습이 멋지구나. 아주 멋져 보여. 하하하.

언제나처럼 한껏 치켜세워 주는 말인데 왠지 그 전과 같은 힘찬 기운이 느껴지지 않았다.

심 대리: 중국은 어쩐 일이세요?

이기환: 아, 그러게. 요새 중국하고 관련 없는 사람 있나?

그렇기야 하지만 어째 대답하는 목소리에 힘이 없었다. 건성으로 대답하는 것처럼 느껴지기도 했다. 아까 박 차장과 이야기할 때의 심각한 표정이 다시 떠오르며 심상찮은 기운을 느꼈다.

심 대리의 학교 선배인 이기환은 중국에서 일한 지 벌써 6년째라고 했다. 졸업하고 상사에 취직해서 마케팅과 세일즈 업무를 하다가 가업을 물려받기 위해 아버지 회사에 들어와서 일하고 있었다. 중국에 자회사가 하나 있어서 중국에 나와 자회사 관리를 하며 경영 수업을 하는 중이라고 했다.

심 대리: 아니 그런데 어쩐 일로 이렇게 혼자서 술을 드시고 계세요?

이기환: 응. 그러게.

왠지 더 이상 물어보면 안 될 것 같아 그냥 앞에 가만히 앉아 있었다.

이기환: 그럴 생각은 아니었는데 갑자기 혼자 저녁을 하게 되어서 말이야.

박 차장이 원래 저녁을 같이 하려고 약속했다가 급한 일이 있다고 간 것이 틀림없었다. 무엇인가 불편한 이야기를 나눴음이 분명했다.

이기환: 혼자 술을 하려는 것은 아니었고. 알잖아? 나 술 잘 못하는 거. 마침 생각할 것도 있었는데 이렇게 저녁 약속이 갑자기 취소되니까 이왕 온 김에 혼자서 천천히 이런저런 생각도 할 겸 그냥 앉아 있었어. 맥주 한잔에 피로나 풀고 들어갈까 싶었는데 후배가 보기에는 진짜 이상해 보였겠다. 오래간만에 만났는데 청승으로 보였겠는데.

피식 웃는 모습에 애잔함이 느껴졌다.

심 대리: 아니에요. 덕분에 이렇게 형을 만날 수 있으니까 너무나 반갑고 좋아요. 정말 상상도 못 했어요. 중국에서 만나게 될 줄은.

이기환의 회사는 한국에서 진출한 대기업을 따라 협력업체로 동반 진출했다. 그런데 대기업이 사업 구조조정을 하면서 중국 내에서 이기환의 회사 제품이 필요한 제품군은 접고 사업 전환을 하게 되었다. 사실 같이 온 대기업에만 목매는 것은 너무 위험해 보였기에 젊고 의욕적이었던 이기환은 이런 상황을 대비해서 고생스럽지만 계속 다른 기회를 타진해 왔었다. 결국 다른 유럽계 외국기업에도 판로를 뚫었고 오히려 제1 매출처로 판매비율이 올라가 있는 상황이라고 했다. 나름 위험관리를 잘해 왔다고 생각했는데 오늘 그 외국기업의 요청으로 미팅을 하고 온 것이었다.

이기환: 오늘 미팅한 유럽계 업체도 북경의 치솟는 비용을 감당하지 못해서 내륙으로 공장을 이전하기로 결정했대. 그래도 동남아 국가로 이전하는 것은 아니고 중국 내에서의 이전인 셈이지. 우리 회

사가 공급하는 제품의 완성도도 높고 성실히 납기도 잘 맞추니까 우리한테 같이 내려가자고 제안하더라고.

심 대리: 아, 그렇군요.

이기환: 사실 공장 이전이 있을 것이라는 정보를 미리 알려준 셈이니까 호의를 베푼 것은 맞아. 넋 놓고 있다가 어느 날 갑자기 소식을 들었다면 진짜 힘들었을 거야.

심 대리: 그럼 좋은 것 아닌가요? 그만큼 인정받으신 것이잖아요.

심 대리의 말에 이기환은 심 대리를 한 번 쳐다보고는 다시 피식 웃었다.

이기환: 신중아, 그게 그렇게 쉽지가 않아.

심 대리의 어깨를 두드리며 낮은 목소리로 조용히 탄식을 내뱉었다.

이기환: 아, 정말 어렵네.

원래 말수도 적고 어려움이 있어도 별로 내색하지 않던 선배라, 다른 사람의 죽겠다고 앓는 소리보다 어렵다는 그 짤막한 소리가 더 힘겨워 보였다. 그 작은 목소리는 가슴 깊은 곳에서 새어 나오는 신음처럼 느껴졌다.

그렇게 멋있었던 그리고 심 대리를 진심으로 아껴주었던 선배가 저렇게 어깨를 내려뜨리고 포기에 가까운 탄식을 내뱉자 심 대리는 그 신음이 자신의 가슴을 찌르는 것 같아서 눈물이 나올 뻔했다. 심 대리는 그냥 가만히 아무 말 없이 곁을 지켰다.

협력업체의 고민

한참을 아무 말 없이 멍하니 앉아 있던 이기환은 격한 감정이 좀 진정된 듯 자세히 이야기를 풀기 시작했다.

이기환: 우리한테 미리 말해 주었다고는 하지만 사실 그 회사는 북경을 떠나기로 일찍부터 결정한 것 같아. 그러고 나서 여러 곳을 조사도 하고 어떠한 혜택을 줄 수 있는지도 계속 타진했던 것이지. 결정도 상당히 일찍 난 것 같은데 지금에서야 말해 줬다고 볼 수 있어. 내륙지방 소도시로 옮기면서 지방정부로부터 여러 가지 혜택도 얻었고 공장부지도 잘 확보했더라고. 우리는 큰 업체도 아니고 새로운 공장 건설에 투자하는 것이 여간 어려운 일이 아니거든. 우리 같은 입장에서는 북경법인의 분공사 정도로 나가는 것도 사실 주저할 판인데 새로 법인을 설립하는 것은 정말 큰 부담이지. 그런데 분공사 설립한다고 해 봤자 혜택이라는 것은 아예 꿈도 못 꿔.

심 대리는 이 박사로부터 투자와 관련한 여러 가지를 들은 것이 대화하는 데 이처럼 큰 도움이 될 줄은 몰랐다. 적어도 공감하며 고개라도 끄덕일 수 있었다.

이기환: 한국에서 대기업 믿고 북경에 온 것이랑 같은 상황이라고 봐야지. 오히려 중국 내륙지방으로 들어가게 되니까 사실 더 힘든 결정이기도 해. 북경에 올 때는 협력업체로 따라 나오기는 했지만 어쨌거나 중국으로 진출해야 하기도 했고 사실 다른 대안도 별로 없었어. 그런데 지금 북경에서 더 깊은 내륙으로 들어가야 하나 생각하니까 정말 마음이 복잡해.

심 대리는 이야기를 들으면서 정말 마음이 답답했다. 당사자도 아닌 내가 이 정도인데 본인 심정은 오죽할까 싶어서 무슨 말을 꺼낼 수가 없었다. 그 심정을 어찌 다 알까 싶어 위로의 말도 건네지 못했다. 대신 담담하게 향후 계획을 물었다.

심 대리: 그래서 어떻게 하실 작정이세요?

이기환: 글쎄다. 그것 때문에 지금 이렇게 고민을 하고 있네. 지난번 미팅 때 같이 진출하는 조건으로 10년간 우리 물량을 일정량 이상으로 받아달라는 조건을 제시했는데 유럽 본사에서 그렇게 할 수 없다고 하네. 우리는 동반해서 내륙으로 들어갔다가 이 회사가 물량을 안정적으로 받아주지 않으면 망하게 돼. 지금 당장이야 아쉬우니까 우리에게 같이 가자고 이야기하지, 그 지역의 현지업체들이 성장하면 당연히 단가가 싼 제품으로 교체하려고 할 것이거든. 그 지역은 말하자면 3선 도시라서 지금 북경, 상해, 심천 같은 대도시처럼 주변에 다른 고객사가 있는 것도 아니고 그 업체 하나 보고 들어갔다가 기본 물량조차 안 나오면 사업 접어야 해.

심 대리: 물량 요청은 사실 어느 정도 합리적인 것 아닌가요?

이기환: 이렇게 같이 가자고 요청하는 경우에는 사실 어느 정도 물량 확보를 약속해 줄 수 있는데 본사에서 안 된다고 하니 본사랑 다시 직접 커뮤니케이션하지 않을 것이면 방법이 없지. 본사가 원래 안 된다고 했는데 다시 된다고 하면 중간에서 말한 사람도 입장이 쉽지 않을 테니까 어떻게 풀어야 하나 고민도 되고. 보통 '노(No)'라는 대답을 들으면 그다음에 다시 바꾸기가 쉽지 않아. 본사 보고를 하기 전에 좀 더 강하게 어필했어야 했는데 상대 회사 담당자에게만 맡겨 놓고 너무 방심한 것 같아. 아니면 상황이 불리해 보였을 때 아예 보고를 늦추든지 해서 '노(No)'라는 대답이 나오기 전에 중지시키고 준비작업을 더 했어야 했는데 잘못했지.

심 대리: 맡겨 놓았다는 것이 무슨 말씀이세요?

이기환: 우리 같은 협력업체는 이런 경우에 우리 입장을 담아서 전달하더라도 그것이 해외 본사가 아닌 중국 자회사 담당자의 참고자료로 멈추기 십상이야. 본사 보고에 우리 자료까지 같이 들어가기는 어려워. 담당자가 우리 의견을 참고해서 자기가 따로 내부형식에 맞춰 보고하겠지. 그럴 때 우리 의견이 어느 정도 반영되었는지, 우리가 생각하는 것만큼 정말 심각하게 주장했는지를 알 방법이 없어. 최선을 다했다고 하면 그런가 보다 하는 것이지 다른 방법이 있겠어? 그렇다고 직접 본사를 만나겠다고 설칠 수도 없는 노릇이잖아? 본사 담당자가 마침 북경을 방문할 기회가 있어서 이때 이야기될 것이라고 했었어. 본사 담당자에게 확인하고 의견을 준다고 했을 때 그 회의에 같이 참여할 수 있게 해달라고 좀 더 졸라야 했는데 여기

담당자 기분 상할까 봐 주저했더니 이렇게 됐네. 본사 담당자가 북경을 방문한 것도 좋은 기회였는데 기회를 너무 쉽게 놓쳐 버린 것 같아.

이기환은 중간에 있는 담당자 입장을 당연히 제일 우선시해야 하지만 좀 더 강하게 부탁하지 않은 것을 아쉬워했다.

심 대리: 만났어도 상황이 다르지 않을 수 있어요. 너무 아쉬워하지 마세요. 사실 배려해 주려고 했다면 진작에 그랬을 것 같아요. 담당자가 같이 가자고 먼저 제안할 수도 있었잖아요?

이기환: 그래, 그렇기도 해.

이기환도 심 대리의 말에 고개를 끄덕였다.

이기환: 말로야 그 지역에는 우리 회사 실력 따라올 업체가 없으니 사실상 몇 년간 물량 확보하는 데에는 문제가 없을 것이라고 해. 아니 물량 확보가 아니라 처음 몇 년간은 전량 다 우리 회사가 하지 않겠냐고 했어. 하지만 그건 구두 약속일 뿐이지 담당자만 바뀌어도 어려워질 수 있잖아. 지금도 우리 말고 다른 협력업체가 있는데 그 업체에도 같이 가자고 제시했는지 모르는 일이야. 설령 우리만 따라서 내려가고 물량을 다 받는다고 쳐. 그러나 물량도 물량이지만 문제는 다른 업체 대비 동일한 가격으로 낮춰 달라고 하면 전혀 협상력이 없는 우리로서는 상당히 난처해지지. 그 회사도 비용 감당이 안 돼서 북경을 떠나가는 입장이니 원가에 굉장히 민감할 것인데 여러 곳에서 저가로 계속 치고 들어오면 설령 품질이 좀 떨어지더라도 흔들릴 수밖에 없지 않겠어? 우리랑 하고 싶다고 하면서 계속 그 가격에 맞춰달라고 요청하겠지.

'정말 그 업체를 따라 내륙으로 쫓아갔는데, 다른 거래처가 전혀 없다면 협상력이라는 것은 있을 수가 없겠어.'

심 대리도 선배가 탄식하는 이유에 수긍이 갔다.

이기환: 중국업체들은 단가가 낮아. 우리는 계속 거래해 왔으므로 회사를 잘 알고 품질, 납기 등 여러 면에서 검증된 회사라고 이야기하지만 그래도 비용을 무시할 수 없어. 가격과 품질 두 마리 토끼를 다 잡고 싶지 않겠어?

이기환은 답답한 심정을 토로했다.

이기환: 그런데 정말 중국 직원 고용하여 동일한 조건에서 일하는 것 같아도 가격으로 중국 업체를 따라갈 수가 없어. 우리도 현지화를 잘했다고 나름대로 자부하는 업체인데도 중국 업체의 가격에 맞추는 것은 정말 어려워. 어떤 중국 업체는 어떻게 저런 가격이 나올 수 있나 신기할 정도로 단가가 낮아서 훌륭한 가격경쟁력을 가지고 있지. 가격만 보고 이야기한다면 정말 방법이 없다고. 최소한 투자를 커버할 정도의 물량이 확보되지 않고서는 쉽게 결정할 수 있는 상황이 아니야.

심 대리: 다른 방법은 없을까요? 정말 해바라기도 아니고 한 업체만 보고 가는 것은 문제가 있을 것 같아요.

이기환: 우리도 여러 가지 생각을 해 보고는 있지. 동반관계로 어차피 우리가 생산할 물량은 다른 판로가 없어서 그 회사에 100% 공급할 것이잖아? 그러니 그 회사의 공장부지 일부를 임대해서 들어가는 방법 등 여러 가지 협의를 해 보고 있지만 대부분 부정적인 의견을 보이고 있어.

심 대리: 다 부정적이면 하자는 것이에요 말자는 것이에요? 그다지 불합리한 조건을 요구하신 것 같지도 않은데요.

이기환: 그래서 우리 말고 다른 협력업체에도 같이 가자는 이야기를 하고 있지 않나 하는 생각이 드는 거야. 지금 이야기를 들어 보면 확보한 토지가 상당히 넓어서 당장 다 필요하지도 않고 일부 임대를 줘도 충분할 것 같거든.

심 대리: 아! 그래서.

이기환: 응. 다른 업체도 같이 가느냐고 물어봐 봤자 아직 결정 나지 않은 사항이면 말해 줄 것 같지도 않아서 의중을 떠볼 겸 공장부지 문제를 물어본 거야. 물론 내 지레짐작일 수 있지만 말이야.

이기환은 목을 축이고 다시 말을 이었다.

이기환: 잘 들어보면 우리 회사가 같이 가면 좋기는 하지만 같이 가려면 가고 말려면 말라는 입장 같아. 황당하지? 어쨌거나 우리한테 미리 알려 주었고 제안은 했으니 우리가 따라가지 않아서 일이 없어져도 그게 자기들 책임은 아니라는 식이지. 사실 나쁜 회사도 아니고 나쁜 사람들도 아니야. 정말 자신들이 죽게 생겼으니까 옮기는 것인데 왜 옮기냐고 할 수는 없잖아. 자기네 앞날도 모르는데 누구에게 무엇을 확약한다는 것이 상당히 부담이겠지. 이해가 안 가는 것도 아닌데 뭐랄까, 정말 만감이 교차한다.

심 대리도 당황스러웠다. 본인이 선배 입장이라면 어떤 생각이 들까 상상하기가 두려웠다.

이기환: 2주 안에 동반 진출 여부에 대하여 결정을 내려 달라고 하는데 내일이라도 그 지역에 일단 내려가 보려고 해. 난 그 지역은 이

름만 들어 봤지 북경 생활 6년 동안 한 번도 가 본 적이 없거든. 사실 일하는 사람은 바빠서 자기 업무와 관련된 지역을 벗어나는 것이 하늘의 별 따기야. 그렇다고 관광으로 들어온다 한들 저런 내륙 소도시에 가 보는 것도 아니고. 중국이 넓다 보니 이런 일이 생긴다. 하여간 덕분에 남들 안 가 본 곳도 가 보게 생겼어.

심 대리: 제가 이렇게 말씀드리면 좀 건방지다 하실지 모르지만.

이기환: 뭔데? 이야기해 봐. 무슨 아이디어라도 괜찮아. 듣고 싶어.

심 대리: 지금의 북경과 두 곳에서 법인을 운영하시기는 사실상 쉽지 않을 것 같아요. 그 회사가 이전해서 북경 물량이 많이 빠지면 북경도 쉽지 않을 것 같거든요.

심 대리는 아주 조심스럽게 이야기했다.

심 대리: 그런데 내륙 소도시로 옮기면 북경의 직원들이 거기까지 따라 내려가서 일하는 것은 거의 불가능하고 이직한다고 보셔야 하지 않을까 싶네요. 말씀하신 대로 북경법인의 분공사라면 그래도 소속이 아직 북경법인이니 잠시 내려가서 업무 지원한 후 올라오는 것으로 직원들을 순환근무 시킬 수 있겠지만 아예 옮기는 것보다 좀 나을 뿐이지 어려운 것은 마찬가지라고 생각해요.

심 대리는 이 박사에게 법인과 분공사의 비교 시 들었던 내용을 기초로 설명했고 이기환은 말없이 고개를 끄덕였다.

심 대리: 그리고 그 지역에서 사람을 다시 구하고자 해도, 숙련공이 아니라서 형네 회사의 장점이던 낮은 불량률과 납기 준수를 북경에서처럼 유지하는 데 문제가 생길 것 같아요. 또한 북경회사를 정리하려고 해도 청산 절차를 밟든가 아니면 다른 업체에게 팔아야

하는데 쉽게 매수자가 나타날지, 과연 제값 받고 팔 수 있을지 등의 문제도 남아요.

이기환: 학교 다닐 때도 신중이가 참 똑똑했는데 이런 쪽에도 이렇게 지식이 많은 줄 몰랐다. 역시 신중이, 자랑스럽다! 하하하.

심 대리: 이 와중에 무슨 칭찬이세요. 지금 회사에 제일 나은 방법을 찾아야 하는데, 정말.

이기환: 아니야. 내가 너 만나기 직전에 그래도 중국 비즈니스를 잘하는 회사의 관리팀 분하고 잠시 이야기했는데 고려사항이 네가 말한 것과 비슷하더라고. 그럼 네가 그 정도 수준이라는 것이잖아.

심 대리: 박 차장님 말씀이세요? 아까 두 분이 앉아 계신 것을 봤어요.

심 대리는 자기도 JK그룹에 다니고 있고 신입사원 연수차 왔다는 이야기를 했다. 혹시 처음에 중국으로 동반 진출한 대기업이 JK그룹인지 물어봤는데 다행히 그렇지는 않았다. 오히려 JK그룹은 이래저래 유사한 제품에 활용할 기회를 가지고 서로 도움이 되는 제안을 해보자는 입장이었다고 했다. 다만, 최근에 무슨 일인지 몰라도 구매 쪽에서 신규로 계획했던 건들이, 잠시 보류라는 내부 방침 때문에 일단 중단될 것이라는 이야기를 들었다고 했다. 구매팀에서 카운터 파트로 만나던 사람이 나와야 하는데 웬일인지 관리팀에서 나와서 미안하다며 변화가 있으면 바로 연락을 주겠다는 소식을 전했다고 했다.

'오 차장님 건 때문에 그래. 그래서 신규 구매안을 올리지 않는 것이야.'

진행되던 일을 갑자기 중단하게 되니 미안한 소리를 해야 하는데 구매팀에서 관리팀으로 미룬 것 같았다. 구매팀의 고참 부장이 불편한 소리를 해야 하는 일을 막 관리팀을 겸임한 박 차장에게 미룬 것이 틀림없었다. 그러니까 박 차장이 이런 일까지 떠안긴다고 불평을 한 것이라고 생각했다. 그나저나 이기환 선배처럼 자상한 사람이, 심 대리가 스스로 JK그룹에 다닌다고 말할 때까지 한참이나 후배 신상에 대해 묻지도 않은 것을 보면 '얼마나 정신이 없으면 저럴까'하고 측은한 마음이 들어 눈을 마주칠 수 없었다. 눈을 마주치면 눈물이 고일 것 같았다.

이기환: 이렇게 해외에서 오랜만에 만났는데 보자마자 내가 신중이한테까지 걱정을 끼쳤구나. 내가 일단 다녀와 볼 생각이니까 가보면 무엇인가 아이디어가 생기겠지. 그 이야기 이제 그만하고 그간 어떻게 지냈나 자세히 풀어놔 봐.

이기환과 심 대리는 옛날로 돌아간 듯 학생처럼 웃고 떠들고 행복한 저녁식사를 했다.

3 / 다르지만 같은 고민

착잡한 심정으로 그날 밤을 보낸 심 대리는 아침에 이 박사를 만나서 어제 있었던 상황을 자세히 설명했다. 워낙 친했던 선배인데 안타까운 상황을 접하니 무엇이라도 도움이 되고 싶었다. 이 박사도 많이 안타까워했다. 제이와 로이도 어제 그렇게 급하게 자리를 옮겨 간 심 대리의 반가움과 안타까움을 동시에 느낄 수 있었다.

이 박사: 우리 어제 협력업체에 관해 이야기 했지요. 고정사업장이라는 어려운 주제를 다루다 보니 협력업체와도 같이 상생하고 지원할 수 있도록 하자는 정도로 이야기하고 말았습니다만 이게 현실적인 문제입니다.

이 박사의 말은 결코 심 대리 선배의 회사에 국한된 문제가 아니었다.

이 박사: 자, 여러분. 두 가지 질문을 하겠습니다. 왜 이런 일이 일어났을까요? 어떻게 해야 할까요?

당연히 심 대리가 묻고 싶은 질문이었다. 그렇지만 답도 심 대리 몫이었다.

확실히 이 박사도 착잡한지 평소처럼 장난기 있는 '여기서 질문!'이라는 높은 톤이 아닌 차분한 목소리로 질문했다.

제이: 무엇인가 이 난국을 타파할 방법이 있으면 좋을 텐데…….

이 박사: 제이가 타파할 방법이라고 말할 때는 무엇을 염두에 두고 한 말인가요?

제이: 그게…… 무얼 생각한 것은 아니고요. 이전하지 않고도 북경에서 사업이 잘된다든가 아니면 회사를 정말 잘 정리하든가 하는 그런 대안이 있으면 좋겠다는 생각을 한 것입니다.

이 박사: 음, 그 대안을 지금 와서 생각하려니 쉽지가 않은 것이지요?

제이: 네?

이 박사: 심 대리의 선배라는 이기환 사장은 그래도 위기의식이 있는 사람입니다. 위험관리 차원에서 판매처 다변화를 시도했고 사실 성공을 한 것이지요. 그렇지 않았더라면 진작에 힘들어졌을 테니까.

'맞다. 기환이형이 동반 진출한 대기업에만 의존했더라면 이미 어려웠을 거야.'

심 대리는 선배를 대변하듯 덧붙였다.

심 대리: 제품의 판매처 다변화만 추구한 것이 아니라 JK그룹과는 기술을 가지고 응용할 수 있는 다른 제품군도 모색해 보았던 모양이에요. 현재 가진 제품과 시장만을 본 것이 아니고 다른 제품과 시장도 고려했던 것이죠.

이 박사: 맞습니다. 그래서 많이 안타깝습니다. 다만 제이가 말한 것 중에서 사업이 잘되게 하는 것은 고민을 많이 했는데 잘 정리하는 것에 대한 고민은 충분치 않았던 것 아닌가 싶네요. 심 대리 이야기를 들어보면 성품도 훌륭한 것 같고 사업도 열심히 한 것 같은데 이런 젊은이들이 잘 되어야 하는데 안타깝습니다.

심 대리: 잘 정리하는 것에 대한 고민이 부족했다…….

로이: 출구전략(exit strategy)이 아쉽다는 말씀이시죠?

때마침 로이가 덧붙였다. 심 대리와 제이에게 투자와 관련해서 나누었던 주제를 다시 상기시키려는 의도가 분명했다.

이 박사: 네, 그렇습니다. 투자 시에는, 진출 전에 회수전략에 대하여 미리 충분한 고민이 있어야 한다고 말했습니다. 사실 심 대리 선배의 경우는 비즈니스 환경이 예상외로 급격하게 변화했을 수 있어요. 당사자는 많이 억울하고 힘들겠지만 사실 이런 사례들이 회수전략의 필요성을 보여주는 것이기도 합니다. 동시에 중국시장의 변화속도를 보여주는 것이기도 하고요.

심 대리는 이 박사가 회수전략(출구전략)이 중요하다고 강조한 것은 기억하지만 막상 이렇게 접하니 정말 소름 끼쳤다. 오 차장 피습 사건만 아니라면 JK그룹과 신규 비즈니스가 있었을 텐데 하는 생각이 드니 그 범인이 더욱 미워졌고 찾아내고 싶었다. 심 대리는 자신이라면 정말 이런 스트레스를 견디기 힘들 것 같았다.

이 박사: 지속적으로 고민하며 변화한 것 같은데 예상치 못한 사고, 중국 시장의 빠른 변화 속도가 사업을 힘들게 만들었어요. 그런데 이게 의외의 일 같지만 돌발사고는 항상 일어납니다. 갑자기 터지

는 부패, 뇌물 수뢰사건 등 스캔들로 비즈니스에 불똥이 튀기도 하고 정치적인 문제가 발목을 잡기도 하며 불가항력의 자연재해가 발생하기도 하고 화재로 제품을 모두 태워 버리기도 합니다. 수도 없이 목격하다 보니 사실 의외의 일처럼 느껴지지도 않습니다. 위기관리와 대응의 중요성을 떠나서 이런 일련의 일들이 해외 비즈니스의 어려움을 보여주는 단면입니다.

이 박사는 무거운 표정으로 다시 입을 떼었다.

이 박사: 한국기업 K가 중국에 들어와서 중국기업 C와 JV를 세웠습니다. 지분비율은 50대 50이었습니다. 완성품 생산에 필요한 일부 제품에 대하여 한국 모회사 K에 납품하고 있는 협력업체 A가 중국 자회사 a를 세워서 이 JV에도 제품을 공급하고 있었습니다. A와 동일한 제품을 생산하는 한국의 또 다른 중견업체 B가 중국시장에 자회사 b를 세워서 진출했는데 생각보다 부진했습니다. 제품에 자신이 있었는지는 모르겠지만 너무 쉽게 생각하지 않았나 싶습니다. 상대적으로 취약한 영업망으로 시장을 개척하기가 쉽지 않고 그래서 B는 결국 중국 시장에서 철수를 결정하였습니다.

제이: 정말 안타까운 일들이 많군요.

이 박사: 이야기는 지금부터입니다. 철수하려고 하니 청산은 시간도 오래 걸리고 비용도 많이 들어간다는 것을 알았습니다. 그래서 회사를 넘기려고 하니 현재 처한 상황이 협상에 유리한 위치는 아니었겠지요. 아무래도 동일 업종의 회사가 인수하면 상대방 입장으로서도 낫겠다 싶어 b는 a를 찾아가 기업인수를 제의했습니다. 그러나 a로서는 b가 그렇게 매력적인 매물은 아니었습니다. 다른 기업에는

매력 있는 기술과 제품일지 몰라도 자신들은 이미 있는 것이고 b도 시장개척을 하지 못하고 물러서는 것인 만큼 a에게도 b를 인수할 만큼 시장이 충분한 상황은 아니었기 때문입니다. 이때 사건이 발생했습니다.

사건 발생이라는 말에 묘한 긴장감이 생겨났다.

이 박사: JV의 중국 측 파트너인 C사가 b를 인수해 버린 것입니다.

제이: b사 입장에서는 원하던 대로 회사 지분을 넘기고 철수할 수 있게 되었는데 어쨌거나 잘 된 것 아닌가요?

이 박사: 회사를 넘겼지만 아주 헐값에 넘겼습니다. 오죽하면 b사 내부에서도 그렇게까지 할 수는 없다, 차라리 다시 열심히 판매망을 개척해 보자며 여러 격한 반응이 나올 정도로 C사가 낮은 인수가격을 제시했기 때문이죠. 거의 거저나 다름없었습니다. 경영층 입장에서는 투자해 놓은 설비나 여러 여건을 감안하면 정말 눈물이 날 지경이었습니다.

제이: 흐아.

이 박사: 하지만 b사는 협상력이 없었습니다. C사는 a사에 제의했다가 거절된 사실도 알고 있었고 b사에 다른 대안이 없음을 안다며 압박했습니다. 팔기 싫으면 관두라는 것이었지요. 지금이니까 이 가격을 주지 시간이 지나면 이것도 보장 못 한다는 식으로요. 그럼 결국 청산인데 노사문제, 세무문제도 쉽지 않을 것이라고도 했습니다.

제이: 정말 너무한 것 아닌가요? 그래도 시장가격(market price)이라는 것이 있잖아요. 시세 말이에요.

이 박사: 제이. 너무 흥분하지 말아요. 협상이라는 것에 대하여 나

중에 따로 이야기해 주려고 생각하고 있었습니다만 일단 이야기하자면 시세는 하나도 중요하지 않습니다.

제이: 네? 시세가 중요하지 않다고요?

이 박사: 네. 누가 급하고 아쉬운가의 문제일 뿐입니다. 시세보다 많이 떨어진다고 생각하면 안 팔면 됩니다.

이 박사는 잠시 말을 멈추고 제이를 쳐다보았다. 생각할 시간을 주는 것이기도 했지만 '그렇지 않느냐?'는 말을 눈짓으로 하고 있었다.

제이: ……

제이도 싫지만 인정할 수밖에 없으니 할 말이 없었다.

이 박사: 시세보다 많이 떨어지지만 그럼에도 불구하고 팔아야 하니까 파는 것입니다. 경제적인 매력은 떨어지겠지만 어쨌거나 파는 유인이 있죠. 빨리 정리하고 싶다거나 다른 곳에 집중해야 한다거나 기타 등등이요. 억울한 심정은 별개의 문제입니다. 그리고 C사를 비난할 수도 없어요. 협상을 잘한 것일 뿐입니다.

'분하지만 사실은 사실이고 감정은 별개의 문제가 맞아.'

심 대리는 드라마 같은 이 이야기에 감정을 싣지 않기 위해 노력해야 했다.

이 박사: 결국 b사는 C사가 원하는 조건으로 회사를 넘겼습니다. 그런데…….

제이: 뭐가 더 있는 거예요?

이 박사: 네. C사가 K사를 압박하기 시작했습니다. 이제 우리가 갖게 된 회사도 있으니 a사 제품만 공급받지 말고 b사 제품도 공급

받자고 하는 것이지요.

제이: 아! 불똥이 a사로 튄 것이네요.

이 박사: K사는 오랜 협력 관계도 있고 해서 난색을 표명했습니다만 C사는 공세를 가했습니다. 합자 파트너로서 지분도 똑같고 여태까지 아무런 반대 없이 a사 제품을 써 왔지 않냐? 혹시 내부적으로 a사와 어떤 거래가 존재하는 것 아니냐는 거죠. 제품 품질을 문제 삼을 수도 없었던 것이 b사 역시 한국계 회사였고 그다지 차이가 나지 않았습니다. 결정적으로 다 바꾸겠다는 것이 아니고 C사의 자회사가 된 b사에도 일정 부분 기회를 주자는 것이고 공급처를 다변화하겠다는 것인데 반대하기가 어려웠지요.

로이: 반대할 명분이 없네요.

이 박사: 이제부터는 심 대리의 선배가 말한 대로 원가경쟁력의 차이입니다. 경쟁이 생겼으니 경쟁 때문에라도 이전보다 단가가 낮춰지게 되겠지요. 그리고 어떻게 관리하는지는 몰라도 중국회사는 원가가 외국계 회사보다 낮습니다. b사도 제안가격이 a사보다 낮았습니다. 지금은 C사가 아무 말 하지 않고 있지만 시간이 더 흐른 다음에는 여러 가지 근거를 가지고 b사로 바꾸자는 요청이 들어올 수 있습니다.

'그래. 정말 사안은 달라도 본질적으로 보면 기환이형 회사와 똑같아.'

심 대리는 더욱 답답해졌다.

이 박사: C사는 정말 똑똑했습니다. 회사를 인수할 때에, 회사 이름을 일정 기간 그대로 유지하는 것을 조건으로 걸었습니다. 품질도

괜찮은 한국계 회사인데 중국기업의 수준으로 단가를 낮출 수 있으니 마케팅 면에서도 유리했습니다. 그리고 K사와 설립한 JV에도 납품하도록 하였으니 이것은 회사의 신인도를 높여 주었고 이를 이용해서 다른 거래처를 공격적으로 확보해 나가고 있습니다.

'이렇게 민첩하게 움직이니 이 박사님께서 중국의 변화속도를 강조하시는구나.'

심 대리는 이제서야 중국의 변화속도라는 것이 이해가 되었다.

이 박사: 앞으로 a사의 운명은 어떻게 될까요? 어떻게 미래 전략을 세워야 할까요?

일동: ······.

어느 누구도 아무 말을 하지 못했고 그렇게 침묵이 흘렀다.

4 / 우리의 고민

이 박사: 협력업체들은 상대적으로 관리가 취약하고 독자적인 기술력과 영업망으로 시장을 개척하기가 쉽지 않습니다. 고정사업장 이슈를 이야기하면서도 그렇기 때문에 협력업체를 잘 지원해 주는 것이 중요하다는 이야기를 했습니다. 이렇게 바로 이 주제가 논의될 줄은 몰랐습니다만……

심 대리: 지금 말씀해 주신 경우 같다면 정말 외부 변수에 너무 취약합니다.

이 박사: 이것도 사실상 부메랑이라고 생각합니다. 회사 입장에서는 믿을 수 있는 협력업체를 동반해서 진출하는 것이 당장 원하는 부품이나 제품을 공급받을 수 있는 장점이 있고 사실상 협력업체 입장에서는 손쉽게 기본 물량을 확보하고 해외 비즈니스를 시작하는 것이니 누이 좋고 매부 좋은 일이 될 수 있습니다. 그냥 따라가면 되었으니까요.

심 대리: 부메랑이요?

이 박사: 네. 앞서 투자와 JV를 통한 부메랑 효과에 관해서 이야기를 했었지요. 유사합니다. 이렇게 진출한 협력업체들의 일부가 비즈니스 환경변화에 따라 경영에 어려움을 겪으면서 지분을 넘기는 경우들이 생겼습니다. 현재 무늬만 한국 회사, 외국계 회사인 중국 회사들이 있습니다. 중국 회사들이 인수합병을 통해서 브랜드와 노하우를 습득한 것입니다. 이렇게 중국회사로 인수합병된 회사들이 혹은 인수합병되지 않더라도 경영난에 처한 협력업체들이 중국회사에 좋은 제품들을 공급하게 되었습니다. 중국기업 입장에서는 해외 유수 회사 부품들을 수입이 아닌 자국 안에서 쉽게 공급받을 수 있게 되었죠. 이것은 사실상 굉장한 의미입니다. 전체 공급사슬상에서 모든 부품이 역내에서 조달된다는 것은 엄청난 것이거든요. 이 글로벌 시대에 중간재의 수입 없이 자체적으로 조달하여 완제품을 생산할 수 있는 자급자족의 가치사슬이 구성되어 가고 있다고 해야 할까요?

로이: 이것이 소위 말하는 홍색공급망(red supply chain)이었군요.

이 박사: 후후후. 로이는 홍색공급망이라는 말을 아네요? 홍색공급망은 대만의 매체를 통하여 소개된 표현으로 본토 대륙의 중국인들은 이 표현을 모르는 사람도 많습니다. 대만의 입장에서, 중국 본토가 원래는 수입에 의존했던 중간재를 자가생산으로 전환하면서 전체 공급망을 중국 내에 건립하고 국산화해 나가는 데 대한 우려를 표시한 거죠. 한국도 대만과 유사한 구조다 보니 이 표현이 한국에서도 사용되기 시작했습니다. 중국은 과거에는 중간재를 한국에

서 수입하는 경우가 많았으나 이제는 많은 부분을 수입할 필요 없이 중국 경내에서 조달하여 완제품을 생산해 갈 것입니다. 앞서 이야기한 부메랑 효과입니다. 이 경우 한국은 중국과의 수출입 교역이 줄어들 수밖에 없는 기본 구조를 가지고 있습니다. 결국 수출의존도가 높은, 특히 중국 수출의존도가 높은 한국에는 불리한 상황이 오는 거죠.

제이: 정말 어마어마하네요.

이 박사: 어쨌거나 많은 제조법인이 협력업체를 동반하여 앞다퉈 중국에 진출하면서, 이것이 중국업체들의 품질력 향상에도 일정 부분 기여하였고, 이제는 위협적인 품질의 제품을 내놓는 중국업체와 단가 경쟁을 해야 하는 상황이 온 것입니다. 현재는 중국업체들이 여러 부문에서 세계시장에 내놓아도 손색없는 제품들을 생산하고 있습니다. 이로 인해 중국에 진출한 외국 회사, 그리고 그와 동반 진출한 협력업체 모두가 힘들어지게 되는 경우가 있습니다.

일동: …….

로이: 그럼 많은 회사가 중국에 진출하면서 현지 공급이 늘어나니까 한국에서 중국으로의 수출도 점차 줄어들고, 중국 내에서는 점점 경쟁력이 없어지니까 중국 현지에서도 어려워지면 양쪽에서 완전히 샌드위치 아닌가요?

이 박사: 샌드위치라…… 그렇죠. 우리는 항상 샌드위치였습니다. 선진국의 선진기술과 싸우고 개발도상국의 가격과 싸우면서 그 중간으로 포지셔닝을 해 왔죠. 그래서 제이가 선진국보다 가격경쟁력이 있고 개발도상국보다 기술경쟁력이 있다고 했었죠 아마? 직접 표

현하지는 않았지만 지정학적인 위치 자체가 강대국에 둘러싸인 샌드위치적인 입장임을 여러 번 이야기했습니다. 죽음의 조에 끼어 있다고요. 물론 우리가 어떻게 하느냐에 따라서 주위 강대국의 중립지점이 될 수도 있겠지만요.

제이: 강대국인 미국, 중국, 러시아, 일본에 둘러싸여 고래 싸움에 새우등 터지느냐 모든 강대국으로부터 러브콜을 받으면서 4강 외교무대의 중립지역으로 살아남느냐도 어떻게 포지셔닝하느냐에 달려있죠. 아시아의 스위스가 되면 어떨까요? 어떻게 그리고 얼마만큼 현명하게 하느냐에 따라 4강대국의 시장이 우리의 시장이 될 수도 있습니다.

심 대리: 목표는 아주 좋지만 어떻게 달성할 것인가의 문제겠지. 하여간 제이의 긍정적인 마인드는 정말 배울 필요가 있을 것 같아. 나라도, 산업과 기업도 샌드위치가 되느냐 지렛대의 중심이 되느냐의 중요 기로에 있지 않나 싶다.

심 대리는 피할 수도 없는 죽음의 조라는 것에 한숨이 저절로 나왔지만 제이와 로이의 긍정적인 사고에 그나마 위로를 받았다.

이 박사: 우리는 중국을 제조공장으로 볼 것인가 혹은 시장으로 볼 것인가에 대하여 시작부터 고민했습니다. 그런데 협력업체가 처한 어려운 상황을 보면서 직접 다 생산해서 시장에 공급하겠다는 중국의 자급자족적인 가치사슬 목표와, 그로 인해 외부자는 기회가 없을 수도 있다는 위기상황까지 토론하게 되었네요.

제이: 중국이 워낙 크고 기업들도 많은 것 인정합니다. 하지만 꼭 필요한 기술이나 제품 중에는 아직 중국이 가지지 않은 것이 반드

시 있다고 생각해요. 그 틈을 노리는 수밖에 없을 것 같습니다.

심 대리: 그러려면 정말 부단한 기술혁신과 개발이 중요할 것 같아.

이 박사: 그렇죠. 심 대리가 아주 중요한 말을 했군요. 혁신! 결국은 대체될 수밖에 없는 수준이냐 아니면 그 이상이냐가 판가름하게 될 것입니다. 변화를 위한 노력을 하지 않는 자에게 기회란 없습니다. 졸면 죽습니다!

'없다'라든가 '죽는다'라는 표현은 정말 과격했지만 이 박사가 느끼는 위기감은 심 대리, 제이와 로이가 생각하는 수준을 훨씬 넘어서는 것 같았다. 단호한 말투는 그 심정을 그대로 드러냈다.

이 박사: 이런 현상은 협력업체뿐 아니라 개인에게서도 나타나는데 인력 관련 이야기는 나중에 하겠습니다. 예를 들어 보았지만 어려움은 협력업체에만 있는 것이 아닙니다. 어느 기업이나 해외에 진출하는 순간 정보력, 인력자원, 문화에 대한 이해 등 여러 면에서 본국에 있을 때보다 열세에 놓일 수밖에 없습니다. 따라서 사실 단순히 협력업체의 문제가 아니고 업체 자신의 문제로 이해해야 합니다.

심 대리: 정말 쉽지 않네요.

제이: 홈경기와 어웨이경기를 어떻게 같다고 하겠어요.

이 박사: 협력업체의 출구전략이 치밀하지 못했다고 이슈를 제기했는데 사실 비일비재한 일입니다. 협력업체로서는 제품을 납품하고 있는 기업에서 해외로 동반 진출하자고 하면 쉽게 거절할 수가 없습니다. 한국에서의 비즈니스 관계도 고려해야 하고, 이 김에 해외로 진출해 볼까 하는 욕심도 생기지요. 그럼에도 불구하고 해외로 나가자는 것이 일종의 통보 형식이어서는 안되고 정말 '동반'이라는 말

그대로 같이 고민해 봐야 하는 것이라 생각합니다. 협력업체도 손쉽게 해외진출을 한다는 단기적 인식보다는 장기적인 전략을 좀 더 치열하게 고민하여야 합니다. 최근에는 생산기지를 다시 한국으로 옮겨오는 기업들도 만날 수 있습니다. 이렇게 돌아오는 기업들에 대하여 여러 혜택도 고려되고 있고요. 사실 요새는 원가 측면에서 볼 때 한국의 제조 경쟁력도 올라가고 있다고 생각합니다. 퇴직근로자의 활용이라든가 높은 숙련도 등 생산 효율성을 볼 때 제조원가가 생각보다 높지 않고 유사한 수준인 경우가 있습니다. 현지에 공장을 세우는 것과 한국의 본사에서 직접 공급하는 것 사이에 그 장단점을 좀 더 면밀히 분석하고 부품을 공급하는 방법과 조건 등에 대하여 긴밀히 상의하여야 할 것입니다. 그것이 협력하는 입장에서 서로 같이 사는 길이기도 합니다. 협력이라는 것이 무슨 뜻이겠어요. 일방적인 것이 아니고 서로 돕는다는 의미잖습니까? 장기적인 관점에서의 전략이 중요합니다.

로이: 물론 제품이 경쟁력이 있어서 수출이 된다는 전제에서 한국에서 공급하는 이야기를 하시는 것이겠죠?

이 박사는 대답 대신 가볍게 웃고는 심호흡을 하고 다시 이어갔다. 가벼운 웃음에 의미가 있는 듯했다.

5 세계는 지금

이 박사: '중국제조 2025'라는 것을 들어보았나요?

로이: 요새 관심을 가지고 중국이라는 키워드로 바이두(百度)에서 여러 가지를 검색하다가 우연히 살펴볼 기회가 있었습니다. 중국이 3단계의 발전 목표를 달성, 제조강국으로 거듭나자는 계획입니다. 1단계는 2015년부터 2025년까지로 제조업을 발전시켜 글로벌 제조강국 대열에 진입하는 것입니다. 2단계는 그 다음 10년(2026년~2035년)인데 글로벌 제조강국 내 중간 수준을 확립하는 것이고 3단계인 그 다음 10년(2036년~2045년)은 세계시장을 혁신적으로 선도하는 위치로 도약하는 것을 목표로 합니다. 그래서 이러한 목표를 위하여 지능형 생산시스템과 로봇산업 등에 박차를 가하고 있습니다.

심 대리: 저도 한국에서 관련 신문기사를 읽은 적이 있어요. 3단계가 마무리되는 2045년은 신중국 건설 100년을 맞는 시기라는 점도 강조하고 있었어요. 중국의 입장에서는 제조강국의 선두주자가 된

[그림 29] 중국제조 2025

다는 것이 역사적인 사명으로 큰 의미가 있는 목표처럼 느껴졌어요.

이 박사: 후후후. 로이는 중국어 독해 실력이 정말 좋네요. 중국어 의사소통은 어느 정도 하는지 모르겠으나 꼼꼼히 자료를 잘 읽은 것 같습니다. 좋습니다. 로이가 방금 말한 것은 국무원이 발포한 〈중국제조 2025〉에 대한 통지(국발(2015) 28호)의 내용입니다. 이 국발(2015) 28호의 내용을 좀 더 살펴보도록 하겠습니다. 중국은 제조업 대국도 제조업 강국도 아니라는 진단과 함께 양적으로나 질적으로 제조업 강국이 되기 위한 산업고도화 전략을 펼치겠다는 것입니다. 그런데 보통 미래의 나아갈 방향이나 핵심과제 등 좋은 이야기만 적을 만도 한데 그러지 않고 따라잡아야 하는 선진국과의 비교를 통한 철저한 자기진단을 전제로 한 점이 아주 인상적입니다. 대외적으로 G2를 표방하고 있는 경제대국으로서 쉽지 않은 일인데 대단합니다.

심 대리: 박사님께서 항상 강조하신 '지피지기면 백전불태'가 생각나네요. 자기를 먼저 제대로 아는 것이 시작인 것 같습니다.

이 박사: 그렇죠? 중국은 공업화 과정 중에 있으나 선진국과 비교할 때에 여전히 그 차이가 크다고 진단하고, 자주혁신역량의 부족,

중요핵심기술과 첨단설비의 높은 대외의존도, 제조혁신시스템의 미진함을 언급했습니다. 제품 수준과 세계 저명 브랜드의 부족, 낮은 에너지 이용효율과 환경오염문제, 산업구조와 정보화 수준 및 공업화 융합의 낙후도 거론하며 제조강국건설을 위한 선결과제로 강조하였습니다.

제이: 사회주의국가라 그런지 왠지 자아반성의 그런 느낌도 들어서 기분이 이상하네요.

이 박사: 새로운 발전이 대면한 커다란 도전은 바로 글로벌 금융위기 이후에 선진 국가들이 취한 '재공업화' 전략이라고 언급하고 있는데요. 그래서 독일, 일본, 미국 등 선진 국가의 재공업화 전략을 '중국제조 2025'의 모델로 삼았다는 이야기들을 합니다.

제이: 재공업화요?

이 박사: 네. 과거 선진국들은 고부가가치를 창출하는 R&D 등은 본국에 두고 제조업은 인건비가 싼 국가로 돌려서 원가를 낮추는 데 주력했습니다. 그런데 이제는 제조업의 회귀를 장려하고 있습니다. 리쇼어링(reshoring)이라고 하지요. 앞서 한국으로 유턴하는 기업들도 있다고 말을 했는데 바로 이 리쇼어링입니다.

리쇼어링(reshoring)

해외에 나가 있는 자국 기업들을 각종 세제 혜택과 규제 완화 등을 통해 자국으로 불러들이는 정책을 말한다. 싼 인건비나 판매시장을 찾아 해외로 생산기지를 옮기는 '오프쇼어링(offshoring)'의 반대 개념이다.

리쇼어링은 요즘 세계 각국 정부의 화두가 되고 있다. 특히 미국은 국가 전략 차원에서 리쇼어링을 통해 세계의 패권을 되찾는다는 '일자리 자석

(employment magnet)' 정책을 추진 중이어서 주목된다.

(출처: 네이버, 한경경제용어사전, 한국경제신문/한경닷컴)

제이: 일자리 창출을 위한 것인가요?

이 박사: 글로벌 금융위기 이후 각국의 경제 침체와 실업난이 리쇼어링 정책의 큰 계기가 된 것은 맞습니다. '중국제조 2025'에서도 재공업화 전략이 글로벌 금융위기 발생 이후에 대두되었다고 명시하고 있잖습니까? 자국의 실업난이 심각한 상황에서 무조건 인건비가 싼 해외 공장을 통한 비용절감을 외치기는 어려웠겠지요. 정부 차원에서 실업난 해소와 내수활성화를 위하여 법인세 인하 등 각종 혜택도 부여하였기에 각국에서 리쇼어링 정책이 그 효과를 발휘할 수 있었습니다.

제이: 세수정책이 미치는 영향이 정말 크네요.

로이: 각국이 각종 세제 혜택을 통해서 다국적기업을 유치하듯이 이제는 각 나라가 자국에서 시작한 기업들을 본국으로 다시 유턴시키기 위해서 서로 경쟁하는 느낌이야.

심 대리: 이번에 새로 취임한 미국 대통령이 법인세율의 획기적인 감소를 주장하면서 미국으로 돌아오라고, 그리고 미국에 투자하라고 외치고 있는데 이게 정말 돌발적인 행동은 아니었네요. 인하 폭이 너무나 커서 깜짝 놀랐습니다.

이 박사: 후후후. 국가 입장에서는 이렇게 실업난 해소와 내수활성화를 위해 리쇼어링을 장려합니다. 한편, 기업 또한 최근 높아진 중

국과 다른 동남아 제조공장의 인건비와 생산비 압박, 각종 정치적인 리스크와 해외 생산으로 인한 유통과정 및 비용 증대, 자국 내 생산을 통해 얻을 수 있는 마케팅 측면의 이점 등을 고려하여 점차 리쇼어링에 우호적인 입장을 보이고 있습니다.

제이: 그럼 한국기업들도 많이 한국으로 리쇼어링을 하나요?

이 박사: 우리나라는 입장이 조금 다릅니다. 일본, 독일, 미국과 달리 한국으로 유턴하는 기업이 많지 않다는 이야기들을 하는데 물론 정책적으로 뒷받침해 줘야 하는 점도 있겠지만 한국은 일본, 독일, 미국과 조금 다른 구조입니다.

제이: 다른 구조요?

이 박사: 일단 시장 접근성 문제가 있습니다. 리쇼어링을 통해서 직접 제조해서 소비하겠다는 것인데 한국은 내수시장이 크지 않아서 한국에서 완성품이 제조될 경우 어떻게 시장에 뿌려질 것인가의 문제가 있습니다. 시장 접근성을 무시할 수 없으니까요. 로이가 제품이 경쟁력이 있어서 수출된다는 전제에서 한국에서 공급할 수 있다는 이야기를 했는데 바로 이점을 이야기한 것입니다. 독일, 일본, 미국으로 리쇼어링 한 기업들이 자국 안에서 생산하고 있는데 굳이 한국제품을 수입하여 쓰려면 차별적인 경쟁력이 있어야겠죠. 그렇기 때문에 한국으로 리쇼어링을 하느냐 시장이 있는 미국 등에 공장을 건설하느냐 고민을 해야 하는 것입니다. 특히 보호무역으로의 움직임이 커지고 국경세까지 논의되고 있는 상황이라면 이러한 고민을 안 할 수 없는 것이죠.

심 대리: 어찌 보면 재공업화라는 것이 이미 이런 보호무역주의로

의 회귀와 변화를 시사하는 것 같아요.

이 박사: 심 대리가 이야기를 잘했네요. 최근 몇 년간 세계 강대국들이 양적완화를 통한 경기부양을 시도했습니다. 양적완화는 화폐를 막 찍어 내는 것이니 통화정책이고, 외환시장에 직접 개입하는 것은 아니지만 사실상 환율의 약세를 이끌죠. 실물경제에 변화가 없는데 시중에 풀린 돈이 많아지면 당연히 환율이 약해지니까요. 중국 역시 인민폐 양적완화를 통해서 내수활성화를 이루고자 하였습니다. 내수시장이 튼튼해지고 커진다는 것은 사실 보호무역의 파고를 견딜 수 있게 해 줍니다. 따라서 중국은 자유무역을 주창하지만 동시에 이미 보호무역에 대한 대비를 하고 있었다고 해야 할까요? 하여간 의도한 것이든 아니든 소위 말하는 홍색공급망도 차근차근 이루어나가고 있고 말입니다.

로이: 양적완화가 환율에 대한 인위적이고 직접적인 시장개입은 아니지만 신흥국 입장에서는 섣부른 양적완화는 인플레이션만 유발할 수 있으므로 조심할 수밖에 없잖아요. 그렇다면 양적완화라는 카드를 쓸 수 있는 나라들이 제한적이다 보니 사실 불공평하다고 생각해요.

이 박사: 우리나라의 경우 쉽게 쓸 수 있는 카드가 아니긴 합니다. 어쨌거나 지금 갑자기 국경세에 대한 논의가 있고 보호무역의 기조가 나타나는데, 사실 리쇼어링이 대두될 때부터 이미 예상할 수 있었던 변화입니다. 갑자기 나타난 것이 아니라 우리가 준비하지 못하고 있었던 것입니다.

제이: 하지만…….

이 박사: 후후후. 자유무역 기조가 너무 오래간 면이 있다는 생각은 안 해봤나요? 유럽에서도 브렉시트가 발생하고 독일만 돈을 번다는 불만과 함께 프랑스 등 다른 나라에서도 EU 탈퇴에 대한 논의가 있었고, 자유무역에 대한 반동과 변화의 물결이 미국 대선에서도 나타난 것이 아닌가 싶습니다. 변화가 반복되면 트렌드가 됩니다. 여러 분야의 작은 변화를 잘 관찰하고 지켜볼 필요가 있습니다.

심 대리: 하지만 자유무역을 향한 각국의 노력과 공조도 무시할 수 없다고 생각합니다.

이 박사: 맞습니다. 사실 중국은 자유무역의 가장 큰 수혜자라고 볼 수 있습니다. 그래서 계속 자유무역을 주창하고 있잖습니까? 독일도 마찬가지고요. 그럼에도 불구하고 보호무역으로의 회귀를 시사하는 신호들이 여러 곳에서 보입니다. 그리고 각국의 이해관계에 따라서 이 두 가지 기조는 선별적으로 나타날 가능성이 있습니다. 그런데 이러한 변화의 흐름에는 변화를 이끄는 국가가 있고 변화에 따라야 하는 국가가 있습니다. 룰(rule)을 정하는 자와 룰을 따라야 하는 자라고 해야 할까요? 룰에 대해서는 뒤에 다시 이야기하겠습니다. 우리나라는 흐름을 따라가야 하는 입장에 있기 때문에 자유무역을 향한 세계의 공조에 발맞추면서도 만일의 상황에 대한 대비는 필요한 것이죠.

이 박사의 이야기에 모두 쓸쓸한 심정을 감출 수가 없었다.

가치사슬의 확장 6

이 박사: '중국제조 2025'의 내용을 다시 봅시다. 중국은 세계시장을 혁신적으로 선도하는 위치로 도약한다는 목표를 위하여 지능형 생산시스템과 로봇산업 등에 박차를 가하고 있습니다. 여기에 아주 중요한 말이 나옵니다. 앞서도 강조한 혁신이죠. 우리 역시 혁신을 통해서 경쟁우위 산업에서 글로벌 시장을 견인할 수 있는 경쟁력을 보유하는 것이 목표입니다. 그럼 어떻게 혁신을 이룰까요?

일동: 글쎄요.

이 박사: 리쇼어링의 또 다른 큰 의미가 여기에 있습니다. 우리 기업의 가치사슬에 대하여 알아봤었지요? 그러면서 각 부문의 유기적 연결이 중요하다고 여러 차례 강조하였습니다. 기술혁신이 중요해지는 환경에서 생산과 R&D의 밀착은 매우 중요합니다. 바로바로 피드백을 받을 수 있으니까요. 아무리 새로운 아이디어로 개발을 해도 그걸 실제로 만들어 보면서 서로 실시간으로 피드백을 주고받는 환

경이 아니라면 혁신의 효율성이 많이 떨어질 것입니다.

심 대리: 제이가 산학협동의 좋은 예를 이야기했잖아?

이 박사: 학교의 지식이 실제 적용되어 기술과 제품으로 바뀌려면 현업과 긴밀히 협업해야 합니다. 아니면 뛰어나 원천기술도 죽은 지식으로 끝날 수 있죠. 아무리 좋은 신기술이라도 수많은 시행착오를 거쳐야 비로소 의미 있는 제품으로 탄생합니다. 그 시간을 버티면서 기다려주지 않는다면 불가능한 것이죠. 산업계의 도움이 필요한 이유입니다. 그렇다면 회사 외부적으로는 산학협동, 내부적으로는 R&D와 제조가 시너지를 낼 수 있게 하는 것이 맞겠죠? 그리고 다들 혁신하면 연구소에서 나오는 무언가 새로운 것을 생각하는데 제조 자체에도 혁신이 있다고 했습니다. 생산라인을 조금만 바꿨을 뿐인데 엄청난 비용절감을 가져오는 경우도 많거든요. 그런데 이런 변화들은 각 부문이 유기적으로 연결될 때 비로소 효과가 큰 경우가 많습니다.

제이: 역시 리쇼어링은 일자리 창출만이 이유가 아니었군요.

이 박사: 하나의 계기가 된 것은 맞습니다만 현재 변화의 속도가 너무 빨라서 사람들의 상상을 뛰어 넘었습니다. 최근 유명한 독일의 스포츠용품 업체가 아시아에서 독일로 신발공장을 이전했는데 기대와는 달리 고용효과가 거의 없었습니다. 로봇이 신발을 만들고 있으니까요. 지능형 생산시스템과 로봇, 변화는 생각보다 빠릅니다.

로이: 심각한 상황이 초래될 수 있겠다는 생각이 듭니다. 아시아에 있던 신발공장을 독일로 옮긴 것은 좋은데 그럼 원래 신발공장에 기대어 살던 사람들은 실직자가 된 것이잖아요. 단순히 실직의 문제

가 아니라 그 사람들이 돈을 벌어서 다시 그 신발의 소비자가 되는 것인데 소비재 상품 생산의 경우, 공장자동화와 로봇이 오히려 구매력 있는 소비자를 줄이는 결과를 가져오는 것 아닐까요? 그럼 결국 현재의 선진국과 개발도상국의 상황이 고착화되고 양극화되는 상황이 발생할 수도 있을 것 같아요.

연수가 이제 갓 한 달을 넘겼을 뿐인데 처음과 달리 질문을 하지 않아도 자연스레 토론하고 있었다. 신입사원들은 의견을 피력하는 데 더 이상 수줍어하지 않았다. 심 대리는 짧은 시간에 이루어진 이 변화에 정말 놀라움을 느꼈다.

이 박사: 그렇죠? 중국입장에서는 양적인 제조대국에서 질적으로 고도화된 제조강국을 목표로 하는데 13억 8천만 명이 넘는 인구(출처: 국가통계국, http://www.stats.gov.cn)의 고른 발전을 생각한다면 여러 가지 고충이 있을 것입니다. 그래서 제조업의 스마트화라고 하지만 바로 로봇으로의 대체보다는 노동생산성 제고와 로봇을 만들고 활용하는 고급두뇌 양성에 더 많은 비중을 두리라고 생각합니다. 그런 면에서 본다면 우리나라와 같이 인구가 많지 않은 나라가 4차 산업혁명으로의 이동이 빠르고 가벼울 수도 있겠죠.

심 대리: 그렇게 볼 수도 있네요.

이 박사: 지금 각국이 리쇼어링을 적극 권장하는데 리쇼어링 이후에 대하여도 고민해야 합니다. 각국이 성공적으로 리쇼어링을 한 후에는 무역장벽이 심해질까요? WTO는 강대국인 미국, 일본, 독일, 중국의 무역규제를 제재할 수 있을까요? 항상 반대로 뒤집어 생각해 봅시다. 위기는 기회고 기회는 위기입니다. 이러한 격변기에 어떤

기회가 있을지 여러 방면으로 생각해 봅시다.

'그래. 일희일비(一喜一悲)할 필요 없다고. 힘을 내자!'

심 대리도 마음을 다잡았다.

이 박사: 지금 중국의 산업변화에 대하여 잠시 알아보았는데 이것은 우리의 산업변화와 협력업체와의 동반모델에 관한 고민이기도 합니다. 중국의 산업생태계도 빠르게 변하고 있는데 이 역시 좋은 참고가 될 수 있습니다. 중국에서는 기존의 참여자 외에도 신생 벤처들이 빠른 속도로 증가하고 있습니다. 개인적으로는 하이브리드 인큐베이션 모델(hybrid-incubation model)이라고 부르는데 벤처가 벤처를 키우는 비즈니스 형태가 나타나고 있어요.

제이: 이야. 로이가 박사님과 유사점이 많은 것 같아요. 로이도 스스로 용어를 창조하거든요.

로이: 무슨 소리야.

제이를 툭 치며 하지 말라는 손짓을 했다.

제이: 왜? 자랑으로 한 건데. 체인연상법, 단계부정법…… 좋잖아?

이 박사: 체인연상법?

로이: 하하하. 아닙니다. 제이가 쓸데없는 말을 한 거예요.

로이가 어색하게 웃었다.

이 박사: 하여간 회사 내에서 사업부문의 아이디어를 인큐베이션(incubation)하는 것도 아니고 국가적 차원에서 인큐베이션 센터를 운영하는 것도 아닙니다. 물론 그런 경우가 없다는 것은 아닙니다. 여기서는 눈에 띄지는 않지만 특이해 보이는 변화와 움직임을 말하고자 하는 것입니다. 대형 벤처들이 직접 앞장서는 모델 말입니다. 하

이브리드(hybrid)라고 부르고 싶은 데에는 여러 이유가 있습니다만 중국 특유의 사회주의적 집단체제(조합)에 자본주의적 투자가 결합한 개념이라고 생각하기 때문입니다.

심 대리, 제이와 로이는 그 하이브리드 인큐베이션 모델이 과연 어떻게 운영되는 것인지 궁금했다.

이 박사: 좋습니다. 간단히 예를 들어 비교적 유명한 벤처기업인 A사가 아이디어가 있는 업체 B에 투자하고 지분을 가져간다고 합시다. 상황에 따라서 51% 정도의 메이저 지분을 가져갈 수도 있겠고 적은 지분을 가질 수도 있는데 이건 중요하지 않습니다. 회사 내 벤처는 아니지만 마치 회사 내 벤처처럼 제품에 A의 브랜드를 사용할 수 있게 합니다. 일단 성공한 벤처기업인 A로부터 검증도 받았겠다 브랜드 사용 효과도 있겠다 싶으니 B는 벤처캐피탈(VC)로부터 더 큰 가치를 인정받아 높은 평가가치(valuation)로 자금을 유치할 수 있습니다. 기본 매출처가 있다고 생각하면 투자자들을 안심시킬 수 있으니까요. 벤처기업 A는 사내에 팀을 가져가지 않고도 확장성을 가질 수 있습니다. 일반적으로 말하는 전략적 투자자(strategic investor)보다는 훨씬 더 밀접한 관계이며 또한 훨씬 빠른 속도로 훨씬 다양한 분야에 걸쳐서 확장할 수 있는 것이죠. 저는 이렇게 브랜드나 기술, 자금력 등 서로의 장점을 활용하는 조합적 형태가 사회주의적 공동체 기반 위에서 자본주의적 요소의 가미로 탄생한 모델이라고 생각합니다.

'확장성'이라는 단어가 심 대리의 가슴에 들어왔다.

로이: 공동체라고 하면 사실 한국도 '두레', '품앗이' 등 협력의

DNA가 있다고 생각합니다.

로이의 말에 이 박사는 맞장구를 치면서 말했다.

이 박사: 동의합니다. 현재의 산업구조에서 발현되지 못한 우리 문화의 장점이 새로운 생태계하에서 꽃 필 수 있겠다는 기대도 합니다. 하여간 벤처에 관해 나중에 따로 설명하겠습니다만 이 과정에서 한국에도 기회가 많은 것은 사실입니다.

심 대리: 박사님, 이렇게 계속 주제가 늘어나다가는 이번 연수 기간으로는 턱없이 부족할 것 같습니다.

가라앉은 분위기를 띄워 보려고 심 대리가 농담 반 진담 반 말했다.

이 박사: 그럼요. 수년을 해도 보지 못할 노하우를 단기간에 다 배울 수 있나요? 어떤 경우에는 시간이 흐르면서 경험을 하는 것만으로도 깨닫게 되는 것이 있습니다. 여러분은 어쨌거나 중국에서 일하는 것도 아니고 잠시 나왔으니 다 이해할 수 없는 것이 당연합니다. 이해했다고 해도 머릿속에서의 이해이지 몸으로 와 닿기는 어렵지요. 그렇지만 시간을 쪼개서 되도록 많이 보고 느끼고 생각하도록 하세요. 한국으로 돌아가서도 꾸준히 공부하고 정보도 업데이트하면서요. 중국으로 연수 온 인력들은 결국 나중에 회사의 중국 업무를 이끌어야 하지 않겠어요? 그때 준비하면 늦지요. 한국으로 돌아가서도 지속적인 관심을 가지고 보세요.

일동: 네, 알겠습니다.

심 대리는 노트를 꺼내 '협력업체'라고 굵은 글씨로 적어 놓은 아래에 여러 가지를 빠르게 메모했다. 지금 당장 명쾌한 해결책을 찾을 수는 없었다. 하지만 심 대리가 찾고 해결하고자 하는 그룹사의 문제만큼 협력업체 문제 해결이 중요하다는 생각이 들었다.

'공동연구개발 등 '확장성'의 개념을 도입해서 기업들 간의 협력을 높이고 시너지가 날 수 있는 모델을 만들 수도 있지 않을까. 시너지라는 것은 동시에 위험을 감소시킬 수 있는 좋은 대안일 수 있겠어.'

비록 진출 시 출구전략이 미흡했다 하더라도 지금이라도 실현 가능한 방안을 준비하는 것이 필수라는 강한 위기감과 사명감이 동시에 심 대리의 어깨를 짓눌렀다.

'사실 이것은 우리 JK그룹의 문제라고 생각하고 접근해야 할 것 같아. 좀 더 큰 관점에서 위험관리의 영역을 협력업체로까지 넓혀야 한다. 생각의 틀을 바꿔서 접근해야 한다고.'

아직 답이 보이지 않는 안개 속을 걷는 느낌이었지만 그 중요성만큼은 실감할 수 있었다. 또한, 앞으로의 빠른 변화에 대비하여 어떻게 준비를 해야 할지에 대한 고민도 밀려왔다.

어려움 속에서도 희망을 발굴하고자 하는 바람으로 오늘 이야기가 훈훈히 마무리되었다고 생각하던 찰나 심 대리에게 한 통의 전화가 걸려왔다.

심 대리: 횡령이라고요?

순간 놀라서 '횡령'이라는 말이 그만 입 밖으로 빠져나오고 말았다.

심 대리: 네. 네. 알겠습니다. 확인하고 보고 드리겠습니다.

심 대리는 전화를 끊고 심각한 얼굴로 이 박사와 귓속말로 상의했다.

심 대리: 중국 자회사에서 횡령사건이 일어났다고 합니다. 전혀 그럴 수 있는 상황이 아닌데 최근 몇 달 사이의 일도 아니고 장기적인

증거가 포착된 것 같아서 본사에서 상당히 걱정하고 있습니다.

심 대리는 근심스러운 목소리로 이 박사에게 속삭였다. 제이와 로이는 궁금하기는 했지만 물어볼 엄두를 못 냈고 그저 심 대리의 눈치만 살폈다. 일단 상황 확인부터 하고 다시 논의하자며 이 박사가 안심을 시켰지만 심 대리는 자신이 중국에 오자마자 점점 더 혼란스러워지는 이 상황이 두렵고 무서워 자신도 모르게 떨고 있었다.

로이의 노트

협력업체가 노출될 수 있는 위험 사례 (이기환 사례, 이 박사가 들려준 예)
- 동반 진출한 완성재 기업의 실패
- 현지 업체와의 경쟁에서의 도태
- 시장의 빠른 변화 및 정치적인 문제, 자연재해 등의 돌발사고

협력업체의 대책
- 판매처 다변화, 다른 제품군 모색 등의 성공 전략뿐 아니라
- 실패에 대비한 철수, 회수전략도 사전에 마련해야 한다.
- 즉, 진출 결정 전에 더욱 장기적이고 철저한 전략에 대한 고민이 필요하다.

협력업체의 위험은 바로 우리의 위험
- 협력업체의 위험이 결국 우리에게 부메랑이 되어 돌아올 수 있다.
- 중국의 홍색공급망(red supply chain)
- 자칫하면 샌드위치 신세

각국의 정책 트렌드 – 재공업화와 보호무역
- 중국제조 2025: 제조대국, 제조강국으로 거듭나겠다는 중국의 30년 계획
- Reshoring: 해외에 나가 있는 자국 기업들을 자국으로 불러들이는 정책. 국가 입장에서는 일자리 창출, 기업 입장에서는 수익률 제고의 효과

협력의 중요성
- 보호무역주의, 산업생태계 변화, 4차 산업혁명의 도래로 '혁신'이 필수
- 사내 각 부문의 유기적 연결 외에 외부적으로 산학협동, 협력업체와의 동반모델 등 가치사슬의 확장으로 혁신 역량 강화
- 지리적으로 4강의 중심에 있으면서 인구가 많지 않은 우리나라가 4차 산업혁명으로의 이동이 더 가벼울 수도 있다. 위기는 기회다.

비즈니스 인 차이나 II. 운영편

초판 인쇄   2017년 6월 29일
초판 발행   2017년 7월 7일

지은이   이경모
펴낸이   김승욱
편집   김승관 오연정 한지완
디자인   신선아 김선미
마케팅   이연실 이숙재 정현민
홍보   김희숙 김상만 이천희
제작   강신은 김동욱 임현식

펴낸곳   이콘출판(주)
출판등록   2003년 3월 12일 제406-2003-059호

주소   10881 경기도 파주시 회동길 210
전자우편   book@econbook.com
전화   031-955-7979
팩스   031-955-8855

ISBN 978-89-97453-88-7 04320
ISBN 978-89-97453-79-5 (전4권)

이 도서의 국립중앙도서관 출판시도서목록(CIP)은 e-CIP 홈페이지(http://www.nl.go.kr/ecip)와
국가자료공동목록시스템(http://www.nl.go.kr/kolisnet)에서 이용하실 수 있습니다.
(CIP제어번호: CIP2017014854)